IL N'Y A PAS D'EXAMEN

Ta route vers une vie plus heureuse

ERIC SALINAS

Second Star Press

TABLE DES MATIÈRES

*À Silvana, mon amour et ma copilote, qui voit la route de la même manière
que moi.
Tu m'as montré que les mots pouvaient être des véhicules.*

PRÉFACE

Depuis que j'ai adopté ce mode de vie, mes maux de tête ont diminué. La plupart étaient liés au stress — à une anxiété dont je ne réalisais même pas que je la portais en moi. Je n'ai pas guéri le stress. J'ai simplement arrêté de jeter de l'huile sur un feu qui brûlait déjà.

Le changement s'est opéré progressivement. J'ai commencé à remarquer des schémas que je ne pouvais plus ignorer. Des choses que tout le monde accepte comme normales, mais qui ne sont peut-être pas aussi immuables qu'on le pense. Des questions que personne ne pose parce que tout le monde suppose que les réponses tombent sous le sens.

Il s'avère qu'elles ne sont pas si évidentes.

Je vis différemment depuis plus d'un an maintenant. Ce n'est ni une méthode ni une routine — c'est un état d'esprit. Quelque chose de fondamental a changé dans ma perception des objectifs, de la compétition, de la réussite, de ce qui compte et de ce qui n'importe pas.

J'ai commencé à partager cela avec un collègue de travail. Il m'a confié que cela avait changé sa vision de tout. C'est une personne. Je me suis dit que si cela résonnait chez lui, cela pourrait peut-être parler à quelqu'un d'autre.

C'est pourquoi j'ai décidé d'écrire ce livre.

Non pas pour toi dire comment vivre. Ni pour toi convertir à une philosophie quelconque. Juste pour partager ce que j'ai remarqué, ce qui a basculé pour moi, et voir si cela fait écho à quelque chose que tu avez pressenti sans pouvoir le nommer.

Je vais partager des anecdotes de ma vie. Lorsqu'un récit éveillera un de tes propres souvenirs, nous serons sur la bonne voie. Si ce n'est pas le cas, ce n'est pas grave non plus. Des parcours différents impliquent des itinéraires différents.

C'est une conversation. Je ne suis pas là pour dispenser de la sagesse prête à l'emploi ou jouer à l'expert. Je suis ici pour partager ce que j'ai appris en le vivant.

Si tu lises ceci, c'est que tu es déjà curieux.

Prêt ? On démarre.

INTRODUCTION : ATTACHE TON CEINTURE

Partons faire un tour (oui, en voiture). Je veux tu montrer certaines choses au cours de ce voyage que tu reconnaîtres peut-être une fois que tu les auras sous les yeux.

Tu connais cette sensation quand tu montes dans une voiture neuve ? L'odeur, l'excitation de tout découvrir pour la première fois. Tu commences à chercher où se trouvent les commandes. À quoi sert ce bouton. Pourquoi ce réglage existe. Au fil des jours, tu découvres des fonctionnalités dont tu ignories même l'existence. Certaines fonctionnent exactement comme toi l'avais prévu. D'autres tu surprennent totalement.

C'est ce que tu vas ressentir avec ce livre. Nous allons découvrir des choses — appuyer sur des boutons que nous n'avons jamais essayés auparavant, voir ce qu'ils font réellement, apprendre que certains aspects fonctionnent de manière complètement différente de ce que nous pensions. Des choses que nous tenions pour acquises pourraient paraître différentes sous ce nouvel angle.

Nous ferons des arrêts en chemin quand nous aurons besoin d'assimiler ce que nous voyons. Pour nous dégourdir les jambes. Pour prendre le temps de digérer une idée avant de continuer.

Tu fais le trajet tous les jours, n'est-ce pas ? Pour aller au travail, à l'école, partout où tu dois tu rendre. Tu connais cette route. Cet itiné-raire familier. Les embouteillages. Les autres voitures autour de toi.

Ceci est ta route vers une vie plus heureuse.

Tu n'arrives pas les mains vides. Tu as vécu assez longtemps pour avoir compris certaines choses. Tu en avez assez traversé pour avoir développé des instincts. Tu as fait suffisamment de choix pour comprendre ce qui compte pour toi. Peu importe ce qui te a poussé à ouvrir ce livre — la curiosité, la frustration, le timing, le hasard — tu es arrivé ici avec tout ce que tu as déjà appris.

Tu connais ton point de référence et tu as peut-être franchi plusieurs « obstacles » pour en arriver là. Mais maintenant, tu vois d'autres conducteurs sur la route. Et tu vas les rejoindre, afin d'atteindre le succès dont tu as besoin. Tu as déjà réalisé contre qui tu es en compétition. Tu sais déjà ce que signifie ton 100 %. Tu sais quels choix tu ont mené à cet instant précis. Tu es ici. Tu sais que tout le monde n'atteindra pas la même distance que tu. Les générations précédentes tu ont appris à conduire, mais désormais, tu sais que tes yeux doivent simplement être fixés sur la route devant toi. Sans distractions. Tu sais tout cela. Tu l'avez toujours su.

Prêt ? Prends le volant.

Partie Un

QUITTER SON QUARTIER

Sortir des sentiers battus, à la découverte de nouveaux itinéraires.

Chapitre 1

TU ES ICI

Il y a quelque chose que ton cerveau fait à chaque fois que tu es en voiture, et tu ne l'avez probablement jamais remarqué.

Avez-tu déjà remarqué que chaque conducteur plus rapide que tu est un idiot imprudent, et que chaque conducteur plus lent ne sait pas ce qu'il fait ? Ce n'est pas une coïncidence. C'est la base de tout ce que nous allons explorer.

Rouler sur la voie centrale

Nous avons quitté le quartier. Regarde la voiture dans la voie d'à côté. Maintenant, regarde celle qui te précède. L'une d'elles va plus vite que tu, et ton cerveau l'étiquette immédiatement : conducteur agressif, probablement pressé, se croit tout permis. L'autre va plus lentement, et ton cerveau recommence : pourquoi est-il seulement sur cette voie ? Ne lui a-t-on pas appris à serrer à droite s'il roule lentement ?

Le truc, c'est que ces deux réactions sont dues à TON vitesse. Tu êtes le point de référence. Tu es le zéro sur le compteur de ton monde.

Cette voiture qui roule à 130 km/h ? Elle regarde quelqu'un qui roule à 150 km/h en pensant exactement la même chose que ce que tu viens de penser d'elle. Et la voiture que tu viens de traiter de lente ?

Elle regarde quelqu'un qui va encore plus lentement avec la même frustration que tu as ressentie à son égard.

Tout le monde est le centre de ses propres références. On tu a peut-être dit que tu n'étais pas le centre de l'univers, mais tu es absolument le centre de TON univers, de TON vie. Tout ce que tu perçois comme « rapide » ou « lent », « intelligent » ou « stupide », « brillant » ou « en difficulté » est mesuré par rapport à tu comme base de référence.

La boucle infinie de la compétition

Et cela crée un problème. Une fois que tu tu mesures aux autres, tu tu retrouves piégé dans une boucle infinie.

Disons que tu roules tranquillement et que tu vois quelqu'un devant qui va plus vite. Tu accélères pour le dépasser. C'est satisfaisant, n'est-ce pas ? Mais attends — maintenant tu aperceves une nouvelle voiture devant qui va encore plus vite que tu. Alors tu réaccéléres. Tu la dépasses aussi.

Sauf qu'il y a maintenant une autre voiture que tu ne pouvais pas voir auparavant, allant encore plus vite que celle-là.

Et une autre encore plus loin.

Et une autre après celle-là. Et encore une autre.

En réalité, tu n'avez pas progressé dans la compétition. Tu as simplement changé les voitures auxquelles tu tu compares. Au moment où tu dépasses les voitures « plus rapides », tu révéles simplement une NOUVELLE série de voitures plus rapides que tu ne pouvais pas voir auparavant. Tu penses qu'il n'en manque qu'une seule ? Il y a toujours une voiture de plus devant. Ça ne s'arrête jamais.

Il ne s'agit pas seulement de conduite sur l'autoroute. Il s'agit de tout.

Les salaires : « Je gagne 80 000 € » semble gratifiant jusqu'à ce que tu rencontres quelqu'un qui en gagne 120 000, puis quelqu'un qui en gagne 200 000, puis quelqu'un qui gagne 2 millions...

La forme physique : « Je peux soulever 70 kg au développé couché » — jusqu'à ce que tu voyies quelqu'un en soulever 90, puis 110, puis 180...

Les abonnés : « J'ai 1 000 abonnés » jusqu'à ce que tu voyies quelqu'un en avoir 10 000, puis 100 000, puis 1 million, tu n'avez pas de trophée YouTube ? pfft...

La boucle ne se referme jamais parce que tu déplaces le point de comparaison à chaque fois que tu penses être « arrivé ».

Ton compteur, pas leur vitesse

Alors voici le changement de perspective : arrête de regarder la vitesse des autres voitures. Regarde ton propre compteur kilométrique. Tes kilomètres parcourus.

Ton compteur mesure la distance parcourue, pas la vitesse. Hier, ton compteur affichait 1 000 km. Aujourd'hui, il affiche 1 050 km. C'est un progrès. Cinquante kilomètres de plus d'expérience, d'apprentissage, de vie. C'est la seule mesure qui compte.

Certains jours, tu parcourres 100 km parce que l'autoroute est dégagée et que la météo est parfaite. D'autres jours, tu n'en feras que 10 parce que tu es sur une route de montagne qui exige une navigation prudente. Ces deux journées ont ajouté des kilomètres à ton compteur. Ces deux journées tu ont fait avancer.

Peut-être qu'aujourd'hui tu roules à 80 km/h alors qu'hier tu éties à 110 km/h. Cela ne signifie pas que tu régresses. Cela signifie peut-être que la route d'aujourd'hui tu impose de ralentir pour admirer le paysage — en longeant la côte avec l'océan à tes côtés — ou de naviguer prudemment sur un terrain difficile. La vitesse n'importe pas. Ce sont les kilomètres que tu accumules qui comptent.

La personne à côté de toi qui va plus vite ou plus lentement ? Son compteur affiche des chiffres complètement différents parce qu'elle est partie d'un endroit différent, a pris des itinéraires différents, a fait des arrêts différents. Son kilométrage n'a rien à voir avec ton voyage. Faites bonne route.

Compare ton compteur à TON compteur d'hier. C'est la seule comparaison qui ait du sens.

L'illusion de la propriété de la voie

Et pendant que nous remettons en cause cette fausse compétition, abordons une autre illusion que tu entretenes : la propriété de l'espace public.

Tu conduises comme d'habitude, en rentrant du travail. Tu veux juste arriver à temps pour rejoindre ton partenaire, qui te attend à la maison pour aller au cinéma. Tu as été distrait un instant et, tout à coup, tu n'avez pas vu une voiture se rabattre devant tu — tu as écrasé les freins, mais tu as fini par la percuter par l'arrière.

Accident mineur. Personne n'est blessé. Les projets ? Envolés. Le film devra attendre. Tout le monde s'assure que l'autre conducteur va bien. Les assurances arrivent. Le policier aussi. Tu racontes ton version à l'officier. « Je roulais en dessous de la limitation de vitesse et soudain cette voiture s'est insérée dans ma voie. Je n'ai tout simplement pas pu freiner à temps... »

C'est là. Dézoomons. La véritable histoire n'est pas celle de l'accident — cette hypothèse n'était là que pour souligner un point. « Ton voie » ?

Quand cette voie est-elle devenue la tienne ? L'avez-tu achetée ? Ton nom figure-t-il sur le titre de propriété ? Reçois-tu un acte notarié lorsque tu tu inséres sur l'autoroute ?

Les voies sont publiques. Elles appartiennent à tout le monde. Cet autre conducteur a autant de droits sur cette voie que tu.

Mais voici ce qui arrive quand on pense posséder la voie : l'agressivité au volant. Dès que tu crois que cet espace est le VÔTRE, toute voiture qui y pénètre ressemble à une violation. Comme si quelqu'un entrait par effraction chez toi. Ton niveau de stress monte en flèche parce que quelqu'un tu a « pris » quelque chose.

Sauf qu'il ne l'a pas fait. Parce que cela ne tu a jamais appartenu au départ.

Je ne dis pas que tu dois adorer quand quelqu'un change de file sans clignotant ou tu coupe la route. Je dis que l'intensité de ton colère est directement proportionnelle au sentiment de propriété que tu éprouves envers l'espace public.

Faire baisser la pression

Écoute, je ne vais pas tu dire de ne jamais klaxonner ou de ne jamais être frustré. Ce n'est pas réaliste et, honnêtement, ce n'est même pas le but (et je serais un bien mauvais exemple si je prétendais le contraire).

Parfois, tu DEVRAIS klaxonner. Si quelqu'un est sur le point de toi percuter, klaxonnes. Si quelqu'un n'a pas remarqué que le feu est passé au vert et que la circulation s'engorge, un petit coup de klaxon est utile. Si quelqu'un dévie vers ta voie, klaxonnes pour la sécurité.

L'objectif n'est pas d'atteindre zéro agressivité. L'objectif est peut-être d'être à 10 % d'énervement au lieu de 90 %.

Sois humain. Sois agacé parfois. Mais faites-le consciemment. Demande-tu : « Ce coup de klaxon est-il pour la sécurité, ou pour mon ego ? ». Pense aussi aux autres et klaxonnes occasionnellement pour eux, pour leur sécurité. Parfois, ils en ont besoin.

Si une voiture tu coupe la route et que tu restes appuyé sur le klaxon pendant 10 secondes en hurlant, c'est de l'ego. Tu n'empêches pas un accident à ce stade — la voiture tu a déjà coupé la route. Tu es simplement en train de la punir pour avoir manqué de respect à « ton » voie. La vengeance est une chose curieuse. Et il y a toujours quelqu'un qui regarde.

Ton klaxon ne changera pas leur comportement. Soit ils s'en ficheront, soit ils deviendront défensifs, soit ils tu feront un doigt d'honneur. Personne n'a jamais vécu un moment de rage au volant en se disant : « Tu sais quoi, ce coup de klaxon furieux m'a vraiment appris une leçon précieuse sur les changements de voie. »

La seule coordonnée qui compte

Établissons donc la règle fondamentale de tout ce voyage :

Tu es ton propre [0,0] dans tes coordonnées [x, y].

Tout ce qui te entoure — vitesse, succès, intelligence, beauté, richesse — est mesuré par rapport à TON position. Et ce n'est pas de l'arrogance. C'est juste de la physique. Tu ne peux rien mesurer sans un point de référence, et tu es TON point de référence.

Les autres sont LEURS propres points de référence. Ils tu mesurent par rapport à eux, tout comme toi les mesures par rapport à toi.

Personne n'a tort. Tout le monde suit simplement son propre itinéraire, à son propre rythme, avec son propre compteur affichant des chiffres différents.

Le problème n'est pas que tu sois le centre de ton propre univers. Le problème est de penser que tu es censé être le centre de l'univers de TOUT LE MONDE. Ou pire, de croire qu'il existe une sorte de grille de notation objective dans le ciel qui évaluerait la performance de conduite de chacun.

Il n'y en a pas.

Il n'y a pas d'examen.

Alors, arrête de comparer ton vitesse à celle des autres. Arrête de penser que la voie tu appartient. Arrête de klaxonner à la moindre offense perçue. Concentre-toi sur TON itinéraire, TES progrès, TON compteur par rapport à ce qu'il était hier.

C'est là que nous commençons. Juste ici. À TES coordonnées.

Prêt à continuer ?

Chapitre 2

10 000 RÉTROVISEURS

Contrairement à tout autre aspect de ta vie, ton voiture révèle différentes versions de qui tu es.

Souviens-tu de toutes les fois où tu as eu des passagers. Les enfants sur la banquette arrière en allant à l'école. Un conjoint à la place du mort pendant un voyage. Des parents âgés en route pour un rends-tu médical. Des amis s'entassant pour une escapade d'un week-end. Un collègue à qui tu as proposé de faire le trajet parce que sa voiture était au garage.

Chacun d'entre eux a connu un conducteur complètement différent. Un monde à part vu du siège passager.

Non pas parce que tu jouies un rôle. Non pas parce que tu faisies semblant. Mais parce que des situations différentes, des passagers différents et des routes différentes font ressortir différentes facettes de celui ou celle que tu es au volant.

Passagers différents, conducteurs différents

Si tu as des enfants, pense à ces voyages en famille. Tu agrippes le volant trop fort, tu tu inquiétes à voix haute du budget essence. Tu leur lances des « arrête de toi chamailler derrière » parce que les embouteillages tu stresses.

Il y a de la tension dans ton voix quand tu tu perdes et que tu refuses de faire confiance au GPS. Tu penses qu'ils sont concentrés sur la destination — la plage, le parc d'attractions, la montagne. Mais ce n'est pas le cas.

Ils sont concentrés sur tu. Les enfants absorbent tout. Ils observent le conducteur. Parce que le conducteur contrôle leur sécurité, leur confort et toute leur expérience dans cette voiture.

Ils ne pensent pas à l'endroit où ils vont. Ils observent comment tu les y emmènes.

Pense maintenant à ton conjoint ou partenaire assis à côté de toi.

Ils voient un conducteur totalement différent de celui que voient tes enfants. Ils tu voient changer brusquement d'itinéraire quand tu êtes en retard — changer de file agressivement, prendre des raccourcis, forcer les feux orange. Mais ils tu voient aussi sur le parking, prendre tout ton temps pour réussir une marche arrière parfaite parce que tu ne veux pas laisser la voiture de travers.

Ils voient ton version impatiente et ton version méticuleuse au cours d'un même trajet.

Tes enfants ne voient que le « conducteur stressé ». Ton conjoint voit la nuance — la compétence mêlée à l'impatience, l'attention mêlée à la frustration. Ils savent que tu n'êtes pas qu'un seul conducteur ; tu en êtes plusieurs selon le contexte.

Et quand tes parents âgés sont dans la voiture ? Soudain, tu es un conducteur entièrement différent.

Tu ralentisses aux feux orange au lieu de les presser. Tu laisses plus de distance avec la voiture de devant. Tu évites de changer de file à moins que ce ne soit absolument nécessaire. Tu commentes tes décisions de conduite à voix haute : « Je vais m'insérer maintenant, je laisse juste passer cette voiture d'abord. »

Ce n'est pas de la comédie. C'est approprié. C'est tu qui adaptes ton conduite aux besoins de tes passagers.

Mais si tes enfants pouvaient voir CETTE version de toi, ils reconnaîtraient à peine le conducteur. Où est passée la personne qui hurle après les conducteurs lents et coupe par les petites rues pour gagner trois minutes ?

Et puis il y a ces escapades du week-end entre amis — vitres baissées, musique à fond, en prenant la route touristique parce que personne n'est pressé. Tu roules à 10 km/h sous la limite juste pour profiter de la vue. Tu tu arrêtes dans des routiers au hasard. Tu ries des erreurs de parcours au lieu de stresser.

Ton conjoint serait choqué. « Depuis quand est-ce que tu aimes te perdre ? »

En réalité, tu n'êtes pas une personne différente. Tu es simplement un conducteur différent dans un contexte différent, avec des passagers différents et des enjeux différents.

Chaque jour de la semaine à 14 h, tu es dans la file devant l'école. Patient. Concentré sur la sécurité. Avançant au pas. Cédant le passage aux autres parents. Vérifiant qu'aucun enfant ne court derrière ton voiture.

Mais trois heures plus tard, tu quittes le travail dans les rênes de l'heure de pointe. Là, c'est la guerre. Tu changes de file de manière agressive parce que tu dois rentrer, préparer le dîner et emmener les enfants au foot pour 18 h.

Même conducteur. Même journée. Des approches totalement différentes.

Alors, lequel est le « vrai » tu ?

Tous.

Chacune de ces versions est authentique. Tu ne portes pas de masque — tu réponds à des routes différentes, des passagers différents, des circonstances différentes.

Si tu essayies de conduire d'une manière qui satisfasse TOUS tes anciens passagers en même temps, tu series paralysé. C'est insensé d'essayer.

Tes enfants tu voudraient calme et détendu. Ton conjoint tu voudrait décidé et efficace. Tes parents âgés tu voudraient prudent et lent. Tes amis tu voudraient spontané et amusant.

Il tu faudrait être 10 000 conducteurs différents pour impressionner tous ceux qui sont déjà montés dans ton voiture.

L'impossible version parfaite

Nous créons cette version idéalisée dans notre tête « le » conducteur parfait — qui rendrait tout le monde heureux. Calme mais décidé. Patient mais efficace. Prudent mais spontané.

Et puis nous nous épuisons à essayer d'ÊTRE cette version pour tout le monde, tout le temps.

Nous pensons que tout le monde nous note sur notre capacité à nous rapprocher de cette version parfaite. Nous imaginons nos passagers comparer leurs notes : « Quand j'étais avec lui, il était vraiment stressé. Qu'est-ce qui est arrivé à la version fun et détendue qu'il est censé être ? »

Cette version parfaite et universelle n'existe pas. Elle n'a jamais existé.

Ce n'est pas que tu échoues à le devenir. C'est que tu poursuives quelque chose qui n'a jamais été possible dès le départ.

Tes enfants n'ont pas besoin de la version « voyage fun » quand ils ont peur à l'arrière pendant un orage ; ils ont besoin de la version « je gère la situation » pleine d'assurance. Tes vieux parents n'ont pas besoin de la version efficace ; ils ont besoin de la version patiente et prudente. Ton conjoint n'a pas besoin de la version « toujours de bonne humeur » ; il a besoin de la version honnête et authentique.

Il n'y a pas d'examen pour savoir si tu es devenu la « bonne » version de toi-même. Il y a juste des routes différentes qui demandent des approches différentes, et des passagers différents qui ont besoin de choses différentes de ton part.

Arrête d'essayer de perfectionner un « tu » universel. Commence à reconnaître quelle version sert réellement le moment présent.

Choisir ses passagers

Tu ne peux pas être toutes les versions à la fois. Mais tu peux choisir quelle version tu sert le mieux pour le trajet que tu fais en ce moment.

Si tu emmenes tes enfants quelque part, essaies peut-être d'adopter la version patiente qui commente chaque décision plutôt que la version stressée et pressée. Non pas parce que l'une est « vraie » et l'autre est fausse, mais parce que l'une crée de meilleurs souvenirs pour les passagers qui comptent le plus lors de ce voyage précis.

Si tu conduises seul pour toi vider la tête, adoptes peut-être la version « route touristique » au lieu de la version — efficacité agressive —. Non pas parce que tu — devrais — tu détendre, mais parce que cette version pourrait réellement mieux répondre à tes besoins à cet instant.

Certaines personnes font ressortir en toi des comportements de conduite que tu n'appréciais pas particulièrement.

Il y a peut-être un passager qui te donne l'impression d'être jugé, et alors tu conduises plus prudemment que nécessaire — doutant de chaque changement de file, expliquant trop chaque décision. Ou peut-être un passager qui réveille ton esprit de compétition, et tu conduises de manière plus agressive pour prouver quelque chose.

La question n'est pas « Quelle version est le vrai moi ? ». La question est : « Quelle version ai-je envie d'être, et qui est-ce que je veux avoir à mes côtés ? »

C'est tu qui choisis qui monte dans ton voiture. C'est tu qui choisis qui s'assoit à la place du mort. C'est tu qui choisis qui influence ton conduite.

Certains passagers font de toi un meilleur conducteur. D'autres tu stressent. Certains passagers tu font plaisir. D'autres, tu ne les transportes que par obligation.

Il n'y a pas d'examen pour évaluer quels passagers tu devrais garder ou quelle version de toi-même tu devrais être. Mais il y a un choix à faire sur qui a accès à ton voiture et sur les itinéraires que tu empruntes avec eux.

Laisse-leur leur version

Une chose qui pourrait tu mettre mal à l'aise : les gens dans ton vie ont déjà formé leur propre version de toi. Et tu n'avez aucune idée de ce à quoi ressemble cette version. C'est comme s'entendre sur un enregistrement vocal. Cela peut ne pas correspondre à la version que tu penses être — ou à la version que tu essayes de leur montrer.

Imaginons que ton enfant raconte une anecdote à Thanksgiving : « Tu te souviens de ce voyage où papa s'était tellement perdu qu'on a fini dans ce resto bizarre ? C'était hilarant ! »

Mais tu, tu te en souviens différemment. Tu n'étais pas perdu — tu avies fait un détour délibéré. Et tu éties stressé au possible, pas en train de toi amuser.

Tu as deux choix :

Option A : Les corriger. « En fait, je n'étais pas perdu. Je prenais une route panoramique, et j'étais assez stressé, je ne riais pas. »

Option B : Leur laisser leur version. Parce que dans LEUR souvenir, ce moment est heureux. Ils se souviennent avoir ri avec leurs frères et sœurs. Ils se souviennent du resto original. Ils se souviennent de toi comme faisant partie d'une aventure, pas d'une erreur.

Pourquoi leur enlèverais-tu cela juste pour être techniquement exact ?

C'est leur version qui les remplit, pas ton version corrigée. Leur souvenir « déformé » de toi est ce qu'ils aiment. C'est ce dont ils ont besoin pour ce moment-là. Ton version corrigée ne les sert pas — elle sert le besoin de ton ego d'être compris avec précision.

Cela s'applique à tout le monde. Ton conjoint se souvient de la version de toi qui compte pour lui dans son histoire — souvent une version dont tu n'avez même pas conscience, une version que tu n'avez pas réalisé être. L'être extraordinaire qu'il a épousé. Celui qui le rassure, ou qui le comprend, ou qui le stimule juste comme il faut. Tes parents se souviennent de la version qui correspond à leur expérience. Tes amis se souviennent de la version de l'époque de leur vie où tu éties présent.

Tu ne peux pas les forcer à mettre à jour leur version pour qu'elle corresponde à ton réalité actuelle. Et honnêtement, pourquoi le voudrais-tu ?

Laisse les gens garder leur version de toi. Tant qu'elle n'est pas nuisible, tant qu'elle leur apporte quelque chose dont ils ont besoin, laisses-leur.

Tu n'êtes pas un conducteur figé capturé parfaitement dans la mémoire de chacun. Tu es 10 000 versions dans 10 000 souvenirs distincts, et chacune de ces versions est réelle. Elles vont rester dans ces souvenirs, que cela tu plaise ou non.

Il n'y a pas d'examen tu obligeant à corriger la mémoire de tout le monde pour qu'elle corresponde à ton version officielle.

Tu n'êtes pas prisonnier

Tu n'êtes pas un conducteur figé. Tu es un ensemble de styles de conduite qui apparaissent dans différents contextes.

Mais ce n'est pas parce que tu PEUX conduire en étant stressé, impatient et inquiet que tu DOIS continuer ainsi — surtout si ce n'est bénéfique ni pour toi ni pour les passagers auxquels tu tenes vraiment.

Tu ne peux pas contrôler la façon dont tes anciens passagers se souviennent de toi. Tes enfants se souviendront peut-être de la version stressée même si tu as fait de ton mieux. Cela ne dépend pas de tu.

Mais tu peux contrôler la façon dont tu conduises à partir de maintenant. Tu peux décider quelle version se manifeste le plus souvent. Tu peux décider quels passagers ont un accès régulier à ton voiture.

Tu n'êtes pas condamné à être le conducteur que tout le monde a connu. C'est à toi de choisir quelle version prendra le volant demain.

Il n'y a pas d'examen final pour noter si tu as choisi « correctement ». Il n'y a que tu, ton voiture, ton itinéraire et les passagers que tu décides d'emmener.

Alors, qui veux-tu être derrière ce volant ?

Partie Deux

L'ENTRÉE SUR L'AUTOROUTE

S'engager sur l'autoroute et prendre conscience de la manière dont on a appris à conduire.

Chapitre 3

LES ITINÉRAIRES QUE L'ON TU A ENSEIGNÉS

Tu souvenes-tu du moment où tu as appris tout ce que tu sais sur la conduite ? Pas seulement la mécanique — comment tourner le volant, appuyer sur les pédales, vérifier tes rétroviseurs. Je parle du reste. Les règles non écrites. Les instincts. Ces réactions viscérales que tu as quand quelqu'un tu coupe la route ou quand tu aperceves une place de parking libre.

D'où viennent-elles ?

Comment la connaissance se propage

Prenons, par exemple, un crayon.

Tu sais que tu peux écrire avec, mais comment le sais-tu ? Ton professeur tu l'a dit, peut-être tes parents. Mais ce savoir spécifique est devenu « viral » il y a des milliers d'années. Et avant ton professeur, quelqu'un le lui avait enseigné. Et avant cela, quelqu'un d'autre encore. En remontant des centaines, voire des milliers d'années en arrière, le « virus de la connaissance » du crayon est toujours vivant, il se propage encore, transmettant toujours la même idée fondamentale : cet outil laisse des marques sur le papier.

Je veux dire, nous savons maintenant littéralement ce que signifie « devenir viral ».

(Je sais que certains ont peut-être occulté l'année 2020, mais nous avons vécu de près la manière dont quelque chose devient littéralement viral.)

Si tu as eu la COVID, imagine combien de personnes avant tu étaient porteuses de la même souche virale que la tienne. En remontant la chaîne, il y a une origine, le patient zéro, puis c'est devenu « viral » de plusieurs personnes jusqu'à toi. Techniquement, ce virus est passé par de très nombreuses personnes, comme si tu éties la 73e génération.

La connaissance fonctionne de la même manière. Elle se transmet d'individu à individu, de génération en génération, chacun la relayant, le plus souvent sans remettre en question son origine.

C'est fondamentalement ainsi que nous apprenons tout.

Les habitudes de conduite dont tu as hérité

Tu as appris à conduire dans une auto-école, où l'on tu a enseigné les règles officielles (et peut-être quelques obsessions personnelles des moniteurs). De tes parents, qui te ont enseigné par l'exemple chaque fois que tu éties assis sur la banquette arrière à les observer. De ton culture, qui te a appris que certains comportements au volant signifient certaines choses. Des films, qui te ont montré à quoi ressemble une conduite « cool », une conduite « agressive » ou ce qu'est la « réussite » sur la route.

Rien de tout cela n'est neutre. Tout cela est une programmation.

Les changements de file intempestifs ? Tu as appris ça. Peut-être en regardant ton mère ou ton père se faufiler dans la circulation pour « gagner du temps ». Peut-être dans des films où le héros conduit toujours comme un bolide. Peut-être à cause de la culture de conduite de ton ville, où la moindre hésitation tu vaut un coup de klaxon.

La hiérarchie des places de parking ? Tu as appris ça aussi. Arriver le premier. Se garer près de l'entrée. Avoir la « meilleure » place. Rien de tout cela n'est objectivement préférable — c'est juste une hiérarchie inventée par quelqu'un et que tout le monde a accepté de faire respecter.

La hiérarchie sur la route ? Les camions doivent rester à droite. Les voitures de sport ont le droit d'aller vite. Les monospaces sont ennuyeux. Les voitures de luxe méritent le respect. Les voitures électriques sont pour les écologistes (ou les précurseurs, selon le virus que tu as contracté).

Tout cela est appris. Tout cela est transmis. Tout cela est accepté sans discussion.

Quelqu'un tu a dit de toi sentir supérieur

Neil deGrasse Tyson — astrophysicien, vulgarisateur scientifique, quelqu'un que j'admire profondément pour sa manière d'embrasser les idées — a écrit quelque chose sur la compétition dans son livre *Starry Messenger* qui s'applique parfaitement ici :

Les Jeux olympiques doivent leur existence à la recherche, parmi nous, de personnes plus rapides, plus hautes et plus fortes. Les examens standardisés, les jeux télévisés, les concours de beauté, les auditions de talents et le classement Forbes 400 opposent tous les humains les uns aux autres, par ordre de rang. La société propose des centaines, voire des milliers de façons de montrer que tu es meilleur que les autres.[1]

Puis il a dit quelque chose qui devrait tous nous faire réfléchir :

« Tu tu sentes supérieur parce que quelqu'un tu a dit qu'il était acceptable de se sentir ainsi. »[2]

Relis cela.

Tu ne tu es pas réveillé un matin en sentant naturellement que tu éties meilleur que le conducteur lent qui encombre la voie de gauche alors qu'il devrait être sur celle de droite. Quelqu'un tu a appris que les conducteurs lents sur la voie de gauche sont en « tort », même s'ils respectent la limitation de vitesse, et que par conséquent, tu (le conducteur plus rapide, celui qui a « raison ») êtes supérieur.

Tu ne savais pas intrinsèquement que dépasser plus de voitures signifiait gagner. Quelqu'un tu a appris qu'être devant = réussir.

La compétition a été installée en toi. Comme un logiciel. Comme un virus.

L'économie de l'attention de ma ville natale

Laisse-moi tu donner un exemple personnel tiré de mon lieu de naissance.

J'ai grandi à Monterrey, au Mexique, et il y existe un virus culturel profondément ancré. Nous nous qualifions de compétiteurs et de travailleurs acharnés, et nous nous en vantons avec fierté — mais peut-être ne faisons-nous que masquer un besoin d'attention et de validation pour nous sentir supérieurs aux autres.

Voici comment cela fonctionne : si quelqu'un possède quelque chose qui attire l'attention, tu as besoin de quelque chose de mieux, de plus grand (généralement plus cher) pour attirer — ou voler — les projecteurs.

Ton ami achète une voiture que les gens remarquent ? Tu chercheres un pick-up que les gens remarqueront encore plus.

Ton voisin organise une fête dont tout le monde parle ? Tu dois en organiser une qui devienne la nouvelle référence.

Cela s'applique à tout. Les mariages. Les *quinceañeras*. Les titres de poste. La taille des maisons. Les équipes sportives.

Et voici la partie perverse : ton joie devient dépendante du fait que les autres se sentent inférieurs.

Il ne suffit pas d'être heureux avec ton voiture — tu as besoin de savoir que ton voiture attire plus l'attention que celle de ton ami. Il ne suffit pas d'organiser une fête merveilleuse — tu as besoin que les gens disent qu'elle était meilleure que la précédente, pour que l'hôte précédent se sente dépassé.

Et cela ne concerne pas seulement les événements et les possessions. Cela devient encore plus personnel :

« Quand est-ce que tu te maries ? » Quand est-ce que tu aures des enfants ? — Ton cousin a déjà deux enfants, qu'est-ce que tu attends ? — Ton frère vient d'être promu, comment ça se passe pour ton boulot ?

Cette comparaison constante ne provient pas d'un système de mesure objectif. C'est le même virus culturel qui se propage dans les familles, convainquant tout le monde que leur valeur se mesure à l'atteinte des mêmes étapes — et en les atteignant de manière plus impressionnante que les autres.

Il existe même une expérience de pensée qui expose parfaitement cela :

« Préféreriez-tu posséder une maison à 300 000 € dans un quartier où toutes les autres valent 200 000 €, ou une maison à 500 000 € là où toutes les autres valent 1 000 000 € ? »

Rationnellement, la maison à un demi-million d'euros est objectivement meilleure. Plus grande, plus luxueuse, plus précieuse.

Pourtant, la plupart des gens choisissent la maison à 300 000 €. Parce que dans ce quartier, ils gagnent. Ils sont au sommet. L'abondance n'a pas d'importance si tu n'êtes pas relativement supérieur. Ils ont la plus belle maison du pâté de maisons — ils attirent toute l'attention.

Dans le quartier à un million d'euros, ils sont en bas de l'échelle. Ils ont la « pire » maison. Même si c'est encore un manoir selon n'importe quel critère objectif, personne ne leur prête attention.

Cette préférence — être relativement supérieur plutôt qu'objectivement mieux loti — est apprise. C'est un virus culturel. Et cela rend les gens malheureux.

Cela ne concerne pas tout le monde, et ce n'est pas seulement à Monterrey. Mais c'est ce que j'ai connu en y grandissant.

Signaux de statut qu'on nous apprend à valoriser

Avez-tu déjà remarqué que certaines personnes n'achètent que du café coûteux dans l'endroit à la mode, alors qu'elles pourraient faire du café chez elles pour une fraction du prix (mais sans le gobelet) ?

Le problème, ce n'est pas le café. C'est le fait d'entrer au bureau avec ce gobelet spécifique. Il s'agit d'être vu comme quelqu'un qui peut s'offrir le « bon » café de l'endroit dont tout le monde parle. C'est un signal de statut.

C'est la même chose pour les vêtements de marque où le logo est énorme et visible. Tu n'achètes pas la qualité (un t-shirt uni est tout aussi fonctionnel) — tu achetes le signal. Tu dis : « Je peux m'offrir cette marque, ce qui signifie que je suis au-dessus de ceux qui ne le peuvent pas. »

Et on peut toujours dire quand quelqu'un est devenu riche du jour au lendemain, car soudain, il porte de gros logos et des motifs de marque sur toute sa tenue. Il a besoin de montrer à la foule qu'il en a les moyens. Ils ressemblent à des totems de luxe ambulants.

Personne ne naît en se souciant des logos. C'est appris. C'est un virus que quelqu'un a propagé et que tu as attrapé.

Pendant mes années de lycée, je passais du temps avec quelques amis dans ma ville natale. Nous finissions notre journée après avoir fait du skate tout l'après-midi (internet n'existait pas encore, donc on socialisait dehors — une époque de fous, n'est-ce pas ?). Nous étions assis dans le garage de la maison de mon ami, et il y avait une voiture garée chez le voisin.

Je ne me souviens pas des détails exacts, mais la conversation nous a amenés à ne la voir que comme une voiture aux formes standard. Grise. Ennuyeuse. On s'est dit : « Bof, c'est juste une berline. »

Mais alors un ami est passé à côté pour jeter sa cigarette et a réalisé que c'était une BMW. Soudain, il s'est mis à dire : « Waouh, regarde-la, quelle voiture incroyable ! »

C'est la marque qui l'a fait penser ainsi. Pas la voiture elle-même. Rien d'objectivement différent dans son apparence ou sa fonction. Juste le logo. Juste le savoir qu'elle était « censée être » impressionnante.

C'est le virus en action. La voiture nous importait peu jusqu'à ce que nous sachions qu'elle était chère. Dès lors, elle nous importait parce que nous étions censés y accorder de l'importance.

Quand tu tu surprenes à y accorder de l'importance

La programmation culturelle est efficace parce qu'elle s'exécute en silence. Tu ne remarques pas son installation. Tu ressentes simplement la réaction et supposes qu'elle vient de toi.

Mais tu peux apprendre à la repérer sur le moment.

Tu es à un feu rouge et une voiture de luxe s'arrête à côté de tu. Quelque chose se passe dans ton cerveau — un jugement automatique sur le conducteur, peut-être un éclair d'envie ou un sentiment de supériorité selon ce que tu conduises tu-même. Cette réaction n'était pas la tienne. Elle a été programmée en toi.

Tu vois les photos de vacances de quelqu'un sur les réseaux sociaux. Avant même d'y réfléchir, tu compares son voyage au vôtre, surtout si tu y êtes déjà allé il y a longtemps, avec l'impression d'être à la traîne, planifiant mentalement tes prochaines vacances encore plus impressionnantes à publier. Ce réflexe de comparaison n'était pas le vôtre. Il a été installé.

La programmation se manifeste dans la fraction de seconde entre la vision de quelque chose et le ressenti qu'elle provoque. Ce fossé — c'est là que vivent les croyances installées.

Il est impossible d'effacer complètement la programmation culturelle. C'est trop profond. Trop automatique. Trop renforcé par tout ce qui tu entoure.

Mais tu peux apprendre à la reconnaître. Et la reconnaissance change tout.

Quand tu tu surprenes à juger la voiture, la maison, les vêtements ou le travail de quelqu'un — tu peux faire une pause et tu demander : « Où ai-je appris que cela comptait ? » Commence à chercher l'origine de tes propres croyances.

Quand tu ressentes le besoin de surenchérir sur l'histoire de quelqu'un, tu peux remarquer : « Est-ce que j'ai vraiment envie de partager ceci, ou est-ce que j'essaie juste d'établir une hiérarchie ? »

Quand tu commences à comparer ta vie aux moments forts de celle d'un autre, tu peux tu arrêter : « Qui m'a appris à mesurer ma valeur de cette façon ? »

Tu ne choisiras pas toujours différemment. Parfois, tu reconnaîtres la programmation et suivras tout de même ses instructions parce que c'est plus facile, parce que tout le monde le fait aussi, ou parce que tu es trop fatigué pour résister.

Mais la reconnaissance brise le pilotage automatique. Elle crée un moment de choix là où il n'y avait auparavant qu'une réaction automatique. Et ce moment-là — c'est là que commence la liberté.

Tu peux désapprendre

Voici la bonne nouvelle : si ces idées ont été apprises, elles peuvent être désapprises.

Tu n'êtes pas coincé avec les habitudes de conduite dont tu as hérité. Tu n'êtes pas obligé d'entrer en compétition simplement parce que tout le monde autour de toi le fait. Tu n'êtes pas tenu de tu sentir supérieur simplement parce que ton culture tu a dit que c'était normal.

Tu peux reconnaître la programmation pour ce qu'elle est — une idée qui te a été transmise sans ton permission — et décider si tu veux la garder.

Certaines programmations culturelles sont utiles. Le code de la route existe pour de bonnes raisons. Les normes sociales de courtoisie élémentaire permettent à la société de fonctionner.

Mais les changements de file agressifs ? Le parking comme symbole de statut ? Se sentir supérieur parce qu'on conduit d'une certaine manière ou parce qu'on a un toit ouvrant ?

Tout cela est facultatif. Et cela tu rend malheureux.

Alors, comment commencer concrètement à désapprendre ?

Commence par la conscience. C'est ce que tu viens de pratiquer dans la section précédente. Remarque quand la programmation s'exécute. Ne la juges pas. Ne la combats pas immédiatement. Contente-tu de la voir. « Tiens, voilà encore cette comparaison de statut automatique. »

Ensuite, remets-la en question. Quand tu surprenes la programmation en cours, demandes-tu : « Et si je n'en avais rien à faire ? » Pas comme un engagement à ne plus jamais s'en soucier — juste comme une expérience. Et si la voiture de cette personne n'avait aucune importance ? Et si tu n'avais pas besoin de ces vacances impressionnantes ? Et si tu laissies simplement... couler ? Le monde ne s'effondre pas. Généralement, il ne se passe rien du tout.

Ensuite, essaies de choisir différemment une seule fois. Pas comme une nouvelle règle. Pas comme un changement permanent. Juste une fois. Quelqu'un parle d'une chose dont il est fier. Au lieu de mentionner ton propre réussite, dis simplement : « C'est génial. » C'est tout. Pas de « Tu as refait ma journée », pas besoin d'en faire une affaire personnelle. Juste une simple reconnaissance. Vois ce qui se passe. En général ? Ils continuent de parler. Ils ne remarquent pas que tu n'êtes pas entré en compétition. La hiérarchie que tu pensies devoir établir n'était pas réellement nécessaire.

Observe ce que tu ressentes. Quand tu ne participes pas à une comparaison dans laquelle tu tu series normalement lancé, quand tu n'achètes pas l'objet de statut que tu auries habituellement acheté, quand tu ne juges pas quelqu'un que tu auries normalement jugé — sois attentif à ton ressenti. Parfois, c'est un soulagement. Parfois, c'est de la liberté. Parfois, c'est inconfortable parce que la programmation est toujours là, insistant sur le fait que cela compte. Tous ces sentiments sont des informations.

C'est cela, désapprendre. Ce n'est pas effacer le code. Ce n'est pas le remplacer par un autre code. C'est simplement reconnaître que c'est du code, et décider si tu veux l'exécuter.

Tu peux choisir de ne plus participer à des compétitions auxquelles tu n'avez jamais accepté de toi inscrire. Tu peux choisir de ne plus mesurer ton bonheur à l'aune de la vie des autres. Tu peux choisir de suivre ton propre route sans toi soucier de savoir si tu êtes « en avance » ou « en retard » sur qui que ce soit d'autre.

Il n'y a pas d'examen pour noter si tu suives les bonnes personnes ou le bon scénario culturel.

Mais il y a un choix : continuer à faire tourner le logiciel que quelqu'un d'autre a installé, ou commencer à écrire ton propre code.

Chapitre 4

LE PIÈGE DE LA VITESSE

Autrefois, pour savoir ce que les autres pensaient de nous, il fallait un véritable retour d'expérience. Aujourd'hui, nous obtenons des indicateurs instantanés : mentions « j'aime », vues, partages. Et nous sommes devenus accros au tableau d'affichage d'une course que nous n'avons jamais accepté de courir.

Pourquoi faisons-nous la course ? Qui nous a dit que nous devions être la voiture la plus rapide sur l'autoroute ? Quand le fait de documenter nos vies est-il devenu plus important que de les vivre ?

L'évolution du concert

Il existe un exemple parfait de la façon dont ce changement s'est opéré, et on peut en suivre la trace à travers les concerts des 40 dernières années :

- Années 1980 : Les gens allaient aux concerts les mains en l'air, des briquets vacillant dans le noir. Ils vivaient la musique. Ils ÉTAIENT dans l'instant présent. L'objectif était de ressentir la musique, de s'imprégner de l'énergie de la foule, de communier avec la performance.

- Années 1990 : Les appareils photo font leur apparition. On commence à prendre des clichés des membres du groupe. La plupart du temps, il était interdit d'introduire des appareils photo en concert. Mais quand c'était possible, les photos servaient à se remémorer la soirée plus tard. Pour regarder en arrière et dire : « Je les ai vus en vrai. » L'expérience restait primordiale. La documentation était secondaire.

- Années 2000 : Les téléphones portables sont équipés d'appareils photo. Désormais, les gens enregistrent des chansons entières — images pixélisées, son médiocre, séquences tremblantes qu'ils ne regarderont jamais. Mais ils regardent encore majoritairement le spectacle pendant qu'ils filment. Le téléphone est un complément à l'expérience.

- Années 2010 : Les smartphones s'améliorent. Désormais, les gens prennent des selfies AVEC le groupe en arrière-plan. Remarque le changement ? Le groupe est devenu le décor. Le concert n'était plus une question de performance — il s'agissait de prouver que TU étais à la performance. La documentation devenait l'équivalent de l'expérience.

- Années 2020 : Et maintenant ? Maintenant, les gens se filment pendant toute la durée du concert. La caméra tournée vers eux, le groupe s'efface à l'horizon derrière leur téléphone. Les artistes n'importent plus — nous sommes les protagonistes de notre propre événement intitulé « assister à un concert ». Ils ne regardent pas le spectacle. Ils regardent leur écran les capturer en train d'être au spectacle.

Nous sommes devenus l'histoire. Le groupe est hors sujet.

Le concert n'est plus la destination. Le concert n'est que la toile de fond de ton contenu. De ton « story ». De la preuve que tu mènes une vie intéressante censée impressionner les autres.

Tout le monde joue, personne ne regarde

Il y a une vidéo qui est devenue virale il y a quelques années. Le plus triste est que cela se répète chaque année. Le réveillon du Nouvel An à Paris. Des milliers de personnes rassemblées autour de l'Arc de Triomphe pour la célébration de minuit.

La caméra balaie la foule. Chaque personne a son téléphone levé, en train de filmer. Tout le monde.

Pas en train de regarder. En train d'enregistrer.

Personne ne vit le moment pour lequel ils ont parcouru des milliers de kilomètres. Ils le regardent tous à travers un écran de 6 pouces, s'assurant de le capturer pour des gens qui ne sont pas là.

Alors, si tout le monde filme et que personne ne regarde, quel est l'intérêt d'être là ?

Pour qui enregistrent-ils ? Pour ceux qui n'étaient pas là ? Pourquoi ces gens se soucieraient-ils d'une vidéo de téléphone tremblante d'un événement qu'ils n'ont pas vécu ?

La réponse : ils enregistrent pour prouver qu'ils y étaient. Pour prouver que leur vie est intéressante. Pour collecter des preuves qu'ils sont en train de gagner la course.

Vas dans n'importe quelle salle de sport aujourd'hui. Observe ce qui s'y passe.

Quelqu'un installe son téléphone pour filmer son entraînement. Pas pour vérifier sa posture. Pas pour suivre ses progrès. Pour le publier. Pour montrer à tout le monde qu'il s'entraîne. Qu'il est déterminé. Qu'il est meilleur que ceux qui ne sont pas à la salle.

Et c'est là que c'est vraiment révélateur : ils chasseront les gens du champ de la caméra. Ils s'agaceront si quelqu'un traverse le cadre. Ils recommenceront leur série parce que quelqu'un a « gâché » leur vidéo.

Et ensuite — c'est là que ça empire encore — ils publieront la vidéo en exposant la personne qui a osé interrompre leur enregistrement. Comment oser utiliser une salle de sport publique pendant que quelqu'un filme du contenu ? Ils humilieront des inconnus en ligne pour le crime d'avoir... existé dans un espace partagé. (Un grand bravo à Joey Swoll — culturiste et influenceur fitness — pour avoir lancé le mouvement « Mind Your Own Business » afin de dénoncer ce comportement.)

La séance de sport devient secondaire par rapport à la documentation de la séance.

Ils ne sont pas là pour devenir plus forts. Ils sont là pour qu'on les voie devenir plus forts. Ils ne sont pas en compétition contre leur propre performance précédente — ils sont en compétition pour l'attention, pour la validation, pour la preuve qu'ils ont de l'avance dans la course.

Où est la télé-réalité ?

Les réseaux sociaux ont changé la dynamique de la perception de soi. Ils nous ont appris que nous sommes tous le personnage principal de notre propre film, et que tout le monde devrait regarder.

Nous ne nous contentons pas de vivre nos vies. Nous mettons notre vie en scène. Nous scénarisons nos vies. Nous éditons nos vies pour un public qui, peut-être, s'en moque éperdument.

Nous agissons comme si nous jouions à un jeu auquel nous ne nous sommes jamais inscrits — candidats de télé-réalité, constamment conscients de la caméra, ajustant sans cesse notre comportement pour les téléspectateurs, mesurant sans cesse notre valeur à l'aune de l'audimat.

Mais la vérité dérangeante est celle-ci : personne ne regarde d'aussi près que tu le penses.

Tes abonnés n'étudient pas tes publications. Ils font défiler. Ils sont à moitié attentifs pendant qu'ils font la queue pour un café. Ils consomment ton contenu de la même manière que tu consommes le leur — rapidement, machinalement, en l'oubliant déjà avant de passer à la publication suivante.

Les psychologues appellent cela « l'effet de projecteur ». Tu supposes que tu es sur scène, que tout le monde remarque ton apparence, tes erreurs, tes choix de vie. La réalité ? Tout le monde est trop préoccupé par soi-même pour s'inquiéter de toi. Ils ne sont pas le public qui regarde ton film — ils sont les stars de leur propre film, à peine conscients que tu existes autrement que comme un élément du décor.

Tu coures pour attirer l'attention de personnes qui ne regardent pas vraiment la course.

Balayer pour actualiser

Alors pourquoi ne pouvons-nous pas nous arrêter ? Pourquoi continuons-nous à vérifier ? Pourquoi est-ce si difficile de simplement poser le téléphone ?

Parce que le système est conçu pour toi accrocher.

Les plateformes de réseaux sociaux ne sont pas seulement des applications — ce sont des machines à sous dans ton poche. Et elles utilisent exactement le même mécanisme psychologique qui rend le jeu addictif : le renforcement intermittent.

Voici comment cela fonctionne : tu publies quelque chose. Tu ne sais pas quel sera le résultat. Peut-être 10 « j'aime ». Peut-être 100. Peut-être 1 000. Cette incertitude crée de l'anticipation. Et l'anticipation déclenche de la dopamine.

Chaque fois que tu regardes ton téléphone, tu actionnes le levier d'une machine à sous. Parfois tu gagnes (notifications ! « j'aime » ! commentaires !). Parfois non. Mais la possibilité que CETTE fois soit le gros lot tu pousse à vérifier sans cesse.

La décharge de dopamine ne provient même pas des « j'aime » eux-mêmes — elle vient de l'anticipation de peut-être en recevoir. C'est pourquoi tu rafraîchisses sans cesse. C'est pourquoi tu vérifies cinq minutes après avoir posté. C'est pourquoi tu tu sentes anxieux lorsqu'une publication ne marche pas aussi bien qu'espéré.

Tu n'êtes pas faible. Tu n'êtes pas accro par manque de volonté. Tu fais face à une industrie de plusieurs milliards de dollars qui a conçu ces plateformes spécifiquement pour être aussi addictives que possible. Ils emploient des neuroscientifiques et des psychologues comportementaux dont le seul travail est de trouver comment tu faire défiler l'écran indéfiniment.

Le badge de notification rouge ? Conçu pour déclencher un sentiment d'urgence. Le défilement infini ? Conçu pour éliminer les points d'arrêt. L'indicateur « vu » ? Conçu pour créer une pression sociale afin de répondre immédiatement. L'algorithme qui te montre du contenu qui te énerve ? Conçu pour toi maintenir engagé, même si cela tu rend malheureux.

Chaque fonctionnalité est optimisée pour une seule chose : tu garder sur la plateforme le plus longtemps possible afin de vendre plus de publicité. L'algorithme régit ce que tu vois, ce que tu ressentes, ce que tu fais ensuite.

Et cela fonctionne parce que la dopamine se moque de ton bien-être. La dopamine se soucie de la prédiction de la récompense. Ton esprit ne fait pas la distinction entre les récompenses réelles ou imaginaires — la dopamine est libérée dans les deux cas. Et ces plateformes ont compris exactement comment pirater ce système.

C'est pourquoi tu peux passer deux heures à scroller et tu sentir plus mal qu'au début. C'est pourquoi tu peux savoir intellectuellement que les réseaux sociaux tu rendent anxieux, mais ne pas pouvoir tu empêcher de vérifier. C'est pourquoi supprimer l'application ressemble à un sevrage.

Tu ne manques pas de maîtrise de soi. Tu combattes un système spécifiquement conçu pour court-circuiter ton maîtrise de soi.

Chasser la validation de fantômes

Alors pourquoi le faisons-nous ? Pourquoi continuons-nous à nourrir la machine alors que nous savons qu'elle est conçue pour nous exploiter ?

Parce que dans notre esprit, nous cherchons la validation que nous sommes plus cool que les autres. Que nous sommes plus intéressants. Que nous sommes en train de gagner la course.

Chaque publication est une comparaison. Chaque story est une preuve. Chaque « j'aime » est un vote confirmant que oui, tu es en tête, tu réussisses mieux, tu vales la peine qu'on s'intéresse à toi.

Le concert n'est pas une question de musique — il s'agit de prouver que tu as accès à des concerts auxquels d'autres n'ont pas accès. La vidéo à la salle n'est pas une question de forme physique — il s'agit de prouver que tu es plus discipliné que ceux qui n'y sont pas. Les photos de vacances ne sont pas une question de vacances — elles servent à prouver que ta vie est plus excitante que celle des personnes qui voient passer tes publications.

Les réseaux sociaux ont transformé la vie en un entretien d'évaluation permanent. Et nous courons après une bonne note depuis lors.

Il n'y a pas de juge. Il n'y a pas de score final. Il n'y a pas de jury à la fin de ta vie qui examinera ton flux Instagram pour décider si tu as bien vécu.

Tu coures dans une compétition qui n'existe pas, essayant d'impressionner des gens qui ne font pas attention, collectant des points qui ne signifient rien.

Documentation vs Mise en scène

Quand tu arrêtes de toi mettre en scène, tu peux enfin vivre. Tu parvenes à être présent. Tu vis des moments au lieu de simplement capturer la preuve qu'ils ont eu lieu. Tu récupéres ton attention. Tu récupéres ta vie.

Les gens commencent à en prendre conscience. Ils réalisent qu'ils ont passé des années à filmer leur vie au lieu de la vivre. Et ils opèrent un changement : partager moins, vivre plus.

Mais soyons clairs : documenter des moments n'est pas le problème. Prendre des photos pour se souvenir du premier concert de son enfant ? C'est magnifique. Enregistrer un message vidéo pour quelqu'un qui ne pouvait pas être là ? C'est attentionné. Capturer un instant parce que tu veux sincèrement y revenir plus tard ? C'est parfaitement sain.

Le problème surgit quand la documentation devient mise en scène.

Alors, demandes-tu :

Partageais-tu parce que tu voulies tu souvenir du moment ? Ou partageais-tu parce que tu voulies que les autres tu voient vivre ce moment ?

Étais-tu en train de documenter ta vie ? Ou en train de la mettre en scène ?

Étais-tu en train de vivre le concert ? Ou en train de prouver que tu éties au concert ?

Il n'y a rien de mal à la première option de chaque question. La mémoire compte. Le lien compte. Partager des moments significatifs avec des personnes qui te sont chères — c'est humain.

Mais quand chaque instant devient du contenu, quand chaque expérience devient une pièce à conviction dans une compétition à laquelle tu n'avez pas accepté de participer, quand ta vie est scénarisée pour un public au lieu d'être vécue pour toi-même — c'est là que tu avez quitté la route.

Il n'y a pas d'examen pour noter si ta vie semble impressionnante à des inconnus sur Internet.

Mais il y a un choix : continuer à courir après la validation de personnes qui ne regardent pas, ou poser le téléphone et vivre réellement ce que tu es en train de faire.

L'autoroute est longue. Le paysage vaut le coup d'œil. Mais tu ne peux pas le voir si tu fixes un écran qui te montre ce que les autres pensent de toi.

Arrête de mendier l'attention. Arrête de courir pour prouver que tu êtes devant. Arrête de filmer le trajet et contentes-tu de... conduire.

Chapitre 5

QUI COMPTE LES POINTS ?

Imagine que tu risquies tout ce pour quoi tu as travaillé à cause d'une dispute avec un inconnu.

Et quand je dis tout, c'est absolument tout.

Les études — toutes ces années passées sur les bancs de l'école, à jouer à la récréation, à grandir en admirant ton idole sportive, à apprendre par cœur les paroles de ton chanteur préféré. Les sorties entre amis. Le temps passé avec tes parents lorsqu'ils tu emmenaient en vacances. Tous les efforts qu'ils ont fournis pour toi permettre d'aller à l'université. Les petits boulots que tu as enchaînés pour financer tes études. Les nuits blanches incalculables à bûcher des matières ardues, à tenir bon parce que tu bâtissies ton avenir.

Le foyer que tu as construit avec ton partenaire. Les personnes qui te attendent à la maison. Tes frères ou sœurs qui te connaissent depuis toujours. Tes enfants, qui n'imaginent pas une seconde qu'il puisse arriver quoi que ce soit à leur héros. Ils dépendent entièrement de toi — pour leur éducation, pour leur logement, pour leur sécurité, pour leur futur.

Tout cela. Tout ce que tu as bâti. Tout ce pour quoi tu tu es sacrifié. Tout ce vers quoi tu as tendu. Tout ce pour quoi tu veux laisser une trace.

Pour une dispute avec un inconnu à propos d'un match. Ou d'un changement de file. Ou pour savoir qui avait raison. Pour quelqu'un qui ne fait pas partie des miens.

Ça semble délirant, n'est-ce pas ?

Pourtant, des gens le font tous les jours.

La bagarre au stade

Tu es à un match. Ton équipe marque. Tu exultes. Le gars assis derrière tu — qui porte le maillot de l'équipe adverse — lâche une remarque. Même pas à toi, il marmonne juste ça à son ami. Mais tu l'avez entendu.

Maintenant, tu as un choix.

Tu pourries ignorer. Profiter du match. Rentrer chez toi retrouver ton famille. Tu réveiller demain avec ton emploi intact, ton santé intacte, ta vie intacte.

Ou tu pourries tu retourner et répliquer. Faire monter la sauce. Laisser l'incident s'envenimer. Laisser ton ego tu convaincre que tu dois remettre cet inconnu à sa place parce qu'il a manqué de respect à ton équipe, ce qui signifie qu'il tu a manqué de respect, ce qui signifie que tu dois défendre ton honneur.

Et que se passe-t-il ensuite ?

Peut-être rien. Peut-être qu'il va s'écraser. Peut-être que tu vas tous les deux hurler, puis que la sécurité tu séparera et que tu rentreres chacun chez toi avec l'impression d'avoir « gagné ».

Ou peut-être que ça devient physique. Peut-être que tu donnes un coup de poing. Peut-être qu'il réplique. Peut-être que tu tombes. Peut-être que ton tête frappe une marche en béton. Peut-être que tu perdes un œil. Peut-être que tu finisses paralysé. Peut-être que tu finisses en prison.

Pour quoi ?

Pour ton équipe ? Soyons sérieux, ils ignorent généralement jusqu'à ton existence. Ils ne viendront pas tu voir à l'hôpital. Ils ne paieront pas tes frais d'avocat. Ils ne s'occuperont pas de tes enfants pendant que tu géres un traumatisme crânien.

Pour ton fierté ? Combien vaut ton fierté ? Vaut-elle ton capacité à marcher ? Vaut-elle que tes enfants perdent un bon père ou une bonne mère pour l'insulte d'un inconnu ? Vaut-elle que tes enfants voient leur parent se faire arrêter ? Vaut-elle de perdre ton emploi parce que tu as maintenant un casier judiciaire ?

Le fait est qu'il n'y a aucun juge pour attribuer des points à celui qui a raison.

Tu n'obtiens pas de note à la fin de la confrontation. Aucun jury ne visionne la séquence pour déclarer : « Oui, tu as eu raison de faire dégénérer la situation. Voici ton trophée pour avoir défendu ton honneur. » Fanfares. Feux d'artifice. Tu l'avez fait !

Tu récoltes simplement les conséquences. Et l'autre gars récolte les siennes. Et tu as tous les deux tout risqué pour… rien.

L'altercation routière

Même schéma, lieu différent.

Quelqu'un tu coupe la priorité. Peut-être qu'il ne tu a pas vu. Peut-être qu'il fonce à l'hôpital. Peut-être que c'est juste un conducteur imprudent. Peu importe — tu es furieux.

Tu as le même choix que le gars du stade. Victime ou non, prends une décision.

Ignore et continues ton route. Ou transformes ça en affaire d'État.

Tu accéléres. Tu tu portes à sa hauteur. Tu hurles. Tu gesticules. Tu écrases ton klaxon. Tu le suis. Tu veux qu'il sache qu'il a eu tort. Tu veux qu'il se sente mal. Tu veux gagner cette confrontation.

Le plus stupide dans tout ça ? Avoir « raison » n'empêchera pas sa voiture de percuter la tienne.

Disons qu'il tu a fait une queue de poisson monumentale. Disons que tu as raison à 100 %, qu'il a tort à 100 %, et que si l'affaire passait devant un tribunal, le juge tu donnerait entièrement raison.

Félicitations. Tu as raison.

Mais si sa voiture percute la tienne parce que tu as décidé de prouver que tu éties dans ton bon droit en refusant de le laisser s'insérer, avoir raison n'a plus aucune importance. Ton voiture est bousillée. Tu pourries être blessé. Tu pourries finir à l'hôpital.

Les lois de la physique se moquent éperdument du code de la route.

L'assurance de l'autre conducteur se moque de savoir que tu étais techniquement dans ton droit. À ton enterrement, il n'y aura pas de banderole disant : « MAIS IL AVAIT LA PRIORITÉ ».

Il n'y a pas d'examen pour noter si ton accès de rage au volant était justifié.

Il n'y a que le résultat. Et le résultat peut être que tu as raison ET que tu es blessé. Ou que tu as raison ET que tu es à l'hôpital. Ou que tu as raison ET que tu fais face à un procès pour avoir causé un accident.

Prends soin de toi. Personne d'autre ne veille sur tu sur la route.

Les arbitres invisibles

Alors, selon tu, qui te donne une note ?

Quand tu ressentes cette pulsion de défendre ton honneur, de prouver que quelqu'un a tort, de toi assurer qu'il sait que tu as raison — qui regarde ? Qui compte les points ?

La plupart des gens, s'ils sont honnêtes, imaginent une sorte de jury. Un public invisible qui comptabilise les victoires et les défaites. Un comptable cosmique vérifiant si tu tu es laissé marcher sur les pieds ou si tu as tenu bon.

C'est peut-être la voix de tes parents dans ton tête : « Ne laisse personne te bousculer. » C'est peut-être le conditionnement culturel : « Un vrai bonhomme ne recule pas. » C'est peut-être ton propre croyance intériorisée selon laquelle reculer équivaut à de la faiblesse, et la faiblesse à l'échec.

Mais ces arbitres n'existent pas.

Tes parents ne regardent pas chaque confrontation que tu as, en notant si tu tu es défendu correctement. Ton culture ne tient pas un registre du nombre de fois où tu as tenu tête par rapport au nombre de fois où tu as laissé couler. Ton « tu » futur ne regardera pas ta vie en pensant : « J'aurais aimé me disputer davantage avec des inconnus. »

Le jury imaginaire n'est pas réel.

Quand quelqu'un tu coupe la route et que tu ressentes cette poussée de : « Je ne peux pas le laisser s'en tirer comme ça » qui, exactement, le laisserait « s'en tirer » ? Il n'y a pas de police de la route pour noter ton réaction. Il n'y a pas de conseil de la virilité pour examiner si tu as bien défendu ton file. Il n'y a pas de système de justice cosmique qui attribue des points pour avoir tenu tête à des conducteurs discourtois.

L'arbitre que tu imagines — celui qui juge si tu es trop passif, trop agressif, trop faible ou trop frontal — n'existe que dans ton tête.

Et le plus fou, c'est que même si tu sais intellectuellement que personne n'est en train de toi noter, tu ressentes quand même cette pression. Tu as toujours l'impression qu'il y a un enjeu. Comme si en laissant passer ça, tu perdies une partie d'un jeu invisible.

Ce sentiment est réel. Le jeu ne l'est pas.

La question n'est pas « Comment gagner ? ». La question est « Est-ce que je veux participer à un jeu qui n'existe que dans mon imagination tout en risquant des choses qui existent réellement ? ».

On n'est pas obligé de tout gagner

Tu peux visiter les parcs Disney sans être obligé de faire TOUTES les attractions.

Sérieusement. Tu peux aller chez Disney, faire trois manèges, manger un morceau, regarder une parade et rentrer chez toi. Tu n'avez pas besoin de maximiser chaque minute. Tu n'avez pas à faire chaque attraction. Tu n'avez pas besoin de « gagner » Disney.

Pourtant, des gens essaient. Ils planifient des itinéraires d'une précision militaire. Ils se lèvent à l'aube. Ils font de la marche rapide entre les attractions. Ils sautent des repas pour caser plus de manèges. Ils stressent leur famille en essayant d'extraire la valeur maximale de leur billet.

Et ils rentrent chez eux épuisés, brûlés par le soleil, fauchés, et capables de se souvenir d'à peine une chose qu'ils ont vraiment appréciée parce qu'ils étaient trop occupés à tout optimiser.

La vie, c'est la même chose.

Tu n'êtes pas obligé de réagir à chaque idiot. Tu n'êtes pas obligé de mener chaque combat. Tu n'avez pas à défendre ton honneur à chaque confrontation. Tu n'avez pas à corriger chaque personne qui a tort sur Internet.

Tu peux simplement... laisser couler (sans mauvais jeu de mots).

Laisse-les avoir tort. Laisse-leur la file. Laisse-les dire des bêtises au match. Laisse-les tu couper la route. Laisse-les penser qu'ils ont « gagné ».

Il n'y a pas de tableau d'affichage.

Personne ne comptabilise combien de disputes tu as gagnées. Personne ne tu note sur l'efficacité avec laquelle tu as défendu l'honneur de ton équipe. Personne ne tu donne de points pour avoir eu raison.

Tu participes à une compétition qui n'existe pas.

Battre l'heure d'arrivée prévue

À quand remonte la dernière fois où tu as essayé de battre l'heure d'arrivée estimée (ETA) de ton application GPS ?

Même si ce n'est qu'une minute d'avance, on a gagné ! N'est-ce pas ? On a battu le système !

Sauf que non. Tu tu es inséré agressivement devant d'autres conducteurs. Tu as peut-être rendu leur trajet plus stressant. Tu avez peut-être risqué un accident. Tout ça pour quoi ? Pour arriver 60 secondes plus tôt.

Personne ne note combien de fois tu as battu ton estimation de temps de trajet.

Je me suis moi-même inconsciemment imposé des limites à ce sujet en 2018 quand j'ai acheté ma voiture. C'est une Prius C. Il est physiquement impossible de conduire dangereusement dans cette voiture. Venant d'une Mini Cooper, c'était comme un signal : hé, tu peux (et de toute façon tu n'as pas le choix) conduire paisiblement.

Ce n'est pas que je roule à 30 km/h maintenant. Mais je ne suis plus à 100 km/h partout. Et l'heure d'arrivée sur le GPS peut rester la même ou même augmenter. Tout le monde s'en fiche. Il n'y a pas d'examen qui note mon heure d'arrivée.

C'est à cela que ressemble la compétition imaginaire sur l'autoroute : faire la course contre un chiffre arbitraire qui n'a aucune importance réelle, générer du stress et des risques pour toi et pour les autres, tout ça pour « gagner » quelque chose qui n'a jamais été un concours.

Le classement imaginaire

Avez-tu déjà joué à un jeu comme *Candy Crush* ?

C'est conçu pour être addictif. Tu réussisses un niveau. Tu tu sentes bien. Tu vois les scores de tes amis. Certains sont devant tu. Alors tu fais un autre niveau. Et encore un. Et un autre.

Puis tu réalises que tu dépenses de l'argent dans un jeu gratuit. Tu ne dors plus. Tu délaisses ton famille. Tu es stressé à cause de... *Candy Crush*.

Pour quoi ? Pour être numéro 1 sur un classement qui n'a littéralement aucune importance ?

Ton meilleur ami ou tes enfants ne se souviendront pas de toi comme de « la personne qui était super forte à *Candy Crush* ». Personne ne gravera « Top 10 à *Candy Crush* » sur ton pierre tombale.

Pourtant, nous traitons les confrontations de la vie réelle de la même manière.

Nous risquons nos emplois, nos relations, notre liberté, notre santé — tout ça pour grimper dans un classement imaginaire. Tout ça pour prouver que nous sommes meilleurs, plus malins, plus dans le vrai qu'un inconnu que nous ne reverrons jamais.

Nous agissons comme s'il y avait un tableau d'affichage cosmique enregistrant chaque dispute remportée, chaque personne remise à sa place, chaque fois où nous avons défendu notre honneur.

Il n'y en a pas.

Arrête de mener des batailles imaginaires

Il n'y a pas de professeur qui examine tes décisions de vie et comptabilise combien de fois tu as tenu bon par rapport au nombre de fois où tu as passé l'éponge.

Il n'y a pas de bulletin de notes cosmique à la fin de ta vie pour mesurer si tu as défendu ton honneur correctement, si tu te es laissé manquer de respect, ou si tu as prouvé que tu avies raison assez souvent.

Il y a juste la vie que tu vis réellement. La sécurité que tu préserves. Les relations que tu entretenes.

Lorsque tu es allongé sur un lit d'hôpital parce qu'une bagarre au stade a mal tourné, le médecin ne va pas tu remettre le certificat du « Tu avies raison ». Lorsque tu géres les retombées juridiques d'un incident de rage au volant, le juge ne tu accordera pas de points bonus pour avoir été techniquement correct sur l'infraction routière de l'autre.

Les seules mesures qui comptent vraiment sont :

Êtes-tu en sécurité ?

Les gens que tu aimes sont-ils en sécurité ?

Cette confrontation vaut-elle ce que tu pourries perdre ?

C'est tout. C'est là toute la question. Et tu connais déjà les réponses.

L'inconnu au stade n'a aucune importance. Le conducteur qui te a coupé la route n'a aucune importance. La personne sur Internet qui a tort n'a aucune importance.

Ce qui importe, c'est de rentrer chez toi retrouver ton famille. Ce qui importe, c'est de toi réveiller demain sans casier judiciaire. Ce qui importe, c'est de ne pas jeter tout ce que tu as construit pour la satisfaction éphémère de prouver quelque chose à quelqu'un qui te aura oublié d'ici cinq minutes.

Alors arrête de mener des combats qui ne comptent pas. Arrête de tout risquer pour rien.

Il n'y a pas d'examen. Il n'y en a jamais eu.

La seule note qui compte est de savoir si tu as protégé ce qui est vraiment important tout en lâchant prise sur ce qui ne l'est pas.

Et c'est un test que l'on réussit simplement en passant son chemin.

PREMIER ARRÊT AU STAND

Cela fait un moment que nous roulons maintenant. Cinq chapitres, pour être précis.

Tu tu es engagé sur l'autoroute. Tu as réalisé que tu es ton propre point de référence. Tu as rencontré toutes ces différentes versions de toi-même que voient les passagers. Tu as identifié les virus culturels que tu transporties. Tu as observé tout le monde mettre en scène sa vie au lieu de la vivre. Tu as affronté un système de notation qui n'a, en réalité, jamais existé.

Alors, arrêtons-nous un instant. Trouvons une aire de repos. Coupons le moteur. Sortons pour nous dégourdir les jambes.

Regarde le chemin parcouru depuis ton quartier. Quand nous avons commencé, tu étais dans des rues familières où tout semblait logique parce que tu avies emprunté ces itinéraires mille fois. Maintenant, nous sommes sur l'autoroute, et les choses ont un autre aspect d'ici.

Les voitures autour de toi ne sont plus des menaces à doubler absolument — elles roulent simplement à leur propre rythme. La voie ne tu appartient pas en propre. Et toutes ces règles que tu pensies devoir suivre ? La plupart n'étaient que des idées héritées, pas de réelles exigences.

Tu as vu à quel point une grande partie de tes certitudes n'était que de la programmation. La conviction qu'il faut être le premier. L'idée qu'il faut posséder sa voie. L'hypothèse que quelqu'un évalue ton performance. La pression de devoir suivre le rythme de tout le monde.

Rien de tout cela n'était réel. C'était simplement acquis.

Nous allons bientôt reprendre la route, mais le prochain tronçon est différent. Nous empruntons maintenant la route touristique — celle qui tu montre comment tout change en fonction de l'endroit où l'on se tient.

Prêt à voir à quel point tout semble différent sous cet angle ?

Allons-y.

Partie Trois

LES CHEMINS DE TRAVERSE

Prendre les chemins de traverse, s'apercevoir que tout est relatif.

Chapitre 6

LA VITESSE EST RELATIVE

Je tu emmène maintenant sur la route panoramique — pas sur l'autoroute où tu tu concentres sur la vitesse et le dépassement. La route panoramique, c'est là où l'on ralentit pour vraiment regarder autour de soi. On remarque le paysage. Les arbres, les montagnes, les autres voitures avec des gens qui mènent leur propre vie.

C'est l'objet de cette partie du voyage. Ralentir pour observer réellement ton environnement — les gens qui te entourent, ton façon de percevoir les choses. Pas pour changer d'endroit, mais pour comprendre ce que tu regardes réellement depuis ton position. Tu avez une vue unique sur le paysage parce que personne d'autre ne se tient exactement au même endroit que tu.

Et cela inclut ton perception des autres conducteurs — et soyons honnêtes, ils n'ont pas tous l'air de génies sur la route.

Il y a des gens plus stupides que tu, et des gens plus intelligents que tu.

La stupidité est relative à TOI. Les gens sont soit plus intelligents, soit plus bêtes que tu. C'est simplement ainsi que fonctionne notre perception.

Revenons à l'exemple de l'autoroute. Lorsque tu roules à 110 km/h, la voiture qui va à 130 km/h semble imprudente. Celle qui roule à 80 km/h semble incompétente. Mais aucune de ces observations n'est objective — elles sont toutes deux relatives à TON vitesse. Tu es le point zéro. Tout le reste est mesuré comme « plus rapide que moi » ou « plus lent que moi ».

Avez-tu déjà remarqué une voiture dans ton rétroviseur qui garde la même distance derrière tu pendant des kilomètres lors d'un trajet ? Tu ressentes immédiatement un lien avec ce conducteur — il adopte ton allure, il conduit comme toi. Cette empathie se produit automatiquement parce qu'il s'adapte à ton vitesse. Il tu semble « correct ».

L'intelligence fonctionne de la même manière. Tu es la ligne de base. Les personnes qui comprennent les choses plus vite que tu, qui voient des schémas qui te échappent, qui saisissent des concepts qui tu déroutent — elles sont « intelligentes » par rapport à toi. Les personnes qui mettent plus de temps à comprendre, qui ratent des évidences, qui luttent avec des concepts qui te semblent simples — elles sont « stupides » par rapport à toi.

L'échelle de classement mental

Ton cerveau fait cela automatiquement. Sans même que tu te en rendais compte, tu les avez inconsciemment classés dans ton tête — une ligne imaginaire de personnes s'étirant jusqu'à l'horizon, toutes disposées selon leur intelligence relative à la vôtre.

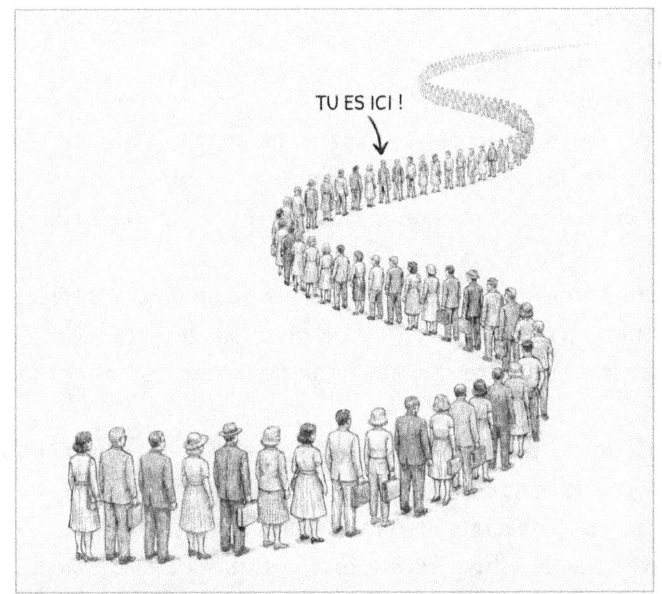

Tu occupes ton place sur cette ligne. Chaque personne que tu as rencontrée y est répertoriée. Ceux qui sont devant toi sont « plus intelligents ». Ceux qui sont derrière sont « plus stupides ». Pas de façon universelle — juste par rapport à ton interaction avec eux.

Et voici ce que nous avons du mal à réaliser : tu ne peux pas faire avancer les gens sur TON ligne. Cette personne qui te semble stupide ? Tu ne peux pas l'éduquer pour qu'elle devienne plus intelligente que tu. Tu ne peux pas la réparer. Tu ne peux pas lui expliquer les choses mieux jusqu'à ce qu'elle grimpe soudainement dans ton classement. Elle est positionnée là où elle se trouve en fonction de la manière dont ton cerveau interagit avec le sien.

La ligne est fixe par rapport à toi.

Mais — et c'est crucial — cette même personne existe aussi sur la ligne de tous les autres. Et sur la ligne de son meilleur ami ? Elle est peut-être loin devant. La personne que tu as classée comme « stupide » est peut-être la personne la plus brillante dans le monde de quelqu'un d'autre.

Alors, quand tu es tenté de « réparer » ou d'« éduquer » quelqu'un que tu as placé derrière tu sur ton ligne, souviens-tu : tu ne mesures pas l'intelligence universelle. Tu mesures sa position par rapport à TON point de référence. Et cette mesure n'a rien à voir avec sa position sur la ligne de n'importe qui d'autre.

On ne peut pas réparer les gens qui sont derrière nous sur notre ligne. Et ce n'est pas nécessaire, car ils ne sont pas universellement en retard — ils le sont seulement par rapport à ton perception.

Le conducteur qui te a coupé la priorité ? Tu ne le corrigeras pas en klaxonnant plus fort.

Les gens stupides sont partout, et cela ne changera jamais.

Tu ne peux pas les réparer. Tu ne peux pas les éduquer. Tu ne peux pas les forcer à entendre raison. Tu ne peux pas les obliger à admettre leurs torts.

Et plus important encore, tu n'êtes pas noté sur le nombre de personnes stupides que tu rectifies.

Il n'y a pas d'enseignant qui note ta vie en se disant : « Waouh, regarde avec quelle efficacité il remet ces idiots à leur place. Un 20/20 pour lui ! »

Laisse-les avoir tort. Laisse-les tu couper la route. Laisse-les dire des bêtises pendant le match. Laisse-les s'amuser. Laisse-les être stupides sur Internet. Laisse-les exister dans leur erreur sans en faire ton problème.

Tu es aussi sur la ligne de quelqu'un d'autre

Pendant que tu es occupé à classer tout le monde sur TON ligne, chaque personne dans ta vie possède sa propre ligne. Tes parents avaient la leur. Si tu as des enfants, ils ont la leur. Si tu as un partenaire, il a la sienne.

Et tu figures sur toutes ces lignes.

Réfléchis-y. Si tu as des enfants, ils ne tu comparent pas à d'autres parents. tu es leur point de référence pour ce qu'est un « parent ». Tu es leur zéro. Tu es l'étalon par rapport auquel tous les autres parents sont mesurés sur leur ligne — non pas parce que tu es en compétition avec eux, mais parce que tu es littéralement leur base.

Si tu as un partenaire, il ne tu classe pas au milieu d'autres partenaires. Tu es le point de référence du « partenaire » dans son univers. Lorsqu'il rencontre le conjoint d'un autre, il peut remarquer des différences — « oh, il est plus patient » ou « elle est moins organisée » — mais ces observations sont des mesures relatives à TOI. Tu es le point zéro. Tu n'es pas en compétition avec ces autres conjoints. Tu es la norme.

Par conséquent, essayer d'être sacré « le meilleur » parent ou « le meilleur » partenaire est impossible. Tu ne participes pas à une course. Tu n'essaies pas d'être mieux classé que d'autres parents ou conjoints. Tu es déjà leur point de référence. Tu es déjà le zéro sur leur ligne.

Le soulagement ? Tu n'apparais pas sur la ligne de référence de tout le monde. L'ami de ton enfant ne pense pas du tout à toi. Le père de son ami est SON point de référence. Tu existes sur sa ligne quelque part, peut-être devant, peut-être derrière, mais tu n'es pas son zéro. Tu n'es pas son modèle.

Arrête d'essayer de rivaliser avec d'autres parents ou partenaires. Tu n'es pas dans cette course. Tu es déjà le point de référence de quelqu'un. Et il ne tu note pas par rapport aux autres — il mesure tous les autres par rapport à toi.

Ce n'est pas une pression. C'est une libération.

Nous disons que quelqu'un a « raison » quand il est d'accord avec nous

Avez-tu remarqué que les gens qui pensent comme toi sont « rationnels » et « logiques », mais que ceux qui ne sont pas d'accord avec toi sont « déconnectés » ou « naïfs » ? Ce n'est pas parce que tu as accès à une vérité objective. C'est parce que tu mesures leur opinion par rapport à la tienne.

Quand quelqu'un est d'accord avec toi, ton cerveau dit : « Oui, cette personne est correctement alignée sur la vérité (qui se trouve être ma position) ». Quand quelqu'un n'est pas d'accord, ton cerveau dit : « Cette personne est mal alignée sur la vérité (qui est toujours ma position) ».

Tu n'évalues pas son argument sur ses mérites propres. Tu évalues à quel point il correspond à tes croyances existantes. Et cette personne tu fais subir exactement le même traitement.

Prends les opinions politiques, par exemple. Quel que soit ton camp, l'autre camp n'a pas seulement tort — il a dangereusement tort. Il est délirant. Il détruit le pays. Comment peuvent-ils ne pas voir ce qui est si évident pour toi ?

Et voici l'ironie : je n'ai même pas mentionné de quel pays, de quels drapeaux ou de quel parti politique je parle. Mais tu as déjà projeté cela sur ton propre paysage politique, n'est-ce pas ? Parce que ce schéma existe partout. Chaque pays pense que sa division politique est exceptionnellement toxique, exceptionnellement frustrante, exceptionnellement impossible à combler. « Notre politique est cassée », disons-nous tous, comme si nous avions inventé la polarisation.

Nous pensons tous que notre situation est spéciale. Mais le mécanisme est identique par-delà les frontières : tu mesures la position politique de chacun par rapport à la tienne. Les gens qui partagent ton position sont « informés ». Ceux qui ne la partagent pas ont subi un « lavage de cerveau ». Et ils effectuent exactement la même mesure depuis leur propre point de référence.

Rappelle-tu la voiture dans ton rétroviseur qui adaptait son allure à la tienne ? Tu as ressenti cette connexion parce qu'elle conduisait comme toi. Les gens qui pensent comme toi procurent le même sentiment — ils ont « raison » parce qu'ils correspondent à ton vitesse, à ton rythme, à ton point de référence. Tous deux pense avoir raison. Tous deux pense que l'autre a tort. Tous deux mesures à partir de ton propre point de référence en agissant comme s'il était universel.

Il ne l'est pas. C'est seulement le tien.

Tout ce qui est mesurable est relatif

Alors, si tout est relatif à ton position — l'intelligence, l'accord, la perception — qu'en est-il des choses que nous pensons être objectives ? Comme la richesse ? Comme la beauté ?

Testons le principe de relativité :

Qui est le plus riche — un sans-abri avec une pièce d'un centime en poche et zéro dette, ou une personne de la classe moyenne avec 50 000 € de dettes ?

Objectivement, le sans-abri a une valeur nette plus élevée. Un centime, c'est plus que moins cinquante mille euros. Sur le papier, il est « plus riche ».

Mais nous ne le voyons pas sous cet angle, n'est-ce pas ? Parce que nous ne mesurons pas la richesse de manière objective. Nous la mesurons par rapport à la position sociale, à l'accès aux ressources, à la qualité de vie, à la sécurité. La personne de la classe moyenne a des dettes, certes, mais elle a aussi un foyer, de la nourriture, un accès aux soins, des perspectives d'emploi. Le sans-abri a un centime et nulle part où dormir ce soir.

Ainsi, quand nous disons que quelqu'un est « riche » ou « pauvre », nous ne parlons pas réellement de chiffres. Nous parlons de la façon dont sa situation se compare à notre attente de base de ce qui est normal.

Si tu as grandi dans la pauvreté, gagner 50 000 € par an, c'est être riche. Si tu as grandi dans l'opulence, gagner 50 000 €, c'est un échec. Même chiffre, sentiment complètement différent, dépendant entièrement de là d'où TU es parti.

Être riche est relatif. Cela l'a toujours été.

Beauté et attraction

Le même principe s'applique à la beauté. Tu sais ce que tu trouves attirant — mais d'où vient ce critère ? Une partie est biologique (nous sommes programmés pour trouver certaines choses attirantes — la peau douce, la symétrie, les signes de santé), une partie est culturelle (ce que ton société valorise), et une partie est personnelle (ce qui tu semble familier, ce qui te rappelle des expériences positives).

Mais voici ce que la plupart des gens ne réalisent pas : ton critère de beauté est basé sur TOI, sur ton visage, sur ton corps.

Tu es ton propre point de référence pour l'attractivité. Les traits que tu possédes deviennent la base de ce qui te semble « correct » et séduisant.

C'est pourquoi les gens se mettent souvent en couple avec des personnes qui leur ressemblent. Pas des sosies, mais des profils similaires. Des structures faciales proches, des teints de peau semblables, des proportions analogues.

Ce n'est pas une coïncidence. Tu es inconsciemment attiré par les personnes qui te ressemblent parce qu'elles correspondent à ton critère interne de beauté — lequel a été construit autour de tes propres traits. Tu tu vois dans le miroir tous les jours. Ces traits deviennent familiers, rassurants, « justes ». Et quand tu vois ces traits reflétés chez quelqu'un d'autre ? Ton cerveau les enregistre comme étant attirants.

Il existe un phénomène qui fait que les couples ont souvent l'air d'appartenir à la même famille, c'est ce qu'on appelle l'homogamie ou l'appariement sélectif. Même carrure générale. Traits du visage similaires. Teint et couleurs proches. Ce n'est pas parce qu'ils sont ensemble depuis si longtemps qu'ils ont fini par se ressembler. C'est parce qu'ils se sont choisis au départ sur la base d'une familiarité physique.

Tu es attiré par ton propre reflet plus que tu ne le réalises.

Quand tu vois quelqu'un dont les traits font écho aux vôtres — forme des yeux similaire, nez semblable, même ligne de mâchoire — tu as l'impression que cette personne tu « correspond ». Elle correspond au standard que tu as construit toute ta vie en regardant ton propre visage.

Ce n'est pas du narcissisme. C'est simplement ainsi que fonctionnent les points de référence. Tu es ton propre point zéro pour la beauté, tout comme tu es ton point zéro pour l'intelligence, la vitesse et tout le reste.

Le même principe s'étend aux animaux de compagnie. Les gens choisissent des chiens qui leur ressemblent. Ou qui agissent comme eux. Ou les deux.

Ce n'est pas toujours évident — tu ne cherches pas délibérément un chien qui a ton tête. Mais inconsciemment, tu es attiré par le chien dont l'apparence ou le tempérament tu semble familier. Qui tu ressemble... à toi.

Tu vois un chien qui a ton niveau d'énergie, ton structure faciale (proportionnellement), tes couleurs — et quelque chose clique. Ce chien tu semble être le « bon ». Ce chien correspond à tes standards internes.

Encore la relativité. Tu es la norme, et tu es attiré par ce qui correspond à cette norme.

Quand tu n'êtes pas satisfait de ton propre standard

Alors, que se passe-t-il quand tu n'aimes pas ton point de référence ? Quand tu tu regardes dans le miroir et que tu aimeries être différent ?

C'est là qu'interviennent les modifications corporelles. Chirurgie esthétique, implants capillaires, prothèses, liftings, injections — toutes ces façons dont les gens essaient de changer leur base de départ.

Et c'est tout à fait acceptable. Ton corps, ton choix.

Mais il y a une question cruciale à laquelle tu dois répondre avant de passer à l'acte : le faites-tu pour toi, ou pour quelqu'un d'autre ?

Parce que si tu le faites pour quelqu'un d'autre, tu ne changes pas réellement ton corps. Tu tu changes tu-même pour répondre au standard d'un autre. Et cela ne finit jamais bien.

Les pièges de la modification

Tu vois une célébrité avec un look spécifique. Elle a du succès, elle est attirante, on la voit partout. Et tu tu dis : « Si je ressemblais à ça, ma vie serait meilleure. »

Mais attends une seconde.

Cette célébrité A BESOIN de ce look. Sa carrière dépend littéralement du maintien de cette apparence. Elle est payée pour ressembler à cela. Elle a des équipes entières pour l'aider à s'entretenir. Stylistes, entraîneurs, nutritionnistes, chirurgiens. Son métier, c'est d'avoir cette tête-là.

Pas le tien.

Tu n'êtes pas payé pour lui ressembler. Tu n'avez pas son équipe. Tu n'avez pas ses revenus pour entretenir cette apparence. Et plus important encore — tu n'avez pas sa carrière spécifique qui exige ce look précis.

Donc, si tu modifies ton corps pour lui ressembler, tu assumes tous les coûts et tout l'entretien de son apparence professionnelle... sans aucun des avantages professionnels.

Tu fais du « cosplay » des exigences professionnelles de quelqu'un d'autre dans ta vie de tous les jours.

Et maintenant, qu'en est-il de vouloir répondre au standard de quelqu'un d'autre ?

Peut-être tu dis-tu : « Mais si je change ce petit détail physique, je vais enfin attirer le genre de personne que je veux. »

Arrête tout.

Si quelqu'un n'est pas attiré par tu avant la modification, mais l'est après... par quoi est-il réellement attiré ?

Par la modification. Pas par tu.

Il est attiré par ce que tu as changé pour devenir ce qu'il voulait. Il est attiré par le fait que tu tu sois plié pour correspondre à son standard.

Et tu voilà maintenant piégé dans une relation dont le fondement est le suivant : tu tu es modifié pour être acceptable à ses yeux.

Réfléchis à ce que cela signifie sur le long terme. Si ton corps change naturellement — vieillissement, fluctuations de poids, imprévus de la vie — sera-t-il toujours attiré ? Ou voudra-t-il que tu tu modifiies à nouveau pour rester à la hauteur de son standard ? Ou cherchera-t-il quelqu'un d'autre possédant ces caractéristiques ?

Tu l'avez habitué à aimer autre chose que ce que tu es réellement.

Pense à ce que cela implique : si quelqu'un ne tu aime qu'APRÈS la modification, il ne tu aime pas. Il aime ce que tu es devenu pour lui plaire.

Il aime le résultat artificiel. La version altérée. Le « tu » qui a cédé pour satisfaire ses critères.

Et maintenant, tu es coincé. Parce que si jamais tu cesses d'entretenir cette modification — si ton corps change, si tu vieillisses, si tu ne peux plus maintenir les apparences — tu aimera-t-il toujours ? Ou son attirance s'évanouira-t-elle parce que la chose qui l'attirait a disparu ?

Tu as bâti une relation sur une fondation de modification physique pour répondre au standard d'autrui. Ce n'est pas de l'amour. C'est une transaction.

Faites-le pour toi, ou ne le faites pas du tout

Modifie ton corps si, et seulement si, TU le veux. Pour TES propres raisons. Parce que TU as sincèrement envie d'avoir une apparence différente ou de toi sentir différent d'une manière qui serve ton propre vie.

Pas pour ressembler à une célébrité qui a besoin de cette apparence pour sa carrière.

Pas pour enfin attirer quelqu'un qui n'était pas attiré par le vrai tu.

Pas pour répondre au standard de quelqu'un d'autre sur ce à quoi tu « devrais » ressembler.

Parce que si tu le faites pour eux, tu ne changes pas ton corps — tu changes qui tu es pour obtenir une validation externe. Et cette validation ne sera jamais suffisante, car elle ne tu concerne pas réellement.

Ton corps. Ton choix. Tes raisons.

Pas les leurs.

Écoute, je défends fermement cette position parce que je l'ai moi-même vécu. J'ai eu recours à une greffe de cheveux il y a quelques mois (ou une « relocalisation capillaire » comme j'aime l'appeler en plaisantant — on ne fait que déplacer tes propres cheveux d'un endroit à un autre de ton tête). Je l'ai fait pour corriger ma calvitie naissante, et ça s'est très bien passé. Je me sens merveilleusement bien.

Mais voici l'élément clé : je l'ai fait pour moi. Pas parce que quelqu'un m'a dit que je devrais le faire. Pas pour ressembler à qui que ce soit d'autre. Je l'ai fait parce que j'en avais envie.

C'est la seule raison qui compte.

Et si tout le monde disparaissait ?

Voici une expérience de pensée qui révèle à quel point la comparaison externe est absurde :

Imagine que tous les autres êtres humains sur Terre disparaissent du jour au lendemain. Pandémie, apocalypse, ravissement — peu importe. Tu es la seule personne restante.

Soudain, tu es la personne la plus intelligente au monde. Et la plus stupide. Tu es le plus riche et le plus pauvre. Le plus beau et le plus laid. Le plus rapide et le plus lent.

Tous les classements s'évaporent car il n'y a plus personne avec qui tu comparer.

Est-ce que tu tu soucieries encore d'être « le meilleur » ?

Si tu es le seul être vivant, est-ce important de ne pas courir aussi vite que quelqu'un qui n'existe plus ? Est-ce important de ne pas être aussi intelligent que des gens qui sont partis ? Est-ce important de ne pas avoir autant d'argent que des gens qui ne sont plus là pour en posséder ?

Bien sûr que non.

Alors pourquoi est-ce important maintenant ?

Les autres personnes sont, dans les faits, invisibles pour ton progression quotidienne réelle. Leur existence ne change rien à tes capacités. Leurs exploits ne diminuent pas ton croissance.

Tu participes à une course où les autres coureurs ne sauront même pas que tu es sur la piste. Et gagner cette course ne change pas ton propre compteur — cela ne fait que nourrir ton ego.

Compare-tu à toi-même. Le « tu » d'hier est la seule personne qui avait exactement tes circonstances, tes ressources et tes défis. Le « tu » d'hier est la seule personne dont tu peux réellement mesurer les progrès, car tu disposes de toutes les données.

Avez-tu avancé par rapport à là où tu éties hier ? Oui ? Alors tu progresses. Êtes-tu resté au même point ou avez-tu reculé ? Alors tu as une information sur ce qu'il faut ajuster.

C'est tout. C'est là tout le système de mesure.

Le progrès de n'importe qui d'autre n'a aucun rapport avec le tien. Tu ne connais pas son point de départ. Tu ne connais pas ses avantages ou ses inconvénients. Tu ne sais même pas ce que « avancer » signifie pour son itinéraire unique.

Mais tu connais le tien. Tu sais où tu éties hier. Tu sais où tu es aujourd'hui. Tu sais si tu vas dans la direction que tu veux vraiment prendre. C'est la seule mesure qui compte.

Einstein a compris que l'espace et le temps sont relatifs — ils changent selon ton position et ton vitesse. Il n'y a pas de référentiel absolu. Tout est mesuré par rapport à l'observateur. Deux personnes voyageant à des vitesses différentes vivent le temps différemment. Aucune n'a « tort ». Toutes deux ont raison dans leur propre référentiel.

Il n'y a pas de standard absolu pour le succès, l'intelligence, la beauté ou le progrès. Il n'y a que ton référentiel et celui des autres.

Arrête d'essayer de sauter dans le référentiel d'un autre pour toi mesurer selon ses coordonnées. C'est impossible. Tu mesures toujours à partir de là où TU es.

Alors, mesure ta progression par rapport à ton propre position. Tes coordonnées d'hier comparées à celles d'aujourd'hui.

Ton compteur n'appartient qu'à toi

Rappeles-tu : ton compteur kilométrique mesure la distance parcourue, pas la vitesse atteinte. Il mesure l'expérience cumulée, pas un classement de compétition.

Les compteurs de certaines personnes affichent des chiffres plus élevés parce qu'elles conduisent depuis plus longtemps. D'autres affichent des chiffres plus bas parce qu'elles ont commencé plus tard. Certains ont parcouru la même distance mais sur des routes totalement différentes.

Rien de tout cela ne change TON kilométrage.

Que tu sois à 10 000 ou à 100 000 kilomètres, la seule chose qui compte est que le chiffre d'aujourd'hui soit plus élevé que celui d'hier.

Avance-tu sur ton propre route ? C'est cela, le succès.

Roule-tu à une allure qui convient à la route sur laquelle tu tu trouves ? C'est cela, le progrès.

Compare-tu ton compteur à ton propre relevé précédent plutôt qu'à celui d'un autre ? C'est cela, la sagesse.

Il n'y a pas d'examen pour noter si ton kilométrage correspond au calendrier prévu par quelqu'un d'autre.

Il n'y a que ton compteur, ton route, et le choix de continuer à avancer.

Chapitre 7

LEUR VOYAGE, TON SOUVENIR

Regarde dans le miroir, regarde la route derrière tu. Tous ces kilomètres parcourus — les sorties empruntées, les aires de repos, les tronçons d'autoroute, les villes traversées.

De quoi te souviens-tu réellement, TOI ?

Peut-être d'un coucher de soleil particulier. Peut-être de cette fois où tu as été surpris par un orage. Peut-être de la playlist que tu avez écoutée en boucle pendant cinq cents kilomètres.

Demande maintenant à la personne qui était sur le siège passager ce qu'elle a retenu de ce même voyage.

Des détails complètement différents. Des moments différents. Des points forts différents.

Même route. Même voiture. Mêmes kilomètres parcourus. Des souvenirs totalement différents.

Tu veux créer des souvenirs

Nous planifions sans cesse des expériences spécifiquement pour créer des souvenirs.

L'itinéraire de vacances parfait. Le détour pittoresque. L'arrêt dans ce restaurant spécial. La destination surprise. Nous orchestrons minutieusement chaque détail parce que nous voulons que les personnes qui nous accompagnent se souviennent de ce voyage pour toujours. Nous cherchons constamment des conseils pour un road trip — l'itinéraire idéal, les arrêts incontournables, le timing optimal.

Pourquoi ? Parce que nous pensons qu'il y a un examen à la clé. Nous pensons être notés sur notre qualité d'hôte, sur la manière dont nous avons facilité l'expérience, sur notre capacité à avoir créé le souvenir « parfait » pour eux.

Et nous pensons que si nous planifions assez bien les choses, si nous faisons tous les bons arrêts, si nous calons tout parfaitement — nous pourrons créer le souvenir que nous voulons qu'ils gardent.

La réalité ? Le contrôle est parfois une illusion. Tu contrôles l'itinéraire. Tu contrôles les arrêts. Tu contrôles le timing.

Mais... tu ne contrôles pas la manière dont l'autre personne va vivre l'expérience.

Tu planifies même en fonction de la manière dont tu penses que tu vivries la chose — en toi mettant à leur place. Mais cela ne fonctionne que par rapport à tes propres expériences, ton propre point de référence. Ils ont le leur. Ce qui te enchanterait pourrait les ennuyer. Ce que tu trouveries significatif pourrait ne pas être remarqué du tout par eux.

Ton enfant se souviendra peut-être du point de vue panoramique pour lequel tu as fait deux heures de détour. Ou alors, il se souviendra de la dispute au sujet d'une glace juste avant d'arriver au point de vue.

Ton partenaire se souviendra peut-être de la destination surprise. Ou alors de ton stress concernant l'itinéraire pendant tout le trajet.

Ton ami se souviendra peut-être de la précision parfaite de l'arrivée au coucher du soleil. Ou alors de son envie pressante d'aller aux toilettes durant la dernière heure, ce qui l'a empêché de profiter de la vue.

De quoi se souviennent-ils vraiment ? Ils se souviennent de ce qui a capté leur attention, de ce qui comptait pour eux à ce moment précis, de ce que leur cerveau a décidé de conserver. Souvent, c'est quelque chose que tu n'avez même pas remarqué — un panneau publicitaire étrange, une chanson à la radio, la façon dont la lumière frappait le tableau de bord. Parfois, c'est quelque chose que tu aimeries qu'ils oublient — le mauvais virage, le restaurant fermé, la dispute à cause du GPS.

Tu as planifié l'expérience. Ils ont construit le souvenir. Et ce qu'ils ont construit n'a peut-être rien à voir avec ce que tu avies prévu.

Les frères et sœurs se souviennent toujours de voyages différents

Interroge des frères et sœurs sur un voyage familial qu'ils ont fait tous ensemble.

Je l'ai fait moi-même. Ma sœur s'en souvient d'une certaine façon. Je m'en souvenais de manière totalement différente. Même voiture. Mêmes parents. Même itinéraire. Mêmes arrêts. Tout le monde était là.

Interroge-les et écoute leurs histoires.

L'un s'en souvient comme du meilleur voyage de sa vie — les rires sur le siège arrière, les jeux en voiture, les goûters, l'excitation de la destination. Un autre se souvient s'être ennuyé et avoir été agité, coincé sur la place du milieu, demandant sans cesse : « Quand est-ce qu'on arrive ? » et s'entendant dire de se taire. Un autre se souvient à peine du voyage — il avait un livre et a lu tout le long, se coupant du reste.

Qui a raison ?

Tous. Et personne.

La mémoire n'est pas une caméra vidéo enregistrant une vérité objective. La mémoire est une reconstruction. Ton cerveau prend des fragments — images, émotions, sensations — et construit une histoire à partir d'eux chaque fois que tu tu souvenes. Et l'histoire change en fonction du sens que tu as besoin de lui donner à l'instant présent.

Le frère ou la sœur qui se souvient du voyage comme d'un moment merveilleux était peut-être de très bonne humeur ce jour-là, ou avait peut-être désespérément besoin d'un beau souvenir de famille et son cerveau lui en a offert un. Celui qui s'ennuyait traversait peut-être une période difficile cette semaine-là, et le trajet en voiture est devenu une épreuve de plus à endurer. Celui qui lisait a trouvé son propre moyen d'évasion, et c'est ce dont il avait besoin.

Même expérience. Trois souvenirs totalement distincts. Tous réels. Tous vrais pour la personne qui les porte.

Comment nous avons tendance à planifier l'avenir

La planification a une limite intrinsèque : nous planifions toujours avec ce que nous avons en tête maintenant. Nos expériences. Notre point de référence. Notre compréhension actuelle.

Nous pensons élaborer un scénario futur — en imaginant ce qui comptera, ce qui fonctionnera, ce qui sera significatif dans plusieurs années. Mais si l'on prend du recul sur ce concept, on réalise que nous utilisons simplement notre état d'esprit actuel et notre compréhension de ce qui est réalisable aujourd'hui.

Nous ne pouvons pas réellement imaginer l'avenir. Nous ne pouvons qu'imaginer une version améliorée du présent.

Suis-moi un instant — je vais élargir la perspective sur ce point.

Parlons de la façon dont nous concevons les voitures. Actuellement, nous développons des technologies pour rendre nos voitures actuelles autonomes. Les véhicules *Waymo* — ce sont des « voitures ordinaires » avec des volants, simplement contrôlées par des ordinateurs au lieu de mains humaines. *Waymo* appartient à Google ; ce sont des voitures conduites automatiquement par des caméras.

C'est notre « vision du futur » en utilisant la base d'aujourd'hui. Nous avons des voitures avec des volants, alors nous ajoutons des caméras qui surveillent tout l'environnement, calculent les risques et les itinéraires dans leurs systèmes intelligents afin de pouvoir utiliser ces volants pour se conduire toutes seules sans besoin de personne sur le siège conducteur.

Mais le futur réel ? Il n'aura peut-être pas de volant du tout. La voiture sera conçue dès le départ pour se déplacer de manière autonome. Pas de volant. Pas de pédales. Pas de commandes pour un conducteur humain qui n'est pas nécessaire.

Nous ne pouvons pas encore imaginer cette voiture car nous pensons toujours « voiture avec un conducteur robot » au lieu de « voiture-robot ».

Notre idée « futuriste » n'est que notre réalité présente, légèrement améliorée. Le futur réel aura une base de départ complètement différente que nous ne pouvons pas encore imaginer parce que nous ne l'avons pas encore.

Si aujourd'hui nous construisons des robots humanoïdes, nous imaginons que le futur dans vingt ans aura... de meilleurs robots humanoïdes. C'est ce que nous pouvons imaginer à l'heure actuelle.

Le futur réel dans vingt ans ? C'est peut-être des robots de la taille d'un animal de compagnie ou des *minions* de poche pour ton bureau. Des choses que nous ne pouvons pas encore concevoir car nous ne raisonnons pas en ces termes aujourd'hui. Nous serons tournés vers ce qui viendra ensuite, et non vers « ces vieux robots humanoïdes d'il y a vingt ans ».

Ainsi, ce que nous appelons « imaginer le futur » n'est en fait qu'imaginer comment notre présent actuel pourrait être meilleur. C'est philosophique, mais réfléchis-y : si tu as déjà une « idée futuriste », cette idée existe aujourd'hui. Tu l'avez. Tu peux la construire dès maintenant avec la technologie et l'état d'esprit d'aujourd'hui.

Il est impossible de concevoir une idée venant de dix ans dans le futur parce que nous ne savons pas ce que nous posséderons d'ici là.

En 2005, il aurait été impossible d'imaginer une application tactile pour téléphones mobiles. Pas parce que les gens manquaient de créativité — mais parce que l'iPhone n'existait pas encore. Nos pensées ne pouvaient pas inclure l'« interface tactile » comme base de réflexion. Ce n'était pas dans notre contexte actuel.

En 2015, essaies d'imaginer des images et des vidéos générées par IA. Tu ne pouvais pas, car l'IA générative n'avait pas encore changé notre façon de concevoir la création de contenu. Cela ne faisait pas partie du présent à partir duquel nous construisions.

C'est la même chose pour les voitures. Actuellement, nous construisons des robots pour conduire nos voitures existantes. C'est notre « vision du futur » : prendre ce que nous avons (des voitures avec des volants) et les améliorer (laisser des ordinateurs utiliser ces commandes).

Le futur réel n'est pas notre présent mis à jour. C'est quelque chose construit sur une fondation totalement différente à laquelle nous n'avons pas encore accès. C'est d'ailleurs pour cela que nous rions aujourd'hui en voyant des vidéos futuristes des années 50 et 60.

Ce que cela signifie pour la création de souvenirs

Alors, quand tu stresses à l'idée de créer les bons souvenirs pour tes enfants, ou que tu planifies le voyage d'anniversaire parfait pour ton partenaire, ou que tu essayes d'offrir à tes parents âgés un dernier grand voyage — comprends ceci :

Tu imagines ce dont ils se souviendront en utilisant le contexte d'aujourd'hui. Ce que tu penses être important maintenant. Ce que tu crois être significatif selon ton compréhension actuelle.

Mais lorsqu'ils se souviendront de ce voyage dans dix ans ? Ils auront des contextes différents. Des priorités différentes. Des besoins différents par rapport à ce souvenir.

Tu ne peux pas prédire ce qui comptera pour eux car tu ne sais pas qui ils seront au moment où ils se souviendront.

Peut-être que l'itinéraire pittoresque soigneusement planifié deviendra leur souvenir préféré. Peut-être que ce sera cette station-service quelconque où tu leur avez acheté une barre chocolatée qu'ils réclamaient depuis le matin. Peut-être que ce sera simplement ton façon de leur dire « Salut l'ami » quand ils sont montés dans la voiture. Peut-être que ce sera quelque chose dont tu ne tu souvenes même plus.

Tu planifies avec la carte d'aujourd'hui, en essayant de prédire ce que leur « moi futur » valorisera. Mais tu n'avez pas encore leur carte du futur.

Et cela s'applique à tout ce que tu planifies — pas seulement aux voyages. Quand tu organises un mariage, un anniversaire, une fête de noces — tu ne crées pas le même événement parfait pour tout le monde. Tu facilites un événement qui déclenchera des émotions et, espérons-le, des souvenirs pour chaque personne présente (y compris tu !).

Vois-tu comme un « facilitateur d'émotions ». Tu crées l'environne-ment où les gens peuvent vivre leurs propres sentiments, leurs propres moments, leurs propres souvenirs potentiels. Si tu veux changer les choses, tu devrais peut-être essayer par l'intérieur — en changeant l'environnement que tu contrôles, et non les souvenirs qu'ils construiront.

Tu donnes le ton, choisis la nourriture, disposes l'éclairage, sélectionnes la musique, installes toute l'ambiance. C'est ton objectif. C'est ce que tu peux contrôler.

Chacun assistera à une fête différente. Ce qui touchera l'un ennuiera l'autre. Ce qu'un invité retiendra comme le moment fort de la soirée, un autre ne le remarquera même pas. Et c'est tout à fait normal.

Tout ce que tu peux faire, c'est conduire. Sois présent tout au long du voyage. Créez l'environnement. Cela ne fonctionne que si tu lâches prise, tu aussi. Faites-leur confiance pour trouver ce dont ils ont besoin dans l'expérience.

Ton souvenir, leur souvenir, le souvenir de chacun

Les souvenirs sont personnels, et ils existent pour chaque personne pour une raison précise. Ils ont un but, par la façon dont ils sont façonnés dans l'esprit de chacun, et non nécessairement par leur exactitude factuelle. Ce ne sont pas des enregistrements objectifs de ce qui s'est passé. Ce sont des reconstructions subjectives bâties à partir de fragments chaque fois que quelqu'un y accède.

Tu ne peux pas contrôler ce que les autres retiendront des expériences partagées avec toi. Tu ne peux pas les forcer à se souvenir de ton version. Tu ne peux pas créer leurs souvenirs à leur place, peu importe la perfection avec laquelle tu planifies l'itinéraire.

Tu es tous ensemble en sécurité dans cette voiture. Tout ce que tu peux faire, c'est conduire. Sois aussi présent que ton cerveau le permet (lequel, rappelles-tu, est toujours un peu dans le futur de toute façon). Faites le voyage. Ayez confiance dans le fait que chaque passager y puisera ce dont il a besoin.

Et quand leur souvenir contredit le tien ? Laisse faire. Leur version est réelle pour eux, tout comme la tienne l'est pour toi. Aucune n'est plus « correcte » que l'autre.

Arrête d'essayer d'orchestrer des souvenirs parfaits. Arrête de stresser pour savoir si tu offres aux gens les expériences qu'ils valoriseront plus tard. Arrête de vérifier la véracité des souvenirs que tu possédes déjà.

Contente-tu de conduire.

Tu n'êtes pas noté sur le fait que tout le monde se souvienne du même voyage de la même manière. Tu n'êtes pas noté sur la correspondance entre les souvenirs que tu as tenté de créer et ceux qui se sont réellement formés.

Il n'y a pas d'examen mesurant si tu as créé les « bons » souvenirs.

Il y a juste le voyage. Et ce que chaque passager en retire pour se construire.

C'est leur souvenir à construire. Pas le tien à contrôler.

Chapitre 8

TON ODOMÈTRE, TES KILOMÈTRES

Sur ce tronçon d'autoroute, tu remarqueras quelque chose d'intéressant : il existe plusieurs itinéraires pour se rendre dans une même zone géographique. Certains conducteurs prennent l'autoroute — directe, rapide, efficace. D'autres empruntent la route touristique — sinueuse, plus lente, plus intéressante. Certains passent par les routes secondaires à travers les petites villes. D'autres s'en tiennent aux routes à péage pour éviter les embouteillages.

Toutes ces options fonctionnent.

Il n'y a pas d'itinéraire objectivement « correct ». Il y a simplement celui qui correspond à tes priorités, à ton véhicule, à ton calendrier et à tes préférences.

Pourtant, on nous a appris à mesurer le « succès » comme s'il n'existait qu'un seul itinéraire valable — le plus rapide. Le plus direct. Celui qui te permet d'arriver avant tout le monde.

Sauf que... où se trouve le « succès » ? Et pourquoi arriver le premier est-il important si tu as détesté tout le voyage ?

Le succès personnel, c'est vaincre l'incertitude

Que cherches-tu réellement à accomplir lorsque tu poursuis ton propre « succès » ? Tu essaies de vaincre l'incertitude.

Penses-y. Pourquoi veux-tu de l'argent ? Pour réduire l'incertitude de savoir si tu pourras payer le loyer, acheter de la nourriture ou gérer les urgences. Pourquoi veux-tu un emploi stable ? Pour réduire l'incertitude quant à la provenance de ton prochain salaire. Pourquoi veux-tu de bonnes relations ? Pour réduire l'incertitude de te retrouver seul, non aimé ou sans soutien.

Le succès personnel ne consiste pas à avoir plus que les autres. Il s'agit d'en avoir assez pour se sentir en sécurité dans sa propre vie.

Tout le monde veut du confort. Tout le monde veut réduire l'anxiété liée à l'ignorance de savoir si ses besoins fondamentaux seront comblés. Mais le niveau de confort dont tu as besoin pour te sentir en sécurité est relatif à TA base de référence, pas à celle de quelqu'un d'autre.

Quelqu'un qui a grandi dans l'insécurité alimentaire peut se sentir accompli dès qu'il a un garde-manger plein et trois mois de loyer d'avance. Quelqu'un qui a grandi dans l'opulence peut ne pas se sentir en réussite tant qu'il n'a pas une résidence secondaire et une retraite entièrement financée.

Même mot — succès — mais des destinations totalement différentes. Aucune n'est mauvaise. Elles partent simplement de points de départ différents avec des seuils d'incertitude différents.

Tu n'essaies pas de battre les autres conducteurs. Tu essaies de battre ta propre incertitude quant à ta capacité à t'en sortir.

La route panoramique contre l'autoroute

Disons que tu conduis de la ville vers la plage. Tu as plusieurs options :

Itinéraire 1 : L'autoroute

Directe, rapide, ennuyeuse. Tu y es en environ 6 heures. Rien à voir, si ce n'est des terres agricoles et des aires de repos. Efficace, pratique, optimisée pour la vitesse.

Itinéraire 2 : La route côtière

Sinueuse, plus lente, à couper le souffle. Tu y es en plus de 10 heures (davantage si tu t'arrêtes). Vues sur l'océan, panoramas sur les baies, falaises, petites villes côtières, opportunités de photos. Pittoresque, mémorable, épique, optimisée pour l'expérience.

Quel itinéraire est un « succès » ?

Si tu définis le succès comme « arriver le plus vite possible », l'autoroute est la voie royale. Si tu définis le succès comme « profiter du voyage », la route côtière l'emporte. Si tu définis le succès comme « ne pas avoir le mal des transports sur les routes sinueuses », tu éviteras peut-être totalement la côte.

Il n'existe aucune mesure universelle affirmant qu'un itinéraire est objectivement meilleur qu'un autre. Il n'y a que ce qui compte pour TOI lors de CE voyage.

Au lieu de cela, tu regardes les autres conducteurs sur l'autoroute, tu les vois arriver avant toi, et tu supposes que tu as échoué parce que tu as pris un chemin différent. Tu mesures ton voyage à l'aune de leur destination, de leur calendrier, de leurs priorités.

C'est insensé.

Ton itinéraire était différent parce que tes objectifs étaient différents. Tu ne cherchais pas à arriver le plus vite possible — tu cherchais à voir l'océan. Tu ne cherchais pas à minimiser le temps de conduite — tu cherchais à maximiser l'expérience.

Les deux itinéraires mènent à la plage. Les deux conducteurs ont « réussi » à y arriver. Mais si tu as passé tout le trajet côtier à stresser parce que tu n'étais pas sur l'autoroute, tu viens de gâcher ton propre itinéraire en le comparant à celui d'un autre.

La qualité avant la quantité

Tu conduis, la faim se fait sentir. Quelqu'un qui t'accompagne cherche sur son téléphone des restaurants à proximité et trouve deux options :

Restaurant A : 4,7 étoiles sur 4 937 avis

Restaurant B : 5,0 étoiles sur 54 avis

Lequel est le meilleur ?

La plupart des gens choisiraient le restaurant A. Près de 5 000 personnes ont estimé que l'expérience valait la peine d'être commentée. Ils ont servi exponentiellement plus de clients. Ils sont passés à l'échelle. Ils ont touché plus de monde. Exactement comme lorsque tu sélectionnes un produit sur Amazon.

Mais le restaurant B a une note parfaite. Chaque personne ayant laissé un avis a trouvé l'expérience irréprochable. C'est peut-être un petit endroit qui ne peut servir que 20 couverts par soir. Peut-être que le chef supervise personnellement chaque plat. Peut-être qu'ils se concentrent sur la création d'une expérience parfaite à la fois, plutôt que sur la maximisation du volume.

Le restaurant B est-il moins bon parce que moins de gens le connaissent ? Ou meilleur parce que tous ceux qui l'ont testé le trouvent parfait ?

Il n'y a pas de réponse objective. Il n'y a pas de « bonne » réponse. Cela dépend entièrement de ce que tu mesures.

Si tu mesures la portée et l'échelle — le restaurant A gagne. Si tu mesures la constance et la qualité — le restaurant B gagne. Si tu mesures le chiffre d'affaires — probablement le restaurant A. Si tu mesures la satisfaction client — probablement le restaurant B.

Le point essentiel est le suivant : l'indicateur que tu choisis détermine ce que signifie « meilleur ». Et chaque indicateur est relatif (et soyons honnêtes, arbitraire). Il n'y a pas de tableau d'affichage cosmique qui déclare : « Le restaurant A est objectivement meilleur ». Il y a juste différentes façons de compter les points, et c'est à toi de choisir celle qui t'importe.

Mais que se passe-t-il ? Tu ne choisis pas. Tu laisses les autres choisir pour toi. Tu laisses la culture te dire que l'échelle est égale au succès, ou que l'argent est égal au succès, ou que la célébrité est égale au succès. Et tu passes ensuite ta vie entière à optimiser un indicateur dont tu n'as jamais vraiment voulu.

Le piège de la compétition parentale

Parcours les réseaux sociaux pendant la saison des bulletins scolaires. Regarde combien de parents publient des messages sur le tableau d'honneur, les prix, les réussites.

« Ma fille est encore au tableau d'honneur ! » « Tellement fier de mon fils ! » « Que des A ! » « En route pour les classes de niveau avancé ! »

Chaque publication donne l'impression de parler de l'enfant. Mais regarde de plus près — il s'agit du parent. Le parent entre en compétition à travers les réussites de son enfant. Le parent utilise les notes, les activités et les accomplissements de son gamin comme preuve qu'il est un parent « qui a réussi ».

Et il ne s'agit pas seulement de notes. C'est aussi les chaussures qu'ils portent à l'école. Tu achètes des petites chaussures Lacoste parce que tu sais qu'elles sont classes et qu'elles signalent que tu as les moyens de t'offrir de la qualité — mais peut-être que ton enfant veut juste des chaussures Spider-Man d'une marque générique. Pour qui sont réellement ces Lacoste ?

Ce que l'enfant absorbe : « Ma valeur est basée sur ce que j'accomplis et sur mon apparence. On mesure mon mérite par la façon dont je performe et dont je me présente par rapport aux autres enfants. »

Ce n'est pas être parent, cela. C'est inscrire ton enfant à une compétition qu'il n'a pas demandée, afin de pouvoir réclamer le trophée quand il gagne.

Et voici la partie vraiment tordue : les notes de l'enfant ne font pas de toi un meilleur ou un moins bon parent. Leurs résultats aux examens n'ont rien à voir avec le fait que tu élèves un être humain gentil, résilient et heureux.

Sais-tu ce qui fait de toi un bon parent ? Être présent. Écouter. Leur montrer comment gérer l'échec. Faire cette promenade avec eux quand ils ont besoin de parler. Leur apprendre que leur valeur n'est pas liée à leur performance. Les aider à trouver leur propre itinéraire au lieu de leur imposer le tien.

Mais nous ne mesurons pas le rôle de parent ainsi, n'est-ce pas ? Nous le mesurons en comparant les enfants. « Mon enfant lit à un niveau plus élevé que le tien » devient un code pour dire « Je suis un meilleur parent que toi ».

C'est le même piège de la compétition, avec simplement des enjeux plus élevés. Et c'est l'enfant qui en paie le prix.

Ne fais pas leurs devoirs

Pour ceux qui concourent à travers les réussites de leurs enfants, voici où cela devient absurde : il y a des parents qui font les devoirs de leurs enfants.

Je ne parle pas d'aider. Je parle de faire. Écrire leurs dissertations. Construire leurs projets scientifiques. Résoudre leurs problèmes de maths.

Pourquoi ? Pour que l'enfant ait une meilleure note. Pour que le professeur pense que l'enfant est plus intelligent. Pour que l'enfant soit admis dans des classes avancées. Pour que le parent puisse le publier sur les réseaux sociaux.

Mais qui a réellement appris quelque chose ? Pas l'enfant. L'enfant a appris que quelqu'un d'autre fera le travail si les enjeux sont assez élevés. L'enfant a appris que la performance compte plus que l'apprentissage. L'enfant a appris qu'il n'est pas assez capable pour le faire lui-même.

Tu viens de saboter l'éducation de ton propre enfant pour gagner une compétition qui n'existe pas.

Il n'y a pas d'examen pour noter si ton enfant est plus intelligent que celui du voisin. Il n'y a que l'éducation réelle de ton enfant, que tu viens de miner en lui apprenant à simuler la compétence au lieu de construire une réelle capacité.

Si ton enfant galère avec ses devoirs et rate l'exercice, il apprend quelque chose de précieux : « Ce sujet est difficile pour moi et je dois demander de l'aide. Je dois fournir plus d'efforts et identifier ce que je ne comprends pas. »

Si tu fais les devoirs à sa place et qu'il obtient un A, il n'apprend rien, si ce n'est que le résultat est plus important que la croissance.

Lequel de ces résultats lui sera le plus utile dans la vie ?

Ta destination n'est pas universelle

(Non, je ne parle pas du parc. Universal Studios est en fait l'une de nos destinations préférées.)

L'idée est celle-ci : il n'y a pas de destination universelle vers laquelle tout le monde devrait conduire.

Certains veulent le bureau de direction. D'autres veulent travailler de chez eux en pyjama. Certains veulent bâtir une entreprise. D'autres veulent de la stabilité et de la prévisibilité. Certains veulent l'aventure et le risque. Ton itinéraire est ta propre aventure.

Aucune de ces destinations n'est objectivement « plus réussie » que les autres. Ce sont juste des itinéraires différents avec des points d'arrivée différents qui plaisent à des conducteurs différents.

Pourtant, on nous a appris à mesurer le succès comme si tout le monde devait se rendre au même endroit. Comme s'il y avait une seule destination correcte — généralement définie par l'argent, le statut ou la visibilité — et que tous ceux qui finissent ailleurs ont échoué.

Ce n'est pas ainsi que fonctionnent les itinéraires.

Tu parcours TON itinéraire vers TA destination en fonction de TES priorités. Le fait que quelqu'un d'autre emprunte une autoroute totalement différente n'est pas la preuve que tu es perdu. Il va simplement ailleurs.

L'homme qui a pris sa retraite prématurément pour parcourir le monde n'a pas mieux réussi que la femme qui a créé une entreprise et travaille 60 heures par semaine. Une mère au foyer réussit tout autant qu'une femme qui a fondé sa société. La personne qui gagne 50 000 € en faisant un travail qu'elle adore n'a pas moins réussi que celle qui en gagne 200 000 € dans un boulot qu'elle supporte à peine.

Ils sont simplement sur des itinéraires différents avec des destinations différentes et des idées différentes de ce qui compte.

Le succès n'a pas de mesure universelle parce qu'il n'y a pas de destination universelle.

La pression de la performance

C'est difficile à intérioriser car partout où tu regardes, quelqu'un essaie de te vendre sa définition du succès.

L'université te dit que le succès, c'est un diplôme d'une école prestigieuse. L'entreprise te dit que le succès, c'est grimper les échelons de la hiérarchie. Les réseaux sociaux te disent que le succès, ce sont les abonnés, les mentions j'aime, l'engagement. Tes anciens camarades te disent que le succès, c'est s'aligner sur leur mode de vie.

Dans chaque direction où tu te tournes, quelqu'un brandit un tableau de score et t'affirme que CET indicateur est celui qui compte. Que CETTE destination est celle que tu devrais viser. Que CET itinéraire est le bon.

Et si tu n'optimises pas pour leur indicateur, tu es à la traîne.

Sauf que tu n'es pas à la traîne. Tu n'es simplement pas dans leur course.

Tu es sur une autre autoroute, en route vers une autre destination, mesurant tes progrès par d'autres points de repère. Et c'est exactement ce que tu devrais faire — tant que c'est TOI qui as choisi l'itinéraire au lieu de laisser les autres le choisir pour toi.

Qu'est-ce que TU veux ?

La vraie question est : que veux-tu réellement ?

Pas ce que tes parents veulent pour toi. Pas ce que la société dit que tu devrais vouloir. Pas ce qui semble impressionnant sur les réseaux sociaux. Pas ce que recherchent tes anciens camarades de classe.

TOI. Qu'est-ce que TU veux ?

Si l'argent n'était pas une mesure de succès, quelle serait-elle ? Si personne ne te regardait ou ne te jugeait, quel itinéraire prendrais-tu ? Si tu ne pouvais comparer ton parcours à celui de personne d'autre, quelle destination compterait pour toi ?

Ces questions sont difficiles parce que tu as été conditionné à mesurer le succès de manière externe. Tu regardes ce que les autres possèdent, ce qu'ils ont accompli, ce qu'ils font — et tu t'en sers comme définition du succès.

Mais leur itinéraire n'est pas le tien. Leur destination n'est pas la tienne. Leurs indicateurs ne sont pas les tiens.

Tu dois découvrir ce que le succès signifie pour TOI. Pas pour tes parents, pas pour ta culture, pas pour Instagram. Pour toi.

Et ensuite, tu dois conduire vers cette destination sans vérifier constamment ton rétroviseur pour voir si tu suis le rythme des voitures qui t'entourent.

Ce qui signifie que tu devras probablement désapprendre ce qu'on t'a rabâché.

L'odomètre, pas le tableau d'affichage

Rappelle-toi : ton odomètre mesure TES kilomètres parcourus sur TON itinéraire. Il ne te compare pas aux autres conducteurs. Il ne te classe pas par rapport au reste du monde. Il montre simplement la distance que tu as parcourue depuis ton point de départ.

Ainsi, 10 000 kilomètres vers une destination que tu as réellement choisie sont plus gratifiants que 50 000 kilomètres vers une destination que tout le monde a choisie pour toi.

Tu ne peux pas échouer selon la définition du succès de quelqu'un d'autre. Tu ne peux échouer qu'en ne poursuivant pas la tienne.

Alors cesse de mesurer ton voyage avec leur tableau d'affichage. Cesse de comparer ta route panoramique à leur autoroute. Cesse de penser que tu es en retard simplement parce qu'ils sont arrivés quelque part avant toi.

Ils sont arrivés à leur destination. Tu es toujours en route vers la tienne. Et c'est exactement ainsi que cela doit être.

Il n'y a pas d'examen pour noter si tu as choisi le « bon » itinéraire ou la « bonne » destination.

Il n'y a que ton voyage, tes choix, et la question de savoir si tu conduis réellement vers quelque chose qui compte pour toi.

Partie Quatre

AIRE DE REPOS

S'écarter de la route pour désapprendre ses vieilles habitudes de conduite.

ARRÊTE DE SURVEILLER LES AUTRES VOIES

Très tôt au cours du voyage, quelqu'un tu a dit : « Tu dois aller plus vite. Tu dois être plus rapide, meilleur, le premier. » Et tu l'avez cru, parce que tout le monde le croyait aussi.

Tu es maintenant sur une aire de repos. Partie quatre du voyage. Les étapes du désapprentissage.

C'est ici que tu peux tu garer, ouvrir le coffre et tu demander : « Qu'est-ce que j'ai bien pu transporter ? Ai-je encore besoin de tout cela ? »

Commençons par quelque chose que tu traînes depuis des kilomètres : la conviction que tu dois être en compétition.

La compétition nous est enseignée partout

Pense-y. Tout dans la vie tu a entraîné à rivaliser.

L'école tu a noté par rapport à tes camarades. Le sport classe ton équipe face aux autres. Le travail a mesuré tes performances sur une courbe. Même les divertissements — les choses que tu fais pour tu détendre — sont devenus des compétitions.

Les jeux vidéo affichent des classements. Les réseaux sociaux comptent les « j'aime ». Les applications de fitness comparent tes pas à ceux de tous les autres.

Tu ne peux même pas jouer à Candy Crush sans voir que Susan est au niveau 389 alors que tu n'en êtes qu'au 307. Désormais, tu ne profites plus du jeu. Tu essayes de rattraper ton retard.

Pour rattraper quoi ? Pour obtenir quoi ?

Si tu battes Susan en atteignant le niveau 401, que gagnes-tu ? Rien. Ni argent, ni statut, pas même le respect de Susan car elle ne pense probablement pas du tout à toi. Tu gagnes seulement la certitude d'être en tête sur un tableau d'affichage qui n'existe que dans ton tête.

Ce schéma n'a pas commencé avec les jeux vidéo. Tu l'avez appris il y a bien longtemps dans ton ville natale, probablement avant même de savoir conduire. Tu as appris qu'être le premier est important. Que gagner est primordial. Que prendre du retard signifie que tu perdes.

Et tu portes cette croyance depuis lors — sur des centaines de kilomètres d'autoroute, à travers des dizaines de villes, jusque dans des territoires totalement inconnus.

Peut-être est-il temps de s'arrêter sur le bas-côté et de se demander : en avez-tu encore besoin ?

Bienvenue sur l'aire de repos

Tu conduises depuis un certain temps maintenant. Tu as quitté ton ville natale. Tu as rejoint l'autoroute. Tu as vu que tout est relatif, que les souvenirs appartiennent aux autres, que le succès n'a pas de mesure universelle.

Tu en avez appris beaucoup sur ce qui te pesait.

Vient maintenant le moment où tu peux en déposer une partie.

Non pas parce que tu avies tort de le porter. Non pas parce que tu auries dû être plus avisé. Mais parce que tu as le droit de voyager léger. Tu as le droit de regarder ce que tu avies emballé dans ton ville natale et de dire : « Je n'ai plus besoin de ça. »

La compétition est l'une de ces choses.

On tu a dit que la compétition était nécessaire. Que c'est comme ça que l'on survit, que l'on réussit, que l'on prouve son importance. Tout le monde dans ton ville natale y croyait. Tes parents y croyaient.

Tes professeurs y croyaient. Tes amis y croyaient. Alors, tu y avez cru aussi.

Et cela avait du sens, là-bas. Dans ce contexte. Dans cette ville où tout le monde se mesurait à tout le monde, où chaque réussite était un classement, où chaque succès était relatif à l'échec d'un autre.

Mais tu n'êtes plus dans cette ville.

Regarde dans ton rétroviseur. Cette ville est à des kilomètres derrière tu. Et pourtant, tu conduises toujours comme si tu parcouries ces vieilles rues, tu rivalises toujours comme si tu éties dans cette vieille course, portant toujours cette lourde certitude que tu dois battre tout le monde autour de toi pour exister.

Ce n'est pas le cas.

Tu peux lâcher prise maintenant.

La valise que tu transportes

Imagine la compétition comme une valise que quelqu'un tu aurait remise au moment où tu as quitté la maison. « Tu en auras besoin pour le voyage », ont-ils dit. Et tu les avez crus parce que tous les autres en avaient une aussi.

Mais tu es à une halte routière désormais. Tu peux ouvrir cette valise. Regarder ce qu'il y a vraiment à l'intérieur.

Peut-être y trouveras-tu : la conviction qu'être premier signifie que tu as de la valeur. L'anxiété de prendre du retard. L'épuisement de faire la course avec tout le monde. L'habitude de mesurer ton joie à l'aune de la déception d'autrui. La peur que si tu ne concoures pas, c'est que tu abandonnes.

Eh bien, voilà. Rien de tout cela n'améliore ton conduite. Rien de tout cela ne tu aide à apprécier l'itinéraire. Rien de tout cela n'est nécessaire pour la destination vers laquelle tu tu diriges.

Alors pourquoi continuer à la porter ?

Non pas parce que tu es quelqu'un de mauvais pour l'avoir gardée. Non pas parce que tu auries dû tu en débarrasser plus tôt. Mais tu peux choisir ce qui te accompagnera jusqu'à la prochaine ville. Et la compétition ? Elle peut rester sur l'aire de repos.

Mais qu'en est-il de l'ambition ?

Alors, que pense-tu ? « Si j'arrête de rivaliser, est-ce que je ne vais pas perdre ma motivation ? Est-ce que je ne vais pas me laisser distancer ? Est-ce que je ne vais pas cesser de vouloir m'améliorer ? »

Non.

Désapprendre la compétition ne signifie pas que tu arrêtes d'essayer. Cela ne signifie pas que tu cesses de grandir. Cela ne signifie pas que tu n'avez plus d'objectifs.

Cela signifie que tu arrêtes de mesurer ton progression au nombre de personnes que tu as dépassées. Cela signifie que tu arrêtes de définir le succès par le fait d'être devant ou derrière. Cela signifie que tu arrêtes de laisser le voyage des autres déterminer la valeur du vôtre.

Tu aures toujours envie de toi améliorer. Mais tu tu amélioreres parce que tu veux voir jusqu'où tu peux aller, et non parce que tu as besoin de prouver que tu es meilleur qu'un autre.

Tu tu fixeres toujours des objectifs. Mais ce seront tes objectifs, fondés sur ton destination, et non sur l'idée que quelqu'un d'autre se fait de l'endroit où tu devrais être actuellement.

Tu travailleres toujours dur. Mais tu travailleres pour quelque chose qui compte réellement pour toi, et non pour rester en tête d'une course à laquelle tu ne tu es jamais inscrit.

La différence : tu apprécieres le voyage.

À quoi ressemble le désapprentissage

Ce n'est pas spectaculaire. Ce n'est pas un instant unique où tout se met en place et où tu es soudainement libre.

C'est s'arrêter à des aires de repos comme celle-ci et se demander : « Qu'est-ce que je transporte encore de ma ville natale ? En ai-je besoin pour là où je vais ? »

C'est remarquer quand tu fais la course et choisir de simplement conduire à la place.

C'est se surprendre à comparer et rediriger ses pensées : « C'est leur itinéraire, pas le mien. »

C'est voir ton enfant en difficulté — avec ses devoirs, ses amitiés, ses échecs — et le laisser naviguer. Non pas parce que tu ne te en soucciais pas, mais parce que tu tenes assez à lui pour le laisser développer ses propres capacités. Ce n'est pas une question de contrôle. C'est une relation basée sur le respect.

Laisse-les vivre leur propre voyage. Laisse-les réussir selon leurs propres critères. Laisse-les échouer et découvrir qu'ils peuvent s'en remettre. C'est cela, la vie. Voilà comment le voyage fonctionne.

Leurs notes ne font pas de toi un meilleur parent. Leurs accomplissements ne valident pas tes choix. Leurs performances ne déterminent pas ton valeur.

Tu es leur parent, pas leur arbitre. Et le plus beau dans tout ça ? Quand tu arrêtes de rivaliser à travers eux, ils peuvent arrêter de rivaliser pour toi. Ils peuvent redevenir des enfants qui tracent leur propre route.

Ce n'est pas les abandonner. C'est leur donner l'espace nécessaire pour conduire eux-mêmes.

Le chemin que tu suives désormais

L'autoroute sur laquelle tu tu trouves ne fonctionne pas comme ton ville natale. Les règles sont différentes ici. Les priorités sont différentes. Ce qui importait là-bas n'a pas besoin d'avoir de l'importance ici.

Là-bas, tout le monde faisait la course. Tout le monde comparait. Tout le monde mesurait sa valeur à son rang. C'est simplement ce que l'on faisait.

Mais tu es en territoire inconnu maintenant. Tu as traversé différentes villes. Tu as vu d'autres façons de conduire. Tu as appris que tout le monde ne définit pas le succès de la même manière, que tout le monde ne se dirige pas vers la même destination, que tout le monde ne fait pas la course.

Certaines personnes se contentent de conduire. Elles apprécient l'itinéraire. Elles s'arrêtent quand elles en ont envie. Elles vont à leur propre rythme.

Et elles semblent... plus légères. Moins stressées. Plus présentes.

Peut-être est-ce parce qu'elles ont déballé la compétition quelque part en chemin. Peut-être se sont-elles arrêtées à une aire de repos comme celle-ci et se sont-elles dit : « Je n'ai plus besoin de porter ça. »

Tu peux en faire autant. Et si tu as peur de ne pas tu en sortir sans la compétition, ne tu inquiétes pas. Ton itinéraire finit toujours par se dessiner.

Tu n'abandonnes pas

Le plus difficile dans le fait de désapprendre la compétition, c'est que l'on a l'impression de baisser les bras.

Si tu arrêtes de faire la course avec tout le monde, est-ce que tu abandonnes ? Si tu arrêtes de comparer ton itinéraire à celui des autres, est-ce que tu tu contentes de peu ? Si tu arrêtes de mesurer ton valeur par ton classement, perds-tu ton ambition ?

Pas du tout.

Tu choisisses simplement de définir le progrès différemment. Tu choisisses de mesurer ton croissance selon tes propres critères plutôt que sur le tableau de score d'un autre. Tu choisisses de profiter des villes que tu traverses au lieu de les dépasser en trombe pour arriver en tête.

Ce n'est pas abandonner. C'est s'éveiller.

Tu as passé des kilomètres — peut-être des années — à faire la course contre des gens qui ne vont même pas vers ton destination. À tu comparer à des conducteurs sur des itinéraires totalement différents. À stresser d'être en avance ou en retard dans une compétition qui n'existe que dans ton esprit.

Et si, tout simplement... tu arrêties ?

Que se passerait-il si tu conduisies à un rythme qui te convient ? Si tu profities du paysage au lieu de fixer les voitures autour de tu ? Si tu mesuries ton journée au fait d'avoir avancé, et non au fait d'avoir doublé quelqu'un ?

Tu arriveries toujours là où tu vas. Tu apprécieries simplement beaucoup plus le voyage.

La prochaine ville ne réclame aucune compétition

Regarde devant toi. Tu vois cette prochaine ville à l'horizon ?

Tu n'avez pas besoin de la compétition pour y arriver. Tu n'en avez jamais eu besoin.

La compétition est une chose que ton ville natale tu a enseignée. Ce n'est pas une loi de l'autoroute. Ce n'est pas requis pour le voyage. C'est juste une habitude que tu as prise là-bas et que tu as conservée parce que tout le monde faisait de même.

Mais l'autoroute est longue. L'itinéraire est le tien. Et c'est tu qui décides de ce que tu emportes avec toi.

Certaines choses de ton ville natale valent la peine d'être gardées. Certaines leçons, certaines valeurs, certaines habitudes fonctionnent bien pour toi, rendent la conduite meilleure et tu aident à naviguer. Le passé est une leçon, pas un plan de route imposé.

Mais la compétition ? C'est un poids mort. C'est la chose qui te rend anxieux alors que tu devrais profiter de la vue. C'est la chose qui transforme chaque tronçon d'autoroute en une course que tu ne peux pas gagner.

Tu peux la laisser ici.

Sans honte. Sans regret. Juste avec ce simple constat : « Je n'ai pas besoin de ça pour aller là où je vais. »

Aller de l'avant

Quand tu quitteres cette aire de repos, tu verres toujours d'autres voitures. Tu remarqueres toujours que certaines vont plus vite, d'autres plus lentement. Cela ne changera pas.

Ce qui change, c'est ce que tu fais de cette observation.

Au lieu d'accélérer pour les dépasser, tu pourries simplement tu dire : « Ils vont quelque part. Je vais quelque part. Nous voyageons tous les deux. »

Au lieu de toi sentir à la traîne, tu pourries simplement tu dire : « Je suis exactement là où je dois être sur mon itinéraire. »

Au lieu de comparer ton voyage au leur, tu pourries simplement tu dire : « Je me demande où ils se rendent. »

Voilà à quoi ressemble le désapprentissage de la compétition. Rien de spectaculaire. Rien de parfait. Juste le fait d'abandonner progressivement la croyance que tu dois battre tout le monde autour de toi pour avoir de la valeur.

Tu as de la valeur parce que tu es dans ton voyage. Parce que tu conduises sur ton itinéraire. Parce que tu es ici, à aller de l'avant, à faire des choix, à naviguer dans ton propre vie.

Pas parce que tu devances qui que ce soit. Pas parce que tu gagnes. Juste parce que tu es tu, et que ton voyage tu appartient.

Il n'y a pas d'examen pour noter si tu as suivi le rythme du trafic.

Il n'y a que ton itinéraire, tes choix, et la liberté de conduire sans faire la course avec tous ceux qui te entourent.

Bienvenue sur cette aire de repos. Reste-y aussi longtemps que nécessaire. Et quand tu seres prêt, reprends la route — plus léger qu'avant.

Chapitre 10

L'AUTOROUTE APPARTIENT À TOUT LE MONDE

Des véhicules de tous types et de toutes les couleurs imaginables partagent cette autoroute avec toi.

Berlines et SUV. Hybrides et voitures électriques. Voitures à essence, voitures diesel. Motos se faufilant entre les files. Poids lourds transportant du fret. Camping-cars avançant à leur propre rythme. Boîtes manuelles, boîtes automatiques, et même certains véhicules inclassables.

Moteurs différents. Tailles différentes. Capacités différentes. Objectifs différents.

Et pourtant, ils partagent tous la même autoroute.

La route ne tu demande pas quel type de moteur tu as avant de toi laisser entrer. Elle n'exige pas un type de transmission spécifique. Elle ne mesure pas ton consommation de carburant et ne juge pas ton choix de véhicule. L'autoroute accueille tout le monde parce qu'elle comprend une chose fondamentale : nous essayons tous simplement d'arriver quelque part.

Véhicules différents. Même voyage. Même droit de circuler en toute sécurité.

La valise que tu n'avez pas faite tu-même

À ton dernière aire de repos, tu as déballé la compétition. Tu avez regardé cette croyance pesante et tu as dit : « Je n'ai plus besoin de ça. »

Mais il y a une autre valise dans ton coffre. Une valise que tu n'avez même pas faite tu-même. Elle a été chargée avant même que tu ne commençais à conduire, dans ton ville natale, avant que tu ne sois assez âgé pour toi demander si tu en voulais.

Elle porte l'étiquette « division ».

À l'intérieur, tu trouveres : la conviction que certains véhicules ont plus leur place sur l'autoroute que d'autres. L'habitude de classer les conducteurs entre « nous » et « eux ». La supposition que « différent » signifie « séparé ». L'idée que la diversité est quelque chose à tolérer plutôt que quelque chose qui... est, tout simplement.

Rien de tout cela n'était ton idée. Tu en avez hérité. Ton ville natale tu l'a enseigné. La culture environnante l'a renforcé. Tu portes cela depuis si longtemps que tu ne remarques peut-être même plus sa présence.

Mais tu es à une autre aire de repos, maintenant. Tu peux aussi ouvrir cette valise.

La réalité d'une race unique

Regarde ce que les faits démontrent réellement au sujet des individus : nous ne formons qu'une seule race. Nous sommes la race humaine.

Pas métaphoriquement. Pas philosophiquement. Littéralement.

Nous appartenons tous à la même espèce. Différentes expressions d'un même plan de montage. Différents travaux de peinture sur un même véhicule fondamental.

Neil deGrasse a un jour posé une variante de cette interrogation cosmique : quand nous imaginons des extraterrestres, pourquoi les représentons-nous toujours avec deux bras, deux jambes, une tête au sommet — essentiellement humanoïdes ? Regarde la Terre. Nous avons des poissons, des mollusques, des insectes, des araignées, des plantes, des champignons, des mammifères de toutes les formes imaginables.

Des milliards de formes de vie qui ne possèdent pas du tout la silhouette humaine.

Alors pourquoi les extraterrestres nous ressembleraient-ils ?

Nous les imaginons ainsi parce que nous sommes le point de référence. Nous sommes tellement focalisés sur notre propre forme que nous supposons que l'intelligence, la conscience, la vie avancée doivent nous ressembler.

Mais voici ce que cela révèle : nous savons déjà que la diversité est la norme. Nous la voyons partout sur Terre. Et pourtant, quand il s'agit des humains ? Nous faisons semblant d'être surpris que nous nous ressemblions tous fondamentalement. Nous créons des divisions basées sur des variations mineures — couleur de peau, forme des yeux, texture des cheveux — alors qu'en réalité, nous sommes remarquablement similaires. Juste des nuances différentes d'un même design de base.

Les différentes couleurs de peau ne sont pas des races différentes. Ce sont juste des couleurs différentes pour le même véhicule. Comme des voitures sortant de la même chaîne de montage avec des options de peinture différentes. Bleu, rouge, blanc, noir — même voiture, finition différente.

Nous le savons déjà. À vrai dire, nous l'acceptons déjà pour les autres espèces.

Regarde les chiens. Des milliards de chiens. Des millions au sein de chaque race. Ils existent dans toutes les combinaisons de couleurs imaginables — noir, marron, blanc, tacheté, rayé. Est-ce que les chiens se soucient de la couleur du pelage d'un autre chien ? Se jugent-ils en fonction de leur robe ? Se divisent-ils en « nous » et « eux » selon qu'ils sont dorés ou brun foncé ?

Non, ce sont juste des chiens. Différentes couleurs d'une même espèce. Et ils le savent.

Nous sommes pareils. Différentes couleurs d'une même espèce. Nous avons juste oublié d'agir comme si nous le savions.

Le paradoxe du passage de frontière

Dans ma ville natale, je vivais à deux heures de la frontière. Je conduisais régulièrement vers le nord pour aller au Texas.

Même personne. Même voiture. Même voyage. Mais soudain, j'avais une nouvelle étiquette une fois la ligne franchie.

À Monterrey, j'étais simplement une personne. Au Texas, j'étais une « PoC » — une personne de couleur, un terme utilisé aux États-Unis pour catégoriser quiconque n'est pas blanc. Je fais partie d'une minorité. Latino. Hispanique. Des étiquettes qui n'existaient pas pour moi deux heures plus au sud.

Rien en moi n'a changé. Je suis toujours moi, dans la même voiture, sur la même autoroute. Mais les étiquettes ne cessaient de changer selon l'endroit où je me trouvais et selon qui les attribuait.

Mais les divisions ne sont pas réelles. Ce ne sont que des lignes que nous avons tracées sur des cartes, pour ensuite prétendre qu'elles définissent qui sont les gens.

Je n'ai pas traversé une frontière pour devenir une espèce différente. Je ne me suis pas soudainement métamorphosé en un autre type d'humain. J'étais la même personne qu'il y a deux heures, parcourant le même itinéraire, avec la même destination.

La division a été inventée. Et si elle a été inventée, elle peut être désinventée.

La vérité sur les sosies

Nous sommes une seule espèce. Différentes expressions du même plan, certes. Mais voici quelque chose d'intéressant : avec des traits limités et 120 milliards d'humains ayant existé, les sosies ne sont pas seulement possibles — ils sont presque attendus.

Pense-y. L'espacement des yeux, la forme du nez, la structure des pommettes, la mâchoire, la texture des cheveux — les combinaisons sont nombreuses, mais leur nombre reste fini. Quand tu as 120 milliards de versions de l'espèce qui font défiler ces combinaisons, les chances sont élevées que certains ensembles de traits se répètent.

Nous les montrons du doigt parce qu'ils semblent si

étranges — comme si une personne d'il y a 200 ans venait de se réincarner — mais mathématiquement, c'est presque inévitable.

Tu as peut-être vu ces photos : des célébrités qui ressemblent trait pour trait à des figures historiques d'il y a des décennies ou des siècles. Enzo Ferrari et Mesut Özil, séparés par des décennies, pratiquement jumeaux. Des acteurs qui ressemblent exactement à des gens sur de vieilles photographies. Des inconnus sur Internet qui pourraient être frères ou sœurs mais ne se sont jamais rencontrés.

Nous nous en étonnons. « Ouah, ils se ressemblent tellement ! »

Mais pourquoi être surpris ? Nous sommes tous façonnés avec les mêmes caractéristiques de base, simplement mélangées dans des proportions différentes.

Des chiens semblent identiques sans être apparentés. Idem pour les chats. C'est le cas pour toute espèce ayant une large population. Des combinaisons limitées avec des traits finis signifient que tu obtiendres des répétitions.

Nous ne sommes pas si différents les uns des autres. Nous ne l'avons jamais été. Nous sommes tous des variations sur un même thème, construits à partir du même plan, conduisant les mêmes types de véhicules sur la même autoroute.

Les divisions que nous voyons ? On nous a appris à les voir. Elles ne sont pas ancrées dans la réalité. Elles sont ancrées dans la manière dont nous avons appris à regarder la réalité.

Conditions différentes, même espèce

Certaines personnes sont extraverties. D'autres sont introverties. Certaines sont hétérosexuelles. D'autres sont homosexuelles. Certaines sont gauchères. D'autres sont autistes. Certaines sont grandes. D'autres sont petites. Certaines sont bruyantes. D'autres sont calmes.

Conditions différentes. Préférences différentes. Façons d'être différentes.

Même espèce. Même autoroute. Même droit de parcourir sa propre route.

Soutenir les gens pour qu'ils vivent leur vie avec joie et authenticité ne devrait pas être politique ou controversé : c'est simplement humain. Nous sommes ici pour accorder aux autres le même espace que celui que nous voulons pour nous-mêmes.

Si quelqu'un à deux mille kilomètres d'ici croit en une religion différente de la tienne et que cela le rend heureux, quel impact cela a-t-il sur ta vie ? Pourquoi voudrais-tu le forcer à croire en la même religion que tu ? Si quelqu'un exprime son genre différemment de tu, comment cela change-t-il ton itinéraire ? Si le cerveau de quelqu'un fonctionne différemment du vôtre, traite le monde différemment, trouve de la joie dans des choses différentes — en quoi cela affecte-t-il ton destination ?

Cela ne l'affecte pas.

Ils conduisent leur véhicule. Tu conduises le tien. Tu es tous les deux sur la même autoroute, tu dirigeant vers des destinations différentes, vivant des vies différentes qui ne se croisent pas réellement, mis à part la route partagée sous tes roues.

Et si tu craignes que ton enfant n'apprenne quelque chose d'une autre voiture — quelque chose que tu ne veux pas qu'il apprenne — commences à l'intérieur de ton propre voiture. Sois l'exemple. Sois le conducteur qu'il regarde. Ton enfant est dans ton véhicule, il voit comment tu navigues, comment tu traites les autres conducteurs, comment tu réagisses aux différences sur l'autoroute.

Il apprend de ton conduite, pas des voitures qui passent.

La division — la conviction que leur itinéraire différent menace ou diminue le tien d'une manière ou d'une autre — c'est quelque chose que ton ville natale tu a enseigné. C'est quelque chose que tu transportes dans ton coffre, qui prend de la place, ajoute du poids et rend ton trajet plus lourd qu'il ne devrait l'être.

Tu peux déballer cela maintenant.

L'autoroute ne discrimine pas

L'autoroute accueille tous les véhicules parce qu'elle ne se soucie pas de tes différences. Ce n'est qu'une route. Elle supporte le poids des berlines et des semi-remorques de la même manière. Elle laisse les motos aller vite et les camping-cars aller lentement sans juger ni l'un ni l'autre.

L'autoroute fonctionne parce qu'elle est conçue pour la diversité, pas pour l'uniformité.

Imagine que l'autoroute n'accepte qu'un seul type de véhicule. Seules les berlines seraient autorisées. Tu conduises un camion ? Tant pis, trouves un autre itinéraire. Une moto ? Tu n'êtes pas le bienvenu ici. Une voiture électrique ? Nous ne supportons que les moteurs à essence.

Ce serait absurde. L'autoroute serait déserte. La moitié des véhicules resteraient sur des routes secondaires, incapables d'arriver là où ils doivent aller, parce que la route a décidé que leurs différences les disqualifiaient.

C'est ce que fait la division. Elle prend une autoroute conçue pour accueillir tout le monde et la transforme en un itinéraire restreint où seuls certains véhicules sont « autorisés ». Non pas parce que ces véhicules sont intrinsèquement meilleurs. Simplement parce que quelqu'un a décidé de tracer des lignes arbitraires pour définir qui a sa place.

L'autoroute se moque de ce que tu conduises. Elle se soucie seulement que tu voyagies en toute sécurité, que tu partagies la route et que tu n'essayais pas de sortir les autres véhicules de la chaussée simplement parce qu'ils ne ressemblent pas au vôtre.

Peut-être que la voiture que tu juges en ce moment parce qu'elle a l'air différente est celle qui s'arrêtera pour toi aider, des kilomètres plus loin, quand tu aures un pneu crevé. Peut-être que tu êtes actuellement dans les bouchons, entouré de véhicules, mais que cette voiture sera la seule près de toi sur un tronçon d'autoroute loin de la ville. Le moment venu, elle tu repérera, et c'est tu qui appelleras à l'aide.

Ainsi, si ton voiture tombe en panne et nécessite une « transfusion » de carburant, tu ne refuseras pas l'aide d'un autre conducteur sous prétexte que son châssis ne correspond pas au vôtre ou parce qu'il écoute Lady Gaga à la radio. Tu as simplement besoin de ce qui te permet de continuer à avancer.

La perspective de proximité

Simon Sinek, l'un de mes auteurs préférés, célèbre pour son livre *Commencer par pourquoi*, et défenseur de l'état d'esprit du *Jeu infini*— sur lequel ce livre s'appuie et s'épanouit —, raconte une histoire sur la façon dont la proximité influence la connexion. Laisse-moi tu la présenter ainsi :

Ton voisin. Celui qui vit de l'autre côté de la rue.

Si tu le croises dans ton rue, tu lui feras peut-être un signe de la main. Ou peut-être pas. Cela dépend des jours. C'est juste une personne de plus dans ton quartier.

Si tu vois ce même voisin dans une autre ville — de façon tout à fait inattendue —, tu tu arrêtes. — Oh Salut ! Qu'est-ce que tu fais là ? — Tu discutes quelques minutes. Tu échanges des politesses. Puis, tu reprenes chacun ton chemin.

Si tu le vois dans un autre pays, alors là, ça change tout ! Dans un endroit où l'on parle une langue différente ? Où tout semble étranger ? Tu ALLEZ vers lui. Tu discuteres longtemps. Tu feres des projets. Tu as trouvé un visage familier (familier au point qu'il fait maintenant partie de la famille, n'est-ce pas ?), quelqu'un qui parle ton langue.

Imagine maintenant que tu es astronaute. Tu es envoyé dans la Station spatiale internationale. À ton arrivée, tu y trouves ton voisin. C'est incroyable !

Soudain, il devient la personne la plus importante de ta vie.

Ce même gars à qui te ne faisais même pas de signe de la main dans ton rue ? Là-haut, à des millions de kilomètres de la Terre, c'est l'être le plus cher à tes yeux. Tu flottes tous les deux dans l'espace. Le contexte en fait ton frère.

Poussons le raisonnement plus loin : imagine la personne que tu détestes. Celle qui soutient l'équipe adverse. Celle qui a des opinions politiques diamétralement opposées aux vôtres. Celle que tu évites lors des réunions de famille.

Si tu éties tous les deux affectés à une mission sur l'ISS, ne laisse-rais-tu pas tes différends de côté ?

Là-haut, tu n'êtes pas des adversaires. Tu es les spécimens les plus semblables qui soient. Pas les plus différents — les plus semblables.

Parce que tous les autres sont à des millions de kilomètres de là, sur Terre.

Plus tu es loin, plus les similitudes comptent. Plus tu es proche de chez toi, plus il est facile de se focaliser sur les différences.

Quand tu es dans ton quartier, entouré de ce qui te est familier, les divisions semblent importantes. Mais places-tu loin — dans un autre pays, sur une station spatiale, à des millions de kilomètres de la Terre — et soudain, ces divisions disparaissent. Tu ne vois que des gens. Des semblables. Des conducteurs sur la même autoroute.

Quand les étiquettes comptent

Dans les années 1800, être gaucher était perçu comme de la sorcellerie. Un sortilège. Quelque chose qui ne tournait pas rond chez toi. Certains parents attachaient la main gauche de leurs enfants dans leur dos pour les forcer à utiliser la droite. Les écoles punissaient les enfants qui écrivaient de la « mauvaise » main.

Aujourd'hui ? Tout le monde s'en fiche que tu sois gaucher ou droitier.

L'étiquette n'a d'importance que dans des contextes spécifiques. Si tu es un entraîneur de football américain cherchant à protéger le côté aveugle de ton quarterback, savoir s'il est gaucher ou droitier est crucial. Dans ce contexte, cette étiquette a du sens.

Mais pour la vie de tous les jours ? C'est hors sujet. On ne voit pas de célébrités annoncer : « Bonjour à tous, j'ai réuni les médias aujourd'hui pour cette annonce spéciale, je veux que tu sachies que... je suis gaucher ! » On ne voit pas de reportages sur quelqu'un qui fait son « coming out » de gaucher.

Ce même principe s'applique à tout ce que nous traitons comme des divisions : orientation sexuelle, identité de genre, religion, neurodivergence, origines culturelles. Les étiquettes peuvent importer dans des contextes précis — contextes médicaux, sociaux, juridiques — où elles doivent être reconnues et protégées.

Mais pour les interactions quotidiennes ? Pour déterminer si quelqu'un mérite le respect, la dignité, ou l'espace nécessaire pour conduire sur sa propre route ? Les étiquettes sont aussi insignifiantes que le fait d'être gaucher.

Les trois étapes

Je pense que le chemin vers une véritable absence de division (autrement dit, vers l'inclusion) suit ces étapes :

1. La sensibilisation : Reconnaître que les différences existent et sont courantes. Cela a fonctionné pour les gauchers depuis le XIXe siècle. Comprendre que la neurodiversité existe. Que les gens ont des orientations différentes. Que 8 milliards d'individus signifient plus de 8 milliards d'expressions différentes de l'être humain.
2. L'acceptation : Comprendre pourquoi quelqu'un peut être différent — pourquoi il a des goûts différents, pourquoi il a besoin de calme, pourquoi il réagit vivement au changement, pourquoi il s'exprime différemment — et s'adapter pour être plus inclusif. Ne pas se contenter de tolérer, mais faire réellement de la place.
3. L'indifférence (la forme positive) : Atteindre un point où ces différences ne sont qu'une variation naturelle de plus de l'espèce humaine. Comme l'est le fait d'être gaucher aujourd'hui. Pas quelque chose que tu as besoin de commenter, de célébrer ou de critiquer. Juste... une partie de la nature humaine.

Nous ne pouvons pas forcer l'étape 2. Nous ne pouvons pas obliger les gens à accepter ce qu'ils ne sont pas prêts à accepter. Mais nous pouvons absolument promouvoir l'étape 1 : la sensibilisation. Nous pouvons souligner que nous sommes tous sur la même autoroute, au volant de véhicules différents, et que c'est précisément ainsi que fonctionnent les autoroutes.

Et si suffisamment de personnes parviennent à la sensibilisation ? L'acceptation suivra. Et l'indifférence — celle où personne ne se soucie de qui tu aimes, de comment tu penses ou de ce qui te rend différent parce que nous sommes tous juste des gens qui essaient d'arriver quelque part — deviendra la conséquence naturelle. La boucle est bouclée. On passe de « différent » à « juste des gens ».

Les 8 milliards de réalités

Si tu es un adepte des étiquettes, si tu as besoin d'apposer un label sur chaque individu pour le classer correctement, tu finires par avoir 8 milliards d'étiquettes.

Parce que chaque personne est un individu unique.

Même des jumeaux identiques ne sont pas la même personne. Ils sont la preuve vivante que l'on peut se ressembler trait pour trait tout en étant deux êtres totalement différents à l'intérieur. Souvent, ils sont même opposés en termes de comportement, de préférences et de personnalité.

Tout le monde est différent. Alors pourquoi voulons-nous toujours que tout le monde soit pareil ?

Pourquoi voulons-nous que tout le monde pense de la même manière ? Qu'ils aient les mêmes convictions politiques que nous ? Les mêmes opinions religieuses ? Qu'ils aiment les mêmes choses, regardent les mêmes films, aillent prier dans le même temple — ou soient agnostiques comme nous ?

Pourquoi attendons-nous de chacun qu'il ait les mêmes capacités, la même mentalité, la même approche de la vie ?

Nous sommes plus de 8 milliards d'expressions (vivantes) différentes de la même espèce. Des véhicules différents sur la même autoroute. Et pourtant, nous dépensons tellement d'énergie à essayer de forcer tout le monde dans la même catégorie, la même voie, le même itinéraire.

Ce n'est pas ainsi que fonctionnent les autoroutes. Ce n'est pas ainsi que fonctionnent les espèces.

Tu as le droit de lâcher prise

La division peut sembler être quelque chose que tu dois protéger. Quelque chose qui te sécurise. Quelque chose qui te aide à toi orienter.

Mais regarde ce qu'elle fait réellement : elle tu rend méfiant envers les autres conducteurs. Elle tu fait voir des menaces là où il n'y en a pas. Elle tu fait gaspiller de l'énergie à catégoriser les gens au lieu de simplement conduire sur ton route. Elle transforme chaque interaction en une évaluation : « Est-ce qu'ils sont comme moi ou pas ? Puis-je leur faire confiance, ou dois-je m'inquiéter ? »

C'est épuisant. C'est anxiogène. Cela n'améliore en rien ton voyage.

Tu n'avez pas besoin de toi entendre avec tout le monde. Tu n'avez pas besoin de fréquenter des gens qui pensent totalement différemment de tu. Ils conduisent sur leur route. Tu conduises sur la tienne. L'autoroute tu accueille tous les deux sans toi obliger à rouler ensemble.

Ce n'est pas pour rien qu'il y a plusieurs voies.

Tu as le droit de lâcher prise. Tu as le droit de voir les autres véhicules comme... d'autres véhicules. Différents du vôtre, certes. Mais partageant la même route, essayant d'arriver quelque part, affrontant les mêmes trafics, la même météo et les mêmes zones de travaux que tu.

Ce ne sont pas des menaces. Pas des concurrents. Juste d'autres voyageurs sur la même autoroute.

Tu n'avez plus besoin de porter le fardeau de la division. On tu l'a remis dans ton ville natale. Tu l'avez traîné pendant des kilomètres. Mais tu es maintenant à une aire de repos. Tu peux le laisser ici.

Pas parce que tu avies tort de l'avoir. Pas parce que tu auries dû être plus avisé. Mais parce que tu as le droit de voyager plus léger. Parce que la prochaine ville vers laquelle tu tu diriges ? Elle ne tu demande pas de classer les gens par catégories avant de tu laisser entrer.

Tu peux simplement conduire. Et laisser les autres conduire aussi.

Ce qui change quand on désapprend la division

Lorsque tu quittes cette aire de repos sans cette valise, voici ce qui change :

Tu cesses de voir « nous » contre « eux ». Tu vois des individus.

Tu cesses de catégoriser les conducteurs par leur type de véhicule. Tu reconnaisses qu'ils accomplissent des voyages tout comme toi.

Tu ne tu sentes plus menacé par les différences. Tu les vois simplement comme... différentes expressions de la même chose.

Tu cesses de gaspiller de l'énergie à surveiller qui a sa place sur l'autoroute. Tu tu concentres sur ton propre itinéraire, ton destination, ton propre conduite.

Ce n'est pas de la naïveté. Ce n'est pas ignorer les vrais problèmes. C'est simplement choisir de voir la réalité avec clarté : nous sommes tous de la même espèce, circulant sur la même autoroute, essayant d'arriver quelque part qui compte pour nous.

Véhicules différents. Itinéraires différents. Destinations différentes. Même droit fondamental de faire le voyage.

Il n'y a pas d'examen pour noter qui soutient la meilleure opinion politique ou la meilleure religion.

Il n'y a que l'autoroute, accueillant chaque véhicule, et ton choix de conduire avec le poids de la division ou avec la légèreté de savoir que nous sommes tous juste des gens qui essaient d'arriver quelque part.

Bienvenue sur cette aire de repos. Défaites cette valise. Laisse la division derrière tu.

Et quand tu seres prêt, continues à conduire — vers une ville où tout le monde a sa place sur la route.

Chapitre 11

LEUR CARTE N'EST PAS LA TIENNE

Tu n'empruntes pas le même itinéraire que les autres. Tu n'êtes pas parti du même endroit. Tu ne tu diriges pas vers la même destination. Ton véhicule n'est pas le même. Tes passagers ne sont pas les mêmes. Tes contraintes ne sont pas les mêmes.

Alors, quand quelqu'un tu dit : « Si cela a fonctionné pour moi, tu devrais le faire », ce qu'il tu donne en réalité, ce sont des indications pour aller de son point de départ à sa destination, dans son véhicule, selon ses propres conditions.

C'est là toute la particularité des conseils : ils s'accompagnent toujours d'un contexte invisible. Combien de fois avez-tu donné des conseils ? Nous partageons des régimes, des parcours professionnels, des stratégies éducatives, des astuces de productivité ou des conseils de couple avec une certitude absolue. Quelqu'un trouve une solution qui fonctionne dans sa vie et veut immédiatement la partager — avec sincérité, enthousiasme, convaincu de détenir la réponse.

Et parfois, c'est le cas. Pour lui. Dans son contexte. Avec son véhicule, sur ses routes, avec ses passagers et ses contraintes spécifiques.

Le piège du conseil n'est pas de l'écouter. C'est d'oublier que tout conseil comporte un astérisque invisible : « a fonctionné dans ma situation particulière ».

L'origine que tu ne peux pas voir

Quand quelqu'un tu donne un conseil, il partage le chemin qui mène de sa ville natale à sa destination. Il connaît chaque panneau, chaque flux de circulation, chaque raccourci. Ce qu'il ne voit pas, c'est que tu ne pars pas de sa ville — tu partes de la tienne.

Ses conseils sont tout à fait logiques. Pour quelqu'un qui part de son emplacement, avec son véhicule, et qui se rend là où il va.

Le piège est de supposer que son itinéraire fonctionnera à partir de ton point de départ.

Pense à des indications routières. Si quelqu'un tu dit : « Tourne à gauche au grand chêne sur ton droite », cela n'est utile que si tu arrives de la même direction que lui. Sous un angle différent, tu pourries ne pas voir le chêne du tout. Ou tu en verras trois. Ou peut-être que le chêne a été abattu l'année dernière, mais qu'il n'a pas repris cette route depuis.

Ses indications ne sont pas fausses. Elles ne sont simplement pas universelles.

Une valise pleine du contexte d'autrui

Chaque conseil arrive chargé de contexte. Sa situation professionnelle, sa structure familiale, sa personnalité, sa position financière, sa santé, ses valeurs, ses peurs, ses expériences. Tout cela tu est invisible, intégré à sa recommandation comme une valise que tu ne peux pas voir.

Quelqu'un tu dit de toi lever à 5 heures du matin parce que cela a changé sa vie. Ce qu'il ne mentionne pas : c'est un lève-tôt, il n'a pas d'enfants, il se couche à 21 heures, il travaille à domicile et il adore le calme avant que le monde ne s'éveille. Il partage même des vidéos sur les réseaux sociaux de sa routine matinale avec des horodatages qui n'incluent pas le temps passé à installer la caméra.

Tu essayes. Tu es un oiseau de nuit, tu as un enfant en bas âge qui se réveille deux fois par nuit, ton trajet commence à 7 heures et c'est après 22 heures que tu réfléchisses le mieux.

Son conseil était authentique. Ton contexte est différent. Le conseil ne se transpose pas.

Quelqu'un tu recommande de quitter ton emploi pour suivre ton passion, comme il l'a fait. Ce qui est invisible dans ce conseil : il avait six mois d'économies, un partenaire solidaire avec un revenu stable, pas d'enfants, une bonne assurance santé via son conjoint, et une compétence monnayable qu'il développait déjà le week-end.

De ton côté, tu as trois mois de loyer de côté, tu es le principal soutien financier, tu as deux personnes à charge, et ton passion est une activité qui prend des années à devenir rentable.

Son conseil n'était pas erroné dans sa situation. Il pourrait être catastrophique pour la tienne.

La prise de conscience sur l'aire de repos

Examinez les conseils que tu portes en toi. Non pas pour les rejeter, mais pour comprendre d'où ils viennent.

Ce système de productivité qui te fait culpabiliser parce que tu ne parviens pas à le tenir ? Il a été conçu par quelqu'un ayant des niveaux d'énergie, des responsabilités et une chimie cérébrale différents des vôtres.

Ce conseil de couple qui semble ne jamais fonctionner ? Il provient de quelqu'un engagé dans un autre type de relation, avec des styles de communication, des antécédents et des besoins différents.

Cette stratégie parentale qui te donne l'impression d'échouer ? Elle a été écrite par quelqu'un ayant des enfants différents, des ressources différentes et des systèmes de soutien différents.

Rien de tout cela ne rend le conseil mauvais. Cela le rend contextuel.

L'expérience de pensée du séjour à Disney

Quelqu'un observe et critique une famille pour son emploi du temps rigide à Disney — chaque attraction prévue, chaque repas minuté, chaque lieu de photo cartographié. « Ils sont trop stressés ! Ils devraient simplement se détendre et profiter ! »

Mais voici ce que ce critique ne voit pas : peut-être que cette famille a économisé pendant des années pour ce voyage. Peut-être que c'est leur seule chance d'y aller. Peut-être qu'avoir un plan signifie qu'ils pourront réellement vivre tout ce pour quoi ils ont épargné, au lieu d'errer sans but, dépassés par l'ampleur du parc. Peut-être que les parents aiment sincèrement planifier — cette organisation n'est pas un stress pour eux. C'est leur façon de s'amuser.

Le conseil du critique (« détends-tu ! ») vient de son propre contexte : peut-être habite-t-il assez près pour y aller régulièrement, peut-être a-t-il des pass annuels, peut-être que la spontanéité est sa façon à lui d'apprécier les choses.

Aucune des deux approches n'est mauvaise. Ce sont des véhicules différents pour des voyages différents.

Le piège du conseil est de penser que ton façon de faire Disney (ou n'importe quoi d'autre) devrait fonctionner pour tout le monde.

Ce que signifie réellement « s'amuser »

Demande à dix personnes ce qu'est un « week-end amusant » et tu obtiendres dix réponses totalement différentes :

Quelqu'un qui travaille à domicile pourrait vouloir s'apprêter et sortir dans un endroit bruyant et social.

Quelqu'un qui travaille dans la vente pourrait vouloir rester chez lui en pyjama et ne voir absolument personne.

Quelqu'un qui reste assis à un bureau toute la journée pourrait vouloir faire de la randonnée.

Quelqu'un qui est debout toute la semaine pourrait vouloir s'allonger sur le canapé et dévorer une série.

Quand l'une de ces personnes dit : « Tu devrais essayer ça, c'est trop génial ! », cela signifie que c'est génial pour quelqu'un ayant son énergie, ses préférences, son contexte. Elle n'a pas tort. Elle est contextuelle.

Le piège est d'entendre « tu devrais » comme une prescription universelle au lieu de « voici ce qui a marché à partir de mon point de départ ».

Arrête de suivre le GPS d'un autre

Ton GPS est programmé pour TON destination. Pas la leur.

Quelqu'un tu dit : « Tu dois faire plus de networking pour faire avancer ton carrière ». C'est peut-être vrai si tu es dans la vente, si tu es extraverti, si tu es dans un secteur où les relations génèrent les opportunités.

Cela peut être complètement faux si tu es dans un domaine où ton travail parle de lui-même, si tu construises quelque chose qui demande des années d'efforts solitaires et concentrés, si tu progresses par l'expertise plutôt que par les connexions.

Leur GPS ne ment pas. Il n'est simplement pas calibré pour ton itinéraire.

Quelqu'un dit : « Tu dois épargner 20 % de tes revenus ». C'est un conseil solide si tu gagnes assez pour que ces 20 % soient possibles, si tu n'êtes pas écrasé par les dettes, si tu n'avez pas de personnes à charge, si tu n'avez pas de frais médicaux qui dévorent ton salaire.

C'est un conseil inutile si tu couvres à peine ton loyer.

Le conseil lui-même n'est pas mauvais. Le contexte est tout.

Modèles vs Imitation

Tu peux regarder comment quelqu'un d'autre conduit et tu en inspirer. Tu peux remarquer sa technique, son calme, son efficacité. Tu peux apprendre en l'observant.

Ce que tu ne peux pas faire, c'est reproduire son itinéraire exact alors que tu partes d'un endroit différent.

Les modèles fonctionnent quand on en tire les principes pour les adapter à son contexte. L'imitation échoue quand on essaie de copier les gestes précis de leur contexte dans le nôtre.

Quelqu'un a bâti une entreprise prospère en travaillant 80 heures par semaine. Il n'abandonne jamais. Tu peux admirer son dévouement sans détruire ton santé en essayant de calquer son emploi du temps alors que tu as une énergie différente, des besoins familiaux différents, ou que tu en êtes à une autre étape de ta vie.

Quelqu'un a réussi grâce à un réseautage agressif et un activisme constant. Tu peux respecter son approche sans toi forcer à adopter un style qui te épuise, alors que le travail de fond et la réflexion posée sont ton véritable force.

Cherche l'inspiration, pas l'imitation. Prends ce qui résonne en toi et laisses le reste.

On tu a appris que les gens qui réussissent se lèvent tôt, donc tu devrais faire de même. On tu a appris qu'il faut se démener sans cesse, alors tu culpabilises de toi reposer. On tu a appris qu'il n'y a qu'une seule bonne façon d'élever des enfants, de gérer son argent, de progresser dans sa carrière.

Tous ces conseils provenaient du contexte de quelqu'un. Certains peuvent se transférer au vôtre. La plupart ne le feront pas, du moins pas exactement.

Le piège consiste à traiter un conseil spécifique à un contexte comme une loi universelle.

Oui, y compris ce livre

Tout ce qui se trouve dans ce livre — chaque métaphore, chaque suggestion, chaque observation — provient de mon contexte. Mon véhicule, mes routes, mes passagers.

Certaines choses feront peut-être écho à ton situation. D'autres ne s'appliqueront peut-être pas du tout. D'autres encore devront être considérablement adaptées pour fonctionner pour ton trajet.

Ceci n'est pas un conseil. C'est une perspective. C'est la vision des choses depuis là où je conduis, avec la conscience que tu conduises depuis un autre endroit.

Si la métaphore de la conduite tu aide à envisager ton parcours différemment, gardes-la. Si elle tu semble forcée ou ne correspond pas à ton vision de la vie, oublies-la.

Le piège serait que je tu dise : « Cela a marché pour moi, donc tu devrais le faire ». Le véritable message est : « Voici ce que je vois de ma place. Prends ce qui a du sens de la tienne ».

Quand tu imagines ton propre allée

Quelqu'un pose une question sur une communauté Reddit à laquelle tu appartenes à cause de la voiture que tu possédes : « Je viens d'acheter le même modèle que tu. Des conseils pour la conduire ? »

Tu tapes des conseils basés sur ton expérience : « Attention au rayon de braquage serré dans les parkings souterrains. L'angle mort côté passager demande une attention particulière. Reste en mode sport sur l'autoroute pour une meilleure réactivité. »

Tout cela est sincèrement utile. Pour quelqu'un qui emprunte tes itinéraires.

Mais ce que tu ne vois pas : cet utilisateur vit dans une ferme au milieu de nulle part. Pas de parkings souterrains. Pas de trajets sur autoroute. Ses inquiétudes concernant l'angle mort concernent le bétail, pas les changements de file. Ton conseil sur le mode sport est inutile quand il navigue sur des chemins de terre à 25 km/h.

Tu n'avais pas tort. Tu éties contextuel.

Cela arrive constamment.

Un conseil de carrière de quelqu'un qui a débuté quand les emplois étaient pléthoriques et les études abordables — appliqué à quelqu'un qui entre dans le même domaine aujourd'hui alors que le paysage est totalement différent.

Un conseil de couple de quelqu'un qui a rencontré son partenaire à 22 ans — donné à quelqu'un qui construit une relation à 42 ans avec une expérience de vie radicalement différente.

Un conseil parental de quelqu'un qui a élevé ses enfants avant l'existence des smartphones — appliqué à quelqu'un qui gère une enfance numérique.

Un conseil financier de quelqu'un qui a acheté sa première maison quand elle coûtait trois fois le salaire annuel — donné à quelqu'un alors qu'elle en coûte dix fois plus.

Le conseil était réel. Le contexte était différent. Tes conseils de conduite en ville n'aident pas quelqu'un dans une ferme.

Ce que signifie réellement un conseil

Quand quelqu'un dit : « Si cela a fonctionné pour moi, tu devrais le faire », ce qu'il veut dire en réalité, c'est :

« Cela a fonctionné dans mon véhicule, sur mes routes, avec mes passagers, compte tenu de mes contraintes, avec ma personnalité, à mon étape de vie, dans mes circonstances. »

Simplement, il ne dit pas tout cela parce qu'il ne le voit pas. Son contexte est comme l'eau pour un poisson — elle est partout, donc elle est invisible.

Ton travail n'est pas de rejeter son conseil. Ton travail est de le traduire.

Demande-tu :

Quel était son point de départ ?

Quel est mon point de départ ?

Sous quelles contraintes travaillait-il ?

Avec quelles contraintes dois-je composer ?

Qu'est-ce qui a fonctionné pour lui dans son contexte ?

À quoi ressemblerait ce principe dans mon contexte ?

Parfois, la réponse est : « Cela se transpose directement, je peux l'utiliser. »

Parfois, c'est : « Cela ne s'applique pas du tout à ma situation. »

Le plus souvent, c'est : « Je peux prendre le principe et l'adapter à mon itinéraire. »

La permission que tu ne savais pas avoir

Tu as la permission de prendre les éléments de conseil qui résonnent et de laisser ceux qui ne tu conviennent pas.

Tu as la permission d'adapter ce qui fonctionne pour eux en quelque chose de différent qui fonctionne pour toi.

Tu as la permission de dire : « C'est génial que cela ait fonctionné pour toi, mais mon contexte est différent ». La loyauté envers le conseil d'un autre ne tu servira à rien s'il n'est pas adapté à ton situation.

Tu as la permission de prendre le conseil de quelqu'un — même d'un ami proche — et de le modifier pour qu'il colle à ton réalité. Et s'il le remarque et se montre sur la défensive : « Hé, tu n'as pas suivi mon conseil ! », tu as la permission de lui répondre : « Si, je l'ai fait. Je l'ai adapté à mon contexte. C'est tout à fait ta recette, j'ai juste ajusté les réglages pour ma cuisine. »

Tu as la permission d'arrêter de culpabiliser parce que tu ne suis pas des conseils qui ne correspondent pas à ton situation.

Tu as la permission d'arrêter de comparer ton itinéraire à celui de quelqu'un d'autre quand tu partes de lieux différents.

Le piège du conseil est de penser que si quelque chose a fonctionné pour eux, cela doit fonctionner pour toi exactement de la même manière.

La sortie de ce piège consiste à comprendre que tout conseil est contextuel — et que ton rôle est de le filtrer à travers ton réalité, et non de forcer ton réalité à correspondre à leurs conseils.

Prends ce qui se transpose. Adaptez ce qui est proche. Laisse ce qui ne convient pas. Il est temps d'arrêter de suivre le GPS de quelqu'un d'autre.

Il n'y a pas d'examen pour évaluer si tu as suivi correctement les conseils de tel ou tel.

Il n'y a que ton contexte, tes contraintes, et la question de savoir si tu suives un itinéraire qui a réellement du sens pour ton voyage.

Chapitre 12

CHAQUE VIRAGE TU A MENÉ ICI

De tous les virages que tu auries pu prendre, tu as pris ceux qui tu ont mené ici.

Chaque intersection. Chaque décision concernant la voie à emprunter, la sortie à choisir, l'itinéraire à suivre. Tu en avez pris des milliers. Et chacune d'elles tu a conduit à cet endroit précis, à lire cette phrase exacte, dans cette version exacte de ta vie.

Tu ne peux pas faire un Ctrl-Z, revenir en arrière et emprunter un autre chemin. Ces autres itinéraires n'existent plus. Ils existent peut-être dans un univers parallèle où une version différente de tu-même a fait des choix différents. Mais ce n'est pas ton univers. Ce n'est pas ton voyage.

Celui-ci l'est.

Voici le changement de perspective : il n'y a rien à regretter. Non pas parce que tu devrais « lâcher prise » sur tes regrets ou tu « pardonner » tes choix passés. Mais parce que le concept même de regret ne devrait pas s'appliquer à ta vie.

Il n'y a pas eu de mauvais virages. Il n'y a eu que les virages qui te ont amené ici, vivant, maintenant.

C'est peut-être la déconstruction la plus difficile à ce jour. C'est pesant. Le regret semble si justifié. Si mérité. Si évident.

Tu as pris des routes que tu « n'aurais pas dû » prendre. Tu avez fait des choix qui ont mené à la souffrance. Tu as perdu du temps en allant dans la « mauvaise » direction. Comment peut-il n'y avoir rien à regretter ?

C'est simple, ces routes n'étaient pas mauvaises. C'étaient les seules routes qui permettaient que tu sois ici en ce moment. Et « ici maintenant » signifie que tu possédes les critères que tu as aujourd'hui. La maturité. La sagesse. Le kilométrage au compteur.

Ce n'est pas rien. C'est tout.

L'arbre qui montre ton chemin

Imagine un arbre. Un arbre massif avec des milliers de branches s'étendant dans toutes les directions.

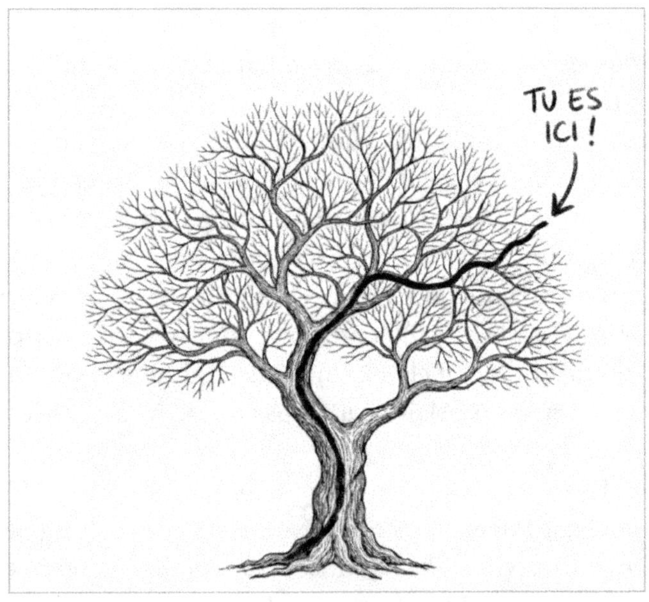

À la base se trouve le tronc — ton origine, là où tu as commencé.

Au sommet d'une branche spécifique, il y a une légende noire qui dit : « Tu es ici ! »

Il y a une ligne épaisse qui trace un chemin continu depuis le tronc jusqu'à l'endroit où tu es maintenant. Un itinéraire à travers des milliers de branches possibles. Un chemin qui te a conduit à ce moment précis.

Regarde toutes ces autres branches. Des milliers. Chacune représente un choix que tu n'avez pas fait. Un chemin différent qu'une version différente de toi aurait pu emprunter.

Ces branches sont réelles. Elles existent sur l'arbre. Mais ce ne sont pas TES branches. Elles ne font pas partie de ton chemin.

Ton chemin est la ligne noire. Un itinéraire continu du tronc à la cime. Chaque virage, chaque intersection, chaque choix — ils font tous partie de cette ligne unique.

Tu peux regarder les autres branches et tu dire « et si ». Tu peux imaginer ce qui se serait passé si tu avies pris un itinéraire différent il y a cinq ans, dix ans, vingt ans.

Mais tu ne peux pas être sur une autre branche et rester tu-même.

Parce que tu es la ligne noire. Tu es la somme de chaque choix qui a créé ce chemin spécifique à travers l'arbre.

Si tu avies choisi différemment à n'importe quel moment, tu ne serais plus tu. Tu series une version différente. Vivant sur une branche distincte. Avec un chemin différent. Une vie différente.

Pas une vie meilleure. Pas une vie pire. Juste différente. Inconnaissable.

La seule version qui existe

En physique quantique, il existe ce concept selon lequel chaque choix crée un univers ramifié. Tu as choisi la gauche, et quelque part existe un univers parallèle où tu as choisi la droite. Les deux versions de toi existent, vivant des vies différentes.

C'est une expérience de pensée fascinante en physique.

Mais c'est totalement hors de propos pour ta vie réelle (cette version-ci, celle qui lit ce livre).

Parce que tu ne vis pas dans des univers multiples. Tu vis dans celui-ci. Sur cette branche. En suivant cette ligne noire.

Cette autre version de toi, qui a tourné à gauche au lieu de tourner à droite ? Qui a accepté ce poste au lieu de le refuser ? Qui est restée au lieu de partir ?

Elle n'existe pas dans ton réalité. Elle existe en théorie. Dans l'imaginaire. Dans les scénarios du type « et si » que tu rejoues à deux heures du matin quand tu n'arrives pas à dormir.

Tu existes ici. Maintenant. Sur cette branche.

Et cette branche est la seule qui compte car c'est la seule qui soit réelle pour toi.

Le même itinéraire, jamais le même trajet

Pense à un trajet que tu as fait plusieurs fois en voiture. Même point de départ. Même destination. Même autoroute.

Ce n'est jamais identique.

Cette fois, tu décides de toi arrêter pour une pause au kilomètre 150. La dernière fois, tu tu éties arrêté au kilomètre 175.

Tu doubles un camion lent, tu prends de l'avance. Ton famille veut des en-cas, alors tu tu ranges sur une aire de repos.

Pendant que tu achetes des boissons à l'intérieur, tu regardes par la fenêtre et vois le même camion que tu avies doublé passer sur l'autoroute.

« Oh non, pas encore », pense-tu. Maintenant, il va falloir le doubler à nouveau. Mais il se peut que tu ne le croisais plus du tout.

Peut-être prendra-t-il une sortie un kilomètre plus loin que tu ne prendras pas. Peut-être s'arrêtera-t-il à la prochaine station-service alors que tu non. Peut-être que tu le doubleras à nouveau, peut-être pas.

Même itinéraire. Différentes variables. Différents timings. Différents résultats.

On ne peut pas recréer un voyage, même en essayant. Trop de variables. Trop d'autres conducteurs faisant leurs propres choix. Trop de différences mineures dans le timing qui se transforment en expériences totalement uniques.

Alors quand tu imagines revenir en arrière et « refaire » un choix d'il y a cinq ans — prendre l'autre travail, rester dans cette relation, déménager dans cette autre ville — tu n'imagine pas seulement un choix différent. Tu imagines un scénario impossible où tout le reste demeure identique, à l'exception de cette décision unique.

Mais ce n'est pas comme ça que ça marche. Modifiez un choix, et tout change. Chaque intersection suivante. Chaque personne que tu rencontres. Chaque opportunité qui apparaît ou disparaît. Chaque version de qui tu devenes.

Tu ne peux pas refaire ton parcours et obtenir un meilleur résultat.

Le chemin sur lequel tu tu trouves est le seul qui soit réel. Et c'est le seul qui te a mené ici.

Tu as peut-être déjà entendu cette question *cliché* : « Si tu avies une machine à remonter le temps et que tu pouvies retourner 25 ans en arrière pour dire une seule chose à ton "tu" plus jeune, que dirais-tu ? »

Les gens adorent répondre à cela. « Les numéros du loto. » « Le Bitcoin. » « Ne sors pas avec cette personne. » « Accepte ce travail. » « Évite cette erreur. »

C'est du regret.

Mon message à mon moi plus jeune serait : « Décris comment tu te vois dans 25 ans. »

C'est tout. Évidemment, je rirai intérieurement et savourerai sa (ma) réponse, parce que le jeune Eric n'a aucune idée de l'effet boule de neige qui l'attend.

Je ne le mettrais en garde contre rien, parce que s'il prend un virage différent n'importe où, cette version de moi disparaît. Je m'efface des photos de famille. Je n'ai pas fini par épouser Silvana. Mon fils n'existe pas. La personne qui écrit ce livre n'a jamais existé. Pourquoi voudrais-je faire cela ?

Tes choix définissent ta vie

Si les combinaisons de notre ADN définissent notre être biologique, les combinaisons de nos choix définissent notre vie.

Tu n'êtes pas seulement la personne avec ce code génétique spécifique. Tu es la personne qui a fait ces choix spécifiques, dans cet ordre spécifique, dans ces circonstances spécifiques.

Ces choix ont construit ton chemin. Choix après choix. Virage après virage. Intersection après intersection.

Et ce chemin tu a mené à être ici, avec la compréhension que tu as aujourd'hui.

Il y a une réplique dans une série télévisée — *Prime Target* sur Apple TV+ — qui s'applique ici, où un personnage dit : « Nous avons tous des choix à faire. Ce que j'ai appris, c'est que ce sont ceux que nous faisons qui nous définissent. »

Pas les choix que nous aurions aimé faire. Pas les choix que les autres pensent que nous aurions dû faire. Pas les choix théoriques qui auraient mené à des résultats différents.

Les choix que nous avons réellement faits.

Tu n'êtes pas la personne qui aurait fait des choix différents. Tu es la personne qui a fait ces choix-ci.

C'est cela, ta vie.

Il n'y a pas de mauvais choix

C'est là que ça devient profond.

Tu penses que certains de tes choix étaient mauvais. Tu les regrettes. Tu aimeries pouvoir revenir en arrière et choisir différemment.

Mais ce que « mauvais » implique, c'est qu'il y avait un bon choix que tu auries dû faire à la place.

Il n'y a pas d'examen pour noter tes choix. Il n'y a pas de norme universelle pour les « bonnes » décisions. Il n'y a pas de tableau de bord mesurant si tu as bien choisi.

Pense à ce travail que tu as détesté. Celui que tu regrettes d'avoir accepté. Celui qui te a semblé être deux années de gâchées.

Était-ce le mauvais choix ?

Et si ce travail tu avait rendu résilient ? Et si il tu avait appris à endurer la difficulté ? Et si il avait clarifié ce que tu ne veux absolument pas dans la vie ? Et si il tu avait placé dans la même pièce que quelqu'un qui est devenu crucial pour ton parcours plus tard ? Et si il tu avait donné des compétences dont tu ne savais pas que tu auries besoin ?

Et si — et c'est la partie critique — et si le fait de refuser ce travail tu avait mené sur une branche où tu ne serais pas ici aujourd'hui ?

Tu ne sais pas ce qui se serait passé sur l'autre branche. Tu ne peux pas le savoir. Cette branche n'existe pas pour toi.

Ce que tu sais, c'est ceci : le choix que tu as fait tu a conduit à être ici. Toujours en route pour ton voyage.

Ce n'est pas un mauvais choix. C'est le seul choix qui a mené à ce résultat.

Le piège du « et si »

« Et si j'étais resté dans cette relation ? » « Et si j'avais accepté cette offre d'emploi ? » « Et si j'avais emménagé dans cette ville ? » « Et si j'avais lancé cette entreprise ? » « Et si j'étais allé dans cette autre école ? »

Et si. Et si. Et si.

Quand tu joues au jeu du « et si », tu imagines un scénario où tu avez fait un choix différent et où tout s'est mieux passé.

Mais ce n'est pas ainsi que fonctionnent les branches.

Si tu éties resté dans cette relation, tu ne bénéficiais pas seulement des bons côtés du fait de rester. Tu obtenes un chemin entièrement différent. Des conflits différents. Une croissance différente. Des défis différents. Une version différente de toi-même.

Peut-être que cette version s'épanouit. Peut-être que cette version est malheureuse. Peut-être que cette version n'est plus en vie.

Tu ne sais pas. Tu ne peux pas savoir.

Ce que tu sais, c'est que le choix que tu as fait « partir » tu a conduit à être ici. Et « ici » signifie que tu es toujours sur ton branche, que tu conduises toujours, que tu fais toujours des choix avec tout ce que tu as appris jusqu'à présent.

Le piège du « et si » tu fait croire que tu peux voir les autres branches avec clarté. Que tu sais ce qui se serait passé si tu avies fait des choix différents.

C'est impossible. Ces branches sont faites de brouillard. Elles ne sont qu'imagination. Ce sont des histoires que tu tu racontes à deux heures du matin sur les chemins que tu n'avez pas empruntés.

Ton branche est la seule qui soit réelle. Et c'est la seule qui te a mené ici.

Pour dire les choses crûment : tu es en vie

Écartons toute la philosophie pour en arriver à la vérité fondamentale.

Chaque choix que tu as fait a fait en sorte que tu sois en vie à cet instant précis.

Chaque « mauvais tournant ». Chaque « erreur ». Chaque décision que tu regrettes. Chaque chemin qui semblait ne mener nulle part.

Tous tu ont conduit ici. À respirer. À lire ceci. À continuer d'avancer.

Tu ignores ce qui se serait passé sur les autres branches. Peut-être auraient-elles mené à de meilleurs résultats. Peut-être à de pires. Peut-être auraient-elles fait que tu ne serais plus de ce monde.

Cela signifie que chaque choix que tu as fait était le bon choix pour cette version de toi-même. Non pas parce qu'il a conduit au meilleur résultat possible, mais parce qu'il a conduit à ce résultat-ci : tu, ici, toujours au volant.

Il n'y a pas d'examen pour noter si ton parcours a été optimal. Il n'y a que ton chemin, et il tu a amené jusqu'ici.

Les parents parfaits pour ton itinéraire

« J'ai la meilleure mère du monde. » J'ai le meilleur père du monde.

Nous disons tous cela. Non pas parce que nous avons objectivement comparé tous les parents et que les nôtres ont obtenu la meilleure note, mais parce que nos parents sont notre point de référence du concept de « parent ». Ils sont notre point zéro sur cette ligne.

Ils ne sont pas forcément les meilleurs dans l'absolu. Ils sont les meilleurs pour ton route. Parce qu'ils sont les seuls parents qui ont planté et arrosé TON arbre spécifique.

Pense-y : tes parents ont été la première grande bifurcation de tes branches. Le tronc. Le fondement de chaque choix qui a suivi.

Avec des parents différents, tu series une personne différente. Pas meilleure. Pas pire. Juste différente. Complètement différente.

D'autres parents tu auraient enseigné d'autres leçons — ou ne tu auraient rien appris du tout. Ils auraient fourni d'autres ressources, d'autres soutiens, d'autres défis. Ils auraient créé d'autres circonstances menant à d'autres choix, qui auraient mené à d'autres branches.

Et aucune de ces branches ne serait la tienne.

Tes parents — ces personnes précises, avec leurs forces, leurs failles, leur présence ou leur absence spécifiques — ont façonné TON itinéraire particulier. Même les revers. Même l'absence. Même les moments où ils n'étaient pas là quand tu avies le plus besoin d'eux.

Ce n'étaient pas des déviations par rapport à une éducation « idéale ». C'étaient les ingrédients exacts qui te ont créé.

Ils tu ont appris à conduire. Peut-être mal. Peut-être parfaitement. Peut-être tu ont-ils laissé tu débrouiller seul. Peu importe. Leur enseignement — ou leur manque d'enseignement — a créé TON style de conduite. Ton approche de la route.

Tu ne peux pas souhaiter avoir eu des leçons de conduite différentes sans devenir un conducteur totalement différent.

Même des parents qui ont fait du mal, qui ont été absents, qui ont fait des choix terribles — ils ont tout de même façonné la branche sur laquelle tu tu trouves. Tu peux reconnaître la douleur qu'ils ont causée. Tu peux identifier les points sur lesquels ils ont échoué. Tu peux choisir de ne pas reproduire leurs schémas.

Mais tu ne peux pas regretter qu'ils aient été tes parents sans regretter ton arbre tout entier. Parce que parents différents = tu différent. Pas la version de toi qui lit ces lignes. Une version différente sur une branche distincte qui n'existe pas dans ton réalité.

Tes parents étaient parfaits pour toi. Non pas parce qu'ils étaient sans reproche. Non pas parce qu'ils n'ont pas fait d'erreurs. Non pas parce que tu es tenu de les remercier ou de leur pardonner ou de maintenir des relations avec eux s'ils ont été malveillants.

Mais parce qu'ils ont créé la version de toi qui existe. Cette version-ci. Celle sur cette branche, avec ce chemin, avec ce 100 % de vie spécifique.

Dis-le à voix haute : « J'avais la meilleure mère du monde. » J'avais le meilleur père du monde.

Parce qu'ils étaient les tiennes. Sur ton route. Les seuls parents qui auraient pu créer le « tu » qui est ici maintenant.

Tout le monde a « les meilleurs parents du monde » sur sa propre route. Parce que les parents de chacun ont créé la branche spécifique sur laquelle cette personne se trouve.

Ce n'est pas une gratitude exigée. C'est simplement la réalité.

Tes parents ont été le premier virage de ton itinéraire. On ne peut pas souhaiter un premier virage différent sans souhaiter être sur un itinéraire complètement différent — ce qui ferait de toi quelqu'un d'autre.

Et tu es ici. Cette version. Sur cette branche. C'est la seule version qui existe dans ton réalité.

La véritable signification d'un « mauvais tournant »

Quand tu dis qu'un choix était un « mauvais tournant », ce que tu dis vraiment, c'est : « Je n'ai pas aimé là où ce choix m'a mené. »

D'accord. Soit. Certains chemins sont difficiles. Certains choix mènent à la douleur. Certains itinéraires tu font traverser des territoires que tu n'aurais jamais voulu voir.

Mais le qualifier de « mauvais » sous-entend qu'il y avait un choix correct que tu auries dû faire à la place. Et que ce choix correct aurait mené à un meilleur résultat.

Et voici ce qui te échappe : tu ne sais pas si c'est vrai.

Tu compares le chemin réel que tu as pris à un chemin imaginaire que tu penses être meilleur. Mais ce chemin imaginaire n'est que cela — imaginaire.

Le chemin réel, lui ? Il tu a appris. Il tu a rendu résilient. Il tu a montré ce que tu es capable d'endurer. Il a révélé tes valeurs. Il a forgé ton force.

Et il tu a amené ici.

Ce n'est pas un mauvais tournant. C'est une partie de ton itinéraire.

Tu n'avez pas fait de mauvais choix. Tu as fait les seuls choix que les circonstances du moment tu ont permis de faire, consciemment ou non.

Le pardon ne change pas le passé, mais il change l'avenir

Tu as probablement déjà entendu cette expression au sujet du pardon de soi.

Ce n'est pas la question ici.

Ce qui change ton avenir, c'est de pardonner aux autres. Le conducteur qui te a coupé la priorité. L'ami qui te a trahi. La personne qui tu a blessé.

S'accrocher à la colère contre eux ne change pas ce qui s'est passé. Mais cela gâche ton conduite future. Cela tu rend amer. Cela tu fait conduire avec rage au lieu de paix.

Tu n'oublieras pas. Tu y réfléchiras à deux fois si le même scénario se reproduit. Mais tu pardonneres pour pouvoir avancer.

Pardonner parfois non pas parce qu'ils le méritent, mais parce que tu mérites de ne plus porter leur poids. C'est cela qui change l'avenir.

Au passage, je ne dis pas que tu devrais seulement pardonner et ne jamais tu excuser sous prétexte que les autres n'ont qu'à oublier. Quand tu blesses quelqu'un, tu dois demander pardon — même si le mal n'était pas intentionnel. Et ne tu caches pas derrière la phrase creuse : « Je suis désolé que mes actes t'aient blessé. » Assumez tes responsabilités : « Je suis désolé de t'avoir fait du mal, même si je ne m'en rendais pas compte sur le moment. »

Ce que tu désapprenes

Tu n'apprends pas à ne plus porter de regrets.

Tu désapprenes la croyance que le regret s'applique à ta vie.

On tu a enseigné que certains choix sont des erreurs. Que tu devrais tu sentir mal pour tes mauvais tournants. Que regretter des décisions passées est naturel et justifié.

Mais regarde ton parcours. Regarde la ligne noire qui part du tronc jusqu'à la cime.

Chaque choix sur cette ligne tu a amené ici. Chaque tournant était nécessaire pour créer cette version spécifique de toi.

Cette chose que tu regrettes — ne pas avoir expliqué quelque chose correctement quand quelqu'un tu a posé une question ? Cela a fait de tu l'enseignant que tu es aujourd'hui, celui qui explique tout en détail. Cette relation qui s'est mal finie ? Elle tu a appris ce dont tu as réellement besoin chez un partenaire. Ce travail que tu détestes ? Il a clarifié tes points non négociables. Cette amitié que tu as perdue ? Elle tu a montré la différence entre la commodité et la connexion.

Tout cela a façonné ta vie et ton raison d'être. Ce ne sont pas des erreurs à regretter. Ce sont les briques qui constituent qui tu es en ce moment.

Ne tu en prives pas.

Il n'y a pas d'erreurs sur ton chemin. Parce que chaque choix était le seul chemin possible pour avancer.

Tu ne peux pas regretter un choix qui a été la seule voie pour que tu sois en vie aujourd'hui.

Ce n'est pas une justification. C'est simplement la réalité.

Les kilomètres que tu as parcourus

Ton compteur kilométrique enregistre chaque kilomètre que tu as parcouru. Il ne qualifie pas certains kilomètres de « bons » et d'autres de « perdus ». Il ne juge pas quels itinéraires étaient optimaux.

Il compte, tout simplement. En avant. Toujours vers l'avant.

Même quand tu as fait marche arrière, il a compté ces kilomètres. Même quand tu as fait des détours, il les a comptés. Même quand tu tu es perdu, il les a comptés.

Ils comptent tous. Ils font tous partie de ton voyage.

Tu peux regarder ton compteur et tu dire : « J'aurais aimé ne pas parcourir ces kilomètres. » Mais ces kilomètres sont toujours là. Ils ont eu lieu. Tu ne peux pas remonter le temps et les effacer. Ils font toujours partie de la distance totale parcourue.

Et ils tu ont amené ici.

Tu n'êtes pas défini par le fait d'avoir suivi le « bon » itinéraire. Tu es défini par le fait d'avoir suivi cet itinéraire-ci. Ton itinéraire. Le seul itinéraire qui soit réel pour toi.

La seule branche qui compte

Quand tu quitteres cette aire de repos, tu n'effaceras pas ton passé. Tu ne prétends pas que tu ne choisirais pas différemment si tu pouvies tout recommencer.

Tu ne faites que reconnaître la réalité : tu ne peux pas recommencer. Ces autres branches n'existent pas pour toi. Et la branche sur laquelle tu es — celle-ci, la vraie — est la seule qui te a mené ici.

Chaque choix que tu as fait était la seule voie vers l'avant menant à ce moment précis.

Non pas parce que tu as fait les choix les plus évidents. Mais parce que tu as fait les choix que tu pouvies faire, dans les moments où tu devies les faire, avec les informations, les émotions et les contraintes qui étaient les tiennes.

Et ces choix ont tracé ta voie. Une seule ligne continue depuis ton point de départ jusqu'à l'endroit où tu es aujourd'hui.

Tu existes sur cette branche. Non pas parce que c'était la meilleure branche, mais parce que c'est la seule branche réelle qui te DÉFINIT.

Il n'y a pas d'examen pour évaluer si tu as pris le « bon » chemin.

Il n'y a que ton chemin, tes choix, et ce qu'ils ont engendré pour tu amener ici.

Tu es ici. Sur ton branche. En vie !

Ce n'est pas un prix de consolation. C'est une prise de conscience. C'est tout ce qui compte.

Et quand tu seres prêt, continues de conduire — non pas plus léger parce que tu auries abandonné le regret, mais plus lucide parce que tu comprenes enfin qu'il ne tu a jamais appartenu de le porter.

DEUXIÈME ARRÊT AU STAND

Le terrain était accidenté. Quatre aires de repos d'affilée — quatre chapitres de désapprentissage actif.

Compétition. Conseils. Division. Regret. Tu viens de traverser l'un des territoires mentaux les plus denses de ce voyage. La partie quatre tu a demandé de déballer des croyances que tu transporties depuis des kilomètres — l'idée qu'il faut gagner, qu'il faut suivre l'itinéraire de quelqu'un d'autre, qu'il faut se séparer des autres voyageurs, ou encore regretter les virages que tu as empruntés.

C'est beaucoup à digérer.

Alors, arrêtons-nous maintenant au stand pour reprendre un peu notre souffle.

Ce n'est pas pour rien qu'il y a des poubelles sur les aires de repos. Tu as examiné ce que tu transportes. Tu as décidé de ce qui tu est encore utile et de ce qui ne l'est plus. Et maintenant, tu peux jeter ce dont tu n'avez plus besoin.

La compétition ? À la poubelle.

La conviction que les conseils doivent tu aller comme un gant sans aucune adaptation ? À la poubelle.

L'habitude de classer les gens dans des catégories avant même de les voir ? À la poubelle.

Le regret concernant ces virages qui étaient le seul chemin possible pour toi amener jusqu'ici ? À la poubelle.

Tu n'avez pas besoin de porter ce poids pour la suite de ton voyage.

Prends un instant. Étirez-tu. Assimilez ce sur quoi tu viens de travailler.

La partie quatre portait sur le désapprentissage — le fait d'abandonner activement une programmation qui, dès le départ, n'était pas la tienne. Cela a nécessité de se garer sur le côté, d'ouvrir le coffre et de décider de ce qu'il fallait garder et de ce qu'il fallait laisser derrière soi.

Tu as accompli ce travail. C'est important.

Prêt à reprendre la route ?

La partie cinq est différente. Tu retournes dans la circulation — en pleine heure de pointe, en fait. Tous ces autres véhicules autour de tu, tous ces autres voyageurs sur l'autoroute.

Mais maintenant ? Maintenant, tu peux enfin les voir.

Non pas comme des obstacles. Ni comme une concurrence. Ni comme des catégories dans lesquelles les classer.

Comme des personnes. Comme des compagnons de route. Chacun étant le centre de son propre voyage, tout comme tu es le centre du vôtre.

La partie quatre a allégé ton fardeau. La partie cinq tu montre ce qui se passe quand tu conduises sans ce poids.

On y va.

Partie Cinq

L'HEURE DE POINTE

De retour dans les embouteillages, mais posant désormais un regard différent sur chacun.

Chapitre 13

DES CONDUCTEURS, PAS DES OBSTACLES

Jusqu'à présent, avez-tu déjà vraiment regardé le conducteur de la voiture devant toi ?

Pas seulement un coup d'œil. Regardé, vraiment.

Remarqué qu'il écoute probablement une musique que tu n'entends pas. Qu'il chante peut-être à tue-tête. Qu'il est peut-être en retard pour un rends-tu important. Qu'il vient peut-être de recevoir une bonne nouvelle. Ou une terrible. Peut-être repense-t-il à une dispute de ce matin, ou planifie-t-il ce qu'il va dire lors d'une réunion cet après-midi, ou se demande-t-il s'il a bien éteint la cuisinière.

Toute une vie se déroule à l'intérieur de cette voiture. Une existence complète avec ses inquiétudes, ses espoirs, des gens qui l'attendent, des problèmes à résoudre, des souvenirs qui font sourire et des blessures encore vives.

Mais tu ne vois rien de tout cela.

Tu vois : une voiture devant toi. Qui va trop doucement. Un obstacle.

Bienvenue dans la Partie cinq : L'heure de pointe

Tu as quitté ces aires de repos. Tu as accompli le lourd travail de de-apprentissage — la compétition, le piège des conseils, le regret, la division. Tu as examiné ce que tu transporties et décidé de ce qu'il fallait garder et de ce qu'il fallait jeter.

Maintenant, tu es de retour sur l'autoroute. De retour dans le trafic. L'heure de pointe.

Mais quelque chose a changé. Parce qu'après tout ce travail interne, tu peux enfin voir ce que tu ne voyais pas auparavant. Il nous faut penser différemment.

Les autres conducteurs ne sont pas des obstacles. Ce n'est pas un décor de fond. Ce ne sont pas des statistiques routières.

Ce sont des gens.

Des êtres à part entière. Avec des vies complètes qui sont tout aussi réelles, complexes et importantes pour eux que la tienne l'est pour toi.

C'est le passage d'une vision où les autres sont des personnages secondaires de ton histoire à une vision où ils sont les co-personnages de leurs propres histoires, aux côtés de la tienne.

La réalité des PNJ

Si tu as déjà joué ou regardé un jeu vidéo, tu les connais. Ce sont les personnages qui peuplent le monde autour du personnage principal.

Le shérif debout devant le poste de police. Tu tu approches, tu appuyes sur X, et il récite sa réplique. Le sorcier sous sa tente qui tu vend cette potion bizarre dont tu aures besoin trois niveaux plus tard. Les piétons qui marchent dans la rue et ne vont nulle part — ils sont juste là pour donner vie à la ville. Un mouvement d'arrière-plan. Un décor.

Dans la terminologie du jeu vidéo, on les appelle des PNJ — Personnages Non-Joueurs. Tu ne peux pas les contrôler. Tu ne peux pas être eux. Ils existent pour soutenir ton mission ou pour remplir l'espace autour de toi pendant que tu progresses dans le monde du jeu.

Voilà comment nous percevons naturellement la plupart des gens que nous croisons au cours de notre journée.

La personne dans la file d'attente au supermarché. Le conducteur trois voitures devant. Le caissier qui scanne tes courses. L'inconnu qui te croise au centre commercial.

Il est presque impossible de maintenir simultanément la conscience que chaque personne que tu croises a une vie complète. On néglige les gens pour diverses raisons liées à nos biais — non pas que nous soyons totalement égoïstes (bien que certains le soient parfois). Mais parce qu'ils sont le centre de leur propre vie, tout comme tu es le centre de la tienne. Qu'ils pensent aussi à acheter des cadeaux pour leurs fils, qu'ils économisent pour des vacances, qu'ils se demandent s'ils ont bien fermé la porte à clé, qu'ils attendent simplement de rentrer chez eux après leur service pour s'occuper de leurs parents.

Le barista qui prépare ton café n'est pas juste une fonction de « préparation de café ». Le conducteur trop lent n'est pas juste un obstacle entre toi et ton destination. Le conseiller du service client au téléphone n'est pas juste une voix qui résout ou élude ton problème.

Pourtant, c'est ainsi qu'on les ressent. Comme des PNJ dans ton jeu.

Et nous ne nous contentons pas de les voir ainsi. Nous les traitons ainsi.

Quand tout le monde attend sous une tente

Pense à la dernière fois que tu as pris un rends-tu pour un service. Salon de coiffure. Réparation automobile. Cabinet médical. Dentiste.

Tu fixes l'heure. Tu receves la confirmation. Et puis la vie s'en mêle — le trafic est plus dense que prévu, une réunion s'éternise, tu ne trouves pas de place pour toi garer. Tu as quinze minutes de retard.

Cela tu stresse un peu. Peut-être tu confondes-tu en excuses quand tu arrives enfin.

Mais au fond ? Tu n'êtes pas si inquiet que ça. Et parfois, ce n'est même pas par égard pour eux, mais pour toi, pour ne pas passer pour quelqu'un de ponctuel. Parce que, quelque part dans ton esprit, ils tu attendaient de toute façon.

Comme le sorcier du jeu vidéo sous sa tente dont nous parlions. Tu erres dans la forêt pendant vingt minutes, tu trouves la clairière cachée, tu entres dans la tente mystérieuse, et il est là. Assis. En train d'attendre. Avec exactement la même salutation à chaque visite.

« Ah, je t'attendais. »

Évidemment. C'est un PNJ. Il existe dans cette tente, attendant que tu ayes besoin de lui. Il n'a pas d'autres clients. Il n'a pas de vie qui continue quand tu n'êtes pas là. Quand tu quittes la tente et que l'écran s'estompe, il est juste... figé là. En attendant ton prochaine visite.

Voilà comment nous pensons inconsciemment aux travailleurs du secteur des services, sans même nous en rendre compte.

Bien sûr que la coiffeuse ne pense pas à son prochain client ou n'essaie pas de respecter son planning. Elle est juste... là. À tu attendre. Le mécanicien n'a pas trois autres voitures sur lesquelles travailler aujourd'hui. Le personnel du cabinet médical n'a pas une salle d'attente bondée, des gens qui ont du retard et des assurances à appeler.

Ils sont dans leur tente. Ils attendent.

Sauf que ce n'est pas le cas. Ils ont quatre autres rends-tu aujourd'hui. Ils ont une pause déjeuner qu'ils essaient de préserver. Ils ont une fille qu'ils doivent aller chercher à l'école à 15 heures. Ils ont leur propre stress d'être en retard parce que le client précédent est aussi arrivé en retard.

Mais tu ne vois pas ça. Tu ne peux pas le voir. Parce que dans ton histoire, ils sont le PNJ qui est apparu quand tu en avais besoin.

La prochaine fois que tu prendres la voiture pour aller au travail ou au supermarché, choisis simplement un trajet rapide de 10 ou 15 minutes. Pendant ce laps de temps, ne pense pas à la vie des autres — comptes simplement combien de personnes tu vois au total. Les gens devant toi, autour de toi à un feu rouge. Oubliez leur vie et comptes simplement le nombre de personnes que tu vois. Maintenant, réfléchis à ce chiffre une fois arrivé à destination. Était-ce 5 ? 10 ? 20 ? 50 ? Et ce n'était qu'un trajet de 10 minutes. Oui, 50 personnages principaux avec leurs propres luttes, pas des PNJ. Cinq par minute.

Les gens qui ne vieillissent jamais

Avez-tu remarqué que certaines personnes semblent figées à un âge spécifique dans ton esprit ?

La personne qui tient l'épicerie du coin près de chez toi. Quel âge a-t-elle ? Tu y vas depuis des années, mais si quelqu'un tu demandait si elle a 35 ou 55 ans, tu series honnêtement incapable de le dire. Ce sont juste... les gens de l'épicerie.

L'avocat que tu vois une fois par an. Le jardinier qui vient toutes les deux semaines. La personne du pressing. Ils existent à l'âge qu'ils avaient lors de ton première rencontre, et ils gardent cet âge dans ton perception même si les années passent.

C'est une pensée de type PNJ. Ils ne vieillissent pas parce que ce ne sont pas de véritables personnages au milieu d'une histoire continue. Ce sont des fonctions. Des rôles. La personne qui fait la chose dont tu avez besoin.

Tu ne les imagine pas fêter leur anniversaire. Vieillir. Souffrir d'un mal de dos qui les empêche désormais de porter des objets lourds. Ils sont statiques. Ils font partie du décor.

Ce n'est pas de ton faute. C'est naturel. Ce schéma se retrouve partout. Les enseignants devraient se soucier des élèves, pas seulement les gérer. Les managers devraient se soucier de leurs équipes, pas seulement les encadrer. Les PDG devraient se soucier de leurs employés, pas seulement les diriger.

Mais quand tu considéres les gens comme des PNJ, tu ne tu soucies pas d'eux. Tu les traites. Tu les gérez. Tu les utilises pour la fonction qu'ils servent dans ton histoire. Certaines personnes font cela exprès (oui, c'est triste), mais la plupart d'entré nous le font inconsciemment.

Le fil d'actualité des PNJ sur les réseaux sociaux

Quelqu'un publie un message sur le décès de son père. En quelques minutes, quelqu'un commente : « Oui, je me souviens de MON père. Il était si spécial pour moi. »

Quelqu'un partage la nouvelle de ses fiançailles. Les commentaires se remplissent de : « Ça ME rend tellement heureuse ! Je suis si contente pour toi... »

Leur moment. Leur annonce. Leur douleur. Leur joie.

Et en quelques secondes, quelqu'un a tout ramené à soi.

C'est un détournement de commentaire. Prendre l'histoire de quelqu'un d'autre et s'en servir comme d'une scène pour mettre en scène son propre récit.

Quelqu'un obtient une promotion au travail. Au lieu de féliciter, quelqu'un d'autre répond immédiatement : « Ça doit être sympa. Je suis là depuis plus longtemps et je n'ai jamais été promu. »

La réussite de la collègue promue est devenue le défouloir de son collaborateur.

Quelqu'un partage quelque chose dont il est fier, un plat cuisiné, un projet terminé, une étape franchie. Il faut que quelqu'un commente : « J'ai fait ça il y a des années. C'était délicieux ! »

Le moment de l'un est devenu le point de comparaison de l'autre.

La personne qui publiait ne demandait pas d'histoires parallèles. Elle ne cherchait pas l'expérience de quelqu'un d'autre. Elle partageait SON moment.

Mais pour celui qui commente, ce post n'est que du contenu. Juste une autre boîte de dialogue de PNJ apparue dans son fil. Et les boîtes de dialogue existent pour qu'on y réponde, n'est-ce pas ? Pour tu confier une quête, pour déclencher ton propre histoire.

Parce que dans un flux rempli de PNJ, leurs histoires n'ont pas d'importance en tant qu'histoires. Elles comptent en tant que contenu. En tant qu'opportunités. En tant que scène pour ton propre performance.

Quand tous les autres ne sont que des personnages de ton jeu, leurs moments existent pour servir ton récit. Leurs luttes existent pour montrer que tu as lutté davantage. Leurs joies existent pour rappeler à tout le monde les tiennes.

Le fil d'actualité renforce la pensée PNJ plus que tout autre espace. Parce que tu ne regarde pas des gens. Tu fais défiler du contenu. Et le contenu existe pour que tu le consommais, que tu y réagissais et que tu le ramenais à toi. Après tout, c'est ton fil, n'est-ce pas ?

Ce ne sont pas des gens qui partagent leur vie. Ce sont des personnages qui récitent des dialogues auxquels tu peux répondre comme bon tu semble.

Jusqu'à ce que quelque chose tu rappelle que ce n'est pas le cas.

Le chauffeur Uber à Mexico

J'étais à Mexico un vendredi soir. Le vendredi de la paie. Si tu connais Mexico, tu sais ce que cela signifie. La ville entière devient un parking géant. Tout le monde a de l'argent, tout le monde va quelque part, et chaque rue est bloquée.

Je devais aller à l'aéroport. Je rentrais chez moi après un voyage d'affaires, et le timing était serré. L'application Uber affichait l'itinéraire — le plus court en minutes, mais dans le trafic de Mexico, si tu manques un tournant, le trajet entier peut s'allonger de 20 ou 30 minutes parce qu'on ne peut pas simplement faire demi-tour. On est coincé dans le chaos.

D'abord, le chauffeur a été en retard pour venir me chercher.

Ensuite, pendant le trajet, il a manqué un tournant important.

J'ai regardé l'heure d'arrivée prévue passer de 45 à 60 minutes. Je calculais l'heure d'arrivée, l'heure d'embarquement, les files d'attente à la sécurité. Dans mon subconscient, le chauffeur n'exécutait pas sa fonction correctement. C'était un prestataire de services censé m'amener à destination efficacement, et il ne le faisait pas.

Puis son téléphone a sonné.

J'ai entendu la voix de sa femme par le haut-parleur. Il a répondu : « Désolé, chérie. Je suis coincé dans les bouchons avec un client. J'arrive dès que je peux. »

Sa réponse à elle : « Fais attention à toi, bébé. Que Dieu te protège. »

C'est tout.

Il n'était plus seulement un chauffeur qui avait raté un virage. C'était une personne confrontée au même chaos que moi. Avec une femme qui comprenait que le trafic du vendredi de la paie est impossible. Qui l'appelait « bébé », qui lui disait « Que Dieu te protège » avec patience plutôt qu'avec frustration.

À l'odeur dans la voiture, j'ai deviné qu'il fumait, alors pour détendre l'atmosphère, je lui ai proposé une cigarette au milieu de ce capharnaüm. Il a semblé soulagé. Il m'a dit qu'il n'en avait plus et qu'il en mourait d'envie depuis sa pause déjeuner. Nous avons un peu discuté pour meubler le silence, rien de très profond. Mais nous nous sommes tous les deux sentis un peu soulagés. Je n'ai pas été si en retard que cela pour mon vol — ce délai supplémentaire a juste un peu réduit mon temps de lecture à la porte d'embarquement.

Je ne dis pas que cet appel téléphonique a changé ma vie ou m'a révélé une vérité profonde. Je dis qu'il m'a rappelé quelque chose que je savais déjà mais que j'oubliais sans cesse : cette personne a une vie complète. Elle n'est pas seulement en train d'exécuter une fonction dans mon histoire. Il y a quelqu'un chez lui qui tient à lui. Il a sa propre version du stress que je ressens. Pour lui, j'étais un PNJ ce soir-là. J'étais sa décision (accepter ma course sur son appli) qui a fini par retarder son retour auprès de sa femme.

C'est ce que je veux dire à propos des PNJ. Nous savons intellectuellement que tout le monde est une personne. Mais nous l'oublions constamment. Surtout quand ils ne se comportent pas comme nous en avons besoin dans notre histoire.

Tous les gens dans ce trafic

Regarde autour de toi en ce moment. Tu es sur l'autoroute, dans les bouchons. Combien de voitures vois-tu ?

Dix ? Cinquante ?

Chacune d'entre elles contient une personne. Un être humain complet avec une vie entière.

La personne dans le bus ne se contente pas de prendre de la place sur la route. Elle se rend quelque part qui compte pour elle — au travail, chez elle, à un rends-tu, chez quelqu'un qu'elle aime.

La personne qui marche sur le trottoir n'est pas juste un piéton auquel tu dois faire attention. Elle traverse quelque chose. Peut-être qu'elle s'inquiète pour l'argent. Peut-être qu'elle est excitée par un rends-tu ce soir. Peut-être qu'elle vient de recevoir une nouvelle qui a tout changé.

L'adolescent avec son sweat de l'université trois voitures devant n'est pas juste un conducteur lent qui apprend à circuler. Il est stressé par son examen partiel. Essaie de trouver sa place. Se demande si quelqu'un l'a remarqué aujourd'hui. Porte le poids d'être un adolescent dans un monde qui exige qu'il sache ce qu'il veut devenir avant même de savoir qui il est.

Tous ceux que tu vois luttent contre quelque chose. Tout le monde essaie de résoudre un problème. Tout le monde a des gens qui dépendent de lui et des gens sur qui il compte.

Nous avons besoin d'enseignants qui voient leurs élèves comme des humains, pas seulement comme des noms sur une liste. De managers qui voient leurs équipes comme des gens, pas seulement comme des ressources. De PDG qui voient leurs employés comme des individus ayant une vie, pas seulement comme des fonctions sur un organigramme.

C'est cela, arrêter de voir des PNJ et commencer à voir des gens.

La lentille magique qui révèle leurs histoires

Imagine un instant que tu porties des lunettes de réalité augmentée. Mais celles-ci sont spéciales : elles ont la caractéristique unique que, lorsque tu regardes une personne, tu vois une affiche de film flotter au-dessus de sa tête — l'affiche de son film préféré de tous les temps.

Tu tu promenes dans un centre commercial. Au-dessus de la tête d'une personne : *Les Évadés*. Une autre : *Star Wars*. Quelqu'un d'autre : *Le Parrain*. Ce gamin là-bas : *KPop Demon Hunters*.

Imagine maintenant que tu vois quelqu'un avec TON film préféré au-dessus de la tête.

Que ferais-tu ?

Tu souriries probablement. Peut-être même que tu l'aborderais : « Pas possible, c'est mon préféré aussi ! » Soudain, tu avez un sujet de discussion. Un lien. Une raison de voir cette personne comme un être réel plutôt que comme un simple client de plus qui te barre le passage.

Il faut au moins un point commun pour former une communauté — quelque chose de partagé qui fait de toi deux des membres d'un même groupe invisible. Ces lentilles magiques deviennent alors des générateurs de communauté.

Prends le film *Le Stratège* (*Moneyball*), par exemple. Si je voyais quelqu'un avec l'affiche de *Moneyball* flottant au-dessus de sa tête, j'aurais envie de lui parler immédiatement. Parce que ce film m'apprendrait quelque chose sur lui. Il apprécie les analyses de données. Il aime le baseball. Il est attiré par les histoires de rupture et de remise en question des idées reçues. Il a probablement aimé l'alchimie entre Brad Pitt et Jonah Hill. Ce seul film révèle des pans entiers de ce qu'il est (oui, c'est mon film préféré, c'est pourquoi j'y ai consacré huit phrases là où trois auraient pu suffire).

Chaque personne a des centres d'intérêt particuliers, des peurs, des rêves et des souvenirs. Des choses qui la font rire. Des choses qui l'empêchent de dormir la nuit. Des histoires qu'elle se raconte sur elle-même.

Mais tu ne peux rien voir de tout cela quand tu es dans le trafic. Tu vois juste une voiture. Un obstacle. Un PNJ qui bloque ta voie.

La personne devant toi qui respecte scrupuleusement la limitation de vitesse ? Peut-être vient-elle de récupérer son permis après l'avoir perdu. Peut-être qu'un bébé dort sur le siège arrière. Peut-être qu'elle conduit son parent âgé chez le médecin et qu'elle redoute tout mouvement brusque.

Le conducteur agressif qui slalome entre les files ? Peut-être vient-il de recevoir un appel disant que son enfant est aux urgences. Peut-être est-il sur le point de rater son avion. Peut-être est-ce simplement un conducteur agressif — mais même cela est dû à quelque chose dans son histoire, à une combinaison d'expériences et de pressions qui le pousse à conduire de la sorte.

Tu n'avez pas de lunettes magiques de réalité augmentée. Tu ne peux pas voir leurs films préférés ni leurs mondes intérieurs.

Mais maintenant, tu peux tu rappeler qu'ils existent. Et une fois que tu le faites, cela ouvre toutes sortes de possibilités intéressantes.

Échapper à la mentalité PNJ

La personne à la salle de sport qui vire tout le monde du champ de sa caméra ? Elle voyait des PNJ.

Ces bagarres dans les stades dont nous avons parlé. Deux personnes risquant tout, se voyant comme des combattants adverses. Des PNJ à vaincre.

Les gens aux plannings serrés à Disney, courant d'une attraction à l'autre. Ils étaient des PNJ lors de ton visite, tu permettant de tu sentir détendu parce qu'ils avaient l'air stressés.

Les gens stupides que tu veux doubler dans la file d'attente. Des PNJ programmés pour toi frustrer.

La voiture qui te a coupé la priorité sans clignotant. Un PNJ avec une mauvaise programmation.

La personne qui a pris ton place de parking. Un PNJ qui vole tes ressources.

Chaque exemple montre quelqu'un qui oublie que les autres ne sont pas des PNJ.

Le chauffeur Uber dans le trafic de Mexico me l'a rappelé sur le coup. Non pas que je sois devenu illuminé, mais parce que j'ai entrevu ce qu'il y avait derrière le PNJ et que j'ai vu l'homme qui prenait cet appel téléphonique.

Et une fois qu'on l'a vu, on ne peut plus totalement l'ignorer.

Tu oublieres. Tu replongeres en mode PNJ. Tu seres frustré par le conducteur lent. Tu seres agacé par l'employé en retard et oublieras qu'il a eu trois autres clients avant tu.

C'est normal. C'est humain.

Il n'y a pas d'examen exigeant de garder en tête l'humanité complète de chacun à tout moment. C'est impossible. 30 000 personnes à un concert ? Tu ne peux pas visualiser toutes leurs vies simultanément. Tu ne peux pas réaliser tous les projets individuels qu'ils ont dû mener à bien pour assister à ce concert. Que la moitié d'entre eux ont voyagé depuis une autre ville pour être là — avions, hôtels, transports, tout. Qu'ils ont dépensé leurs économies. Que c'était un cadeau de remise de diplôme. Tu ne peux pas avoir conscience que chaque personne dans cette aréna a ses propres espoirs, ses peurs et des gens qui l'attendent.

Il n'y a pas non plus d'examen sur la rapidité avec laquelle tu tu surprenes à retomber en mode PNJ. Tu trébucheres. Tu oublieres. Tu traiteres quelqu'un comme un décor, un obstacle ou une fonction.

Et puis quelque chose tu le rappellera. Un échange de regards. Une prise de conscience qui te frappe au milieu du chaos du trafic.

Pas des PNJ, mais des co-personnages de leurs propres histoires, roulant à tes côtés sur la même autoroute.

C'est cela, le changement. Pas la perfection. Juste une conscience vers laquelle tu peux revenir quand tu te en souviens.

Et parfois, cela suffit à transformer une attente frustrante en une cigarette partagée au milieu du chaos.

Chapitre 14

LA PLACE QUE TU FAIS

Alors, une fois que tu vois les gens comme des êtres humains et non plus comme des PNJ, que faites-tu de cette prise de conscience ?

La reconnaissance seule ne change pas grand-chose. Tu es coincé dans ces embouteillages à l'heure de pointe avec tous les autres. Quelqu'un essaie de s'insérer depuis la sortie d'une station-service, quelques voitures devant toi. Il est manifestement bloqué, le nez de sa voiture avance centimètre par centimètre dès qu'une brèche se présente, mais personne ne le laisse passer.

Tu peux reconnaître que cette personne a sa propre vie bien remplie, ses propres raisons d'être ici, son propre stress d'être en retard — et pourtant refuser de la laisser s'insérer parce que tu as la priorité. — Hum !

La reconnaissance sans l'action ne change rien.

Les Japonais ont un mot pour l'étape suivante : *omoiyari*. C'est plus profond que l'empathie. C'est anticiper les besoins de l'autre sans qu'il ait à dire quoi que ce soit. Répondre avec une attention discrète et réfléchie. De petits gestes de gentillesse tacites qui montrent que tu n'êtes pas seulement conscient que les autres existent, mais que tu leur faites activement de la place.

Il ne s'agit pas de grands gestes. Pas de bonté spectaculaire pour les réseaux sociaux. Juste des actes subtils qui témoignent d'un profond respect et d'une sensibilité envers autrui.

Comprendre l'empathie et la sympathie

Certaines personnes utilisent ces mots de manière interchangeable. Ce n'est pas la même chose, et la différence compte quand on parle d'*omoiyari*.

La sympathie est une réaction émotionnelle : « Oh, c'est tellement triste. Je suis désolé pour toi. » C'est de la peine face à la situation de quelqu'un. Cela valide sa douleur, ce qui lui permet de se sentir écouté, mais ne mène pas nécessairement à quoi que ce soit.

L'empathie est de l'ordre de la compréhension : « Pourquoi est-ce arrivé ? Peut-on y remédier ? » C'est se mettre à la place de l'autre assez profondément pour entrevoir des solutions potentielles. C'est s'en soucier assez pour vouloir changer la situation, pas seulement en prendre acte.

Quand quelqu'un tu confie ses difficultés, la sympathie dit : « Ça doit être dur. » L'empathie dit : « Qu'est-ce qui pourrait tu aider en ce moment ? »

L'une offre du réconfort. L'autre propose de s'attaquer à la cause.

Les deux ont leur place — parfois, les gens ont simplement besoin d'être écoutés et validés. Mais si la voiture de quelqu'un tombe en panne sur le bord de la route, un « je suis vraiment désolé pour ce qui te arrive » ne la fera pas repartir. « Est-ce que tu as besoin de câbles de démarrage ou que je tu dépose quelque part ? » si.

Les gens ont parfois besoin de se sentir réconfortés avant d'envisager des solutions. C'est légitime.

L'*omoiyari* penche vers l'empathie — elle anticipe les besoins et agit. C'est l'empathie en mouvement. L'empathie qui n'attend pas qu'on la sollicite.

Tu pourries continuer ton route et dépasser cette voiture qui attend de s'insérer. Tu as la priorité. Tu es déjà en retard.

Ou tu pourries tu arrêter. Créer un espace. Lui faire signe de passer. Ce n'est pas de la faiblesse. C'est le bon choix.

Cela tu prend trois secondes de plus. Cela change totalement les cinq prochaines minutes de cette personne.

C'est ça, l'*omoiyari*. Pas parce que tu es un saint, mais parce que tu tu souvenes de ce que l'on ressent quand on est coincé, à regarder tout le monde faire semblant de ne pas nous voir.

Quelqu'un tu a laissé passer un jour. Alors tu laisses passer quelqu'un d'autre. Sans attendre de gratitude. Juste pour faire de la place.

Pense aux parkings. Quand tu achetes une voiture neuve, tu tu gares loin de tout le monde — pour protéger tes portières des coups. C'est de l'instinct de conservation.

Mais il existe une autre version : se garer plus loin pour que la personne à côté de toi ait de la place pour ouvrir sa portière sans s'inquiéter. Même comportement, motivation différente. L'un vise à se protéger soi-même. L'autre vise à faire de la place pour quelqu'un d'autre.

C'est de l'*omoiyari* sur une place de parking.

Le troisième burger à Rome

Une fois, ma femme et moi étions en vacances à Rome pour fêter notre anniversaire de mariage. Je me souviens d'un jour où nous étions trop fatigués pour sortir déjeuner. Nous logions à l'hôtel IQ, et il y avait un McDonald's à l'angle de la Via Firenze et de la Via Nazionale (j'ai appris plus tard qu'ils l'avaient déplacé une rue plus loin), à seulement trois pâtés de maisons de l'hôtel. J'ai donc suggéré à ma femme d'y aller à pied pour nous rapporter de quoi manger.

Sans vouloir me vanter, mon italien était plutôt bon pendant la majeure partie du voyage — j'avais étudié intensivement pendant environ deux mois avant notre départ. À un arrêt de bus, j'ai même réussi à donner des indications en italien à un touriste de Palerme qui visitait *la città*, fraîchement arrivé de Sicile ; ma femme n'en revenait pas (moi non plus, d'ailleurs, car il m'avait *vraiment* compris).

Ainsi, quand je suis entré dans le restaurant, j'ai passé ma commande avec assurance. Après avoir payé et franchi la porte, je me suis rendu compte que j'avais trois burgers dans mon sac. Je m'étais trompé — mon italien imparfait m'avait fait commander trois burgers au lieu de deux. J'ai souri. J'avais maintenant une histoire amusante à lui raconter à l'hôtel sur mon italien « plein d'assurance ».

Mais en sortant, il y avait un sans-abri assis dehors avec son chien.

Je lui ai tendu le troisième burger.

Je n'en ai pas fait tout un plat. Je n'ai pas filmé. Je n'ai pas publié la scène. Je lui ai juste tendu le burger. Il m'a remercié. J'ai fait un signe de tête et j'ai continué à marcher.

Puis je me suis retourné.

Il en partageait la moitié avec son chien.

La vérité sur cette histoire ? Je me suis senti vraiment, vraiment bien. Et j'ai adoré cette sensation. Ce sentiment était pour moi — pas de vidéo, pas de caméras, pas de validation de la part de qui que ce soit d'autre — il était à moi.

(Le voir partager avec son chien, pour moi qui adore les chiens, c'était la cerise sur le gâteau.)

Voilà comment je veux vivre. En éprouvant ces sentiments.

Peut-être que de ton point de vue de passager, cela passera pour de l'égoïsme. Mais pour moi, c'est un sentiment extraordinaire que j'essaie désormais de reproduire dès que possible. Comme le dit un cher cousin : « Si l'économie familiale le permet. »

Parce que c'est ce que devient l'*omoiyari* dans la pratique. Pas le grand geste. Pas l'acte de charité documenté. Juste acheter un burger de plus et le donner à quelqu'un qui en a plus besoin que tu. La plupart du temps, il y a même une promotion à bas prix au comptoir pour faciliter les choses.

Je ne dis pas cela pour frimer ou pour recevoir des éloges. Je l'écris pour toi inviter à faire de même. Ces légers gestes améliorent notre communauté. Par exemple, je garde maintenant des bouteilles d'eau dans ma voiture, comme dans les anciens Uber. Deux ou trois bouteilles neuves. Aux feux rouges, quand quelqu'un s'approche pour demander de l'argent ou même pour essuyer mon pare-brise — ou simplement des vendeurs qui proposent des babioles — au lieu de donner de la monnaie, ou en plus de cela, je tends une bouteille d'eau. Surtout les jours de grand soleil.

Ils adorent la bouteille d'eau.

Ma femme me pousse aujourd'hui à faire la même chose à la

maison, avec chaque livraison de repas ou de colis. Surtout avec les livreurs à moto, qui transpirent sous leur casque. Il y a toujours une bouteille d'eau de 50 cl au frigo pour eux.

Tu vois un sans-abri devant une épicerie ? Acheter un soda de plus en sortant et le lui donner pourrait embellir sa journée bien plus que de lâcher quelques pièces dans son gobelet.

De petites choses. Mais elles s'accumulent.

Choisir quand on en a la capacité

Une fois que l'on prête attention aux besoins non exprimés des autres, on ne peut plus s'empêcher de les remarquer.

La personne qui lutte avec une porte lourde. La famille qui essaie de déchiffrer le plan du métro. Le vieil homme qui ne parvient pas à atteindre un article sur l'étagère du haut.

Et tu dois choisir. Parce que tu ne peux pas aider tout le monde, tout le temps.

Ce qui signifie que, parfois, tu verras quelqu'un qui a besoin d'aide et tu continueras ton chemin parce que tu es à bout et que tu ne peux pas assumer une chose de plus.

Et ce n'est pas grave.

Il n'y a pas d'examen pour être éternellement disponible pour tout le monde. L'*omoiyari* ne signifie pas se sacrifier constamment.

Cela signifie prêter attention quand tu en avez la capacité. Agir quand tu le peux. Créer de l'espace quand cela ne tu coûte rien ou quelque chose de gérable.

Parfois, la chose la plus empathique à faire est de reconnaître que tu es épuisé et que tu dois préserver ton énergie pour les personnes de ton entourage immédiat qui dépendent de toi.

La clé est d'être honnête avec soi-même : suis-je réellement au maximum de mes capacités, ou est-ce que je n'ai simplement pas envie d'être dérangé ?

Il y a une différence entre « je n'ai vraiment plus de bande passante » et « je n'en ai pas envie. »

L'un est de l'ordre de la préservation de soi. L'autre est purement de l'égoïsme.

Et parfois, tu ne sauras que plus tard de quoi il s'agissait. Ce n'est pas grave non plus. Tu n'y arriveras pas parfaitement à chaque fois.

La portée des petits gestes

L'*omoiyari* ne consiste pas en de grandes démonstrations de bonté. Il ne s'agit pas de se poser en héros dans l'histoire de quelqu'un d'autre.

Il s'agit des micro-ajustements que tu fais parce que tu es attentif.

Tenir la porte à quelqu'un qui porte des cartons — mais sans le presser parce que tu la tiens.

Retirer ton sac du siège vide quand le train se remplit — avant même qu'on tu le demande.

Baisser ton musique quand tu remarques que quelqu'un à côté de toi essaie de se concentrer.

Offrir le siège côté couloir à quelqu'un de plus grand quand tu es en avion et que tu es assez petit pour que l'espace pour les jambes n'ait pas autant d'importance.

Demander à ton collègue s'il a besoin de quelque chose au café alors que tu y vas déjà — pas pour être gentil, mais parce que tu y vas de toute façon et que porter deux boissons au lieu d'une ne tu coûte rien.

Ces moments ne tu rapportent pas de points. Personne ne tient les comptes. Il n'y a pas d'examen sur la fréquence à laquelle tu anticipes les besoins des autres.

Mais ils changent la texture du quotidien. Pour tu comme pour eux.

Tu es désormais constamment conscient des gens qui te entourent.

Tout le monde autour de toi.

Tout le monde.

Je veux dire, chaque personne que tu vois... depuis la minute où tu tu es réveillé.

(Tu saisisses l'allusion ?)

Oui, à la maison.

Voici le point principal de ce chapitre : ton partenaire n'est pas non plus un PNJ.

Il ou elle n'est pas là pour remplir le rôle de « partenaire ». C'est un être avec une vie, des désirs, des objectifs, des rêves — qui ne sont pas pour toi, mais bien les siens. Et parfois, si tu as de la chance, ces rêves tu inclure dans le décor.

L'omoiyari avec ton partenaire, cela ressemble à : commander sa boisson préférée sans qu'il ou elle le demande. Changer le rouleau de papier toilette avant qu'il ne soit fini — ne pas lui laisser les dernières feuilles pour qu'il soit celui qui doive le remplacer. Remplir sa bouteille d'eau quand tu vois qu'elle est vide. Mettre son téléphone en charge quand tu remarques que la batterie est faible. Déplacer ses clés de voiture là où il ou elle pourra les voir quand tu sais qu'il ou elle est en retard.

De petites anticipations qui disent : « Je prête attention à ta vie, pas seulement à la mienne. »

C'est ça, *l'omoiyari*.

Ou comme le dirait Dean Martin, « that's *amore*. »

Ne pas attendre qu'on tu demande de l'aide. Ne pas compter les points. Il n'y a pas d'examen pour savoir qui en fait plus que l'autre. Juste remarquer quand l'autre est submergé et agir avant qu'il n'ait à solliciter du soutien.

C'est ce qui transforme une relation en un véritable partenariat au lieu d'une négociation permanente.

Si tu n'êtes pas en couple, tournes-tu vers tes parents. Ils ne sont pas là juste pour subvenir à tes besoins (le *cliché* du distributeur automatique de billets).

L'omoiyari avec tes parents, cela ressemble à : les inviter au restaurant, à tes frais, juste comme ça. Appelle-les pour partager quelque chose de drôle qui te est arrivé, pas seulement quand tu avez besoin de quelque chose. Passe les aider pour ce truc qu'ils remettent sans cesse à plus tard, sans attendre qu'ils tu le demandent.

De petits actes qui disent : « Je me souviens que tu existes en tant qu'individus, pas seulement en tant que personnes qui m'ont élevé. » Ce sont des gens. Ils ont aussi une liste de choses à faire avant de mourir.

Leur avez-tu posé des questions sur leur liste ? Y a-t-il quelque chose dessus que tu pourries faciliter sans qu'on tu le demande ?

S'ils sont encore là, tu devrais partager plus de moments avec eux. Et pas seulement tes dettes de carte de crédit.

Anticiper avant d'être sollicité

Tu regardes dans ton rétroviseur. Tu vois une voiture derrière tu qui remonte rapidement. Tu n'attends pas qu'elle tu fasse des appels de phares comme si c'était une sirène d'ambulance. Tu changes simplement de voie avant qu'elle n'ait à mettre son clignotant, parce que tu as conscience que quelqu'un est pressé et que tu peux anticiper.

Tu roules sur l'autoroute et tu tombes soudain sur un embouteillage. Tu allumes tes feux de détresse par précaution. Aucune règle du code de la route ne tu y oblige, mais tu penses à la personne derrière tu qui n'a peut-être pas remarqué que la circulation est arrêtée devant. Bien sûr, c'est aussi pour ton propre sécurité, mais c'est aussi de l'*omoiyari* — anticiper ce que quelqu'un d'autre pourrait avoir besoin de savoir avant qu'il ne réalise qu'il en a besoin.

De petits moments où l'on crée de l'espace sans annonce.

Et progressivement, ta route change. Pas parce que le trafic s'améliore, mais parce que tu participes activement à le rendre un peu moins conflictuel pour tous ceux qui y sont impliqués.

Plus de course. Plus de compétition. Juste de la coexistence. De l'anticipation. On fait de la place.

C'est ce que l'on fait avec la conscience que les autres ne sont pas des PNJ.

Tu conduises comme s'ils comptaient. Parce que c'est le cas.

Et il n'y a pas d'examen pour vérifier à quelle fréquence tu te en souviens. Tu oublieres parfois. Tu seres stressé et tu tu emporteres contre quelqu'un qui ne le méritait pas. Tu seres pressé et tu ne feras pas de place alors que tu auries pu.

C'est normal.

Mais les moments où tu te en souviens ? Ces moments où tu fais une pause, où tu crées de l'espace et où la journée de quelqu'un devient un peu plus facile parce que tu éties attentif ?

Ceux-là s'additionnent.

Pas sur un carnet de notes officiel. Pas pour obtenir une note.

Ce sont juste des kilomètres au compteur de chacun. Y compris au vôtre.

Et parfois, cet acte discret d'anticiper le besoin de quelqu'un sans qu'il ait à demander devient le moment dont il se souviendra des années plus tard en repensant à son trajet.

La personne qui l'a laissé passer. L'inconnu qui a tenu la porte. Le moment où quelqu'un l'a vu en difficulté et l'a aidé sans en faire une mise en scène.

Tu ne tu souviendres peut-être pas l'avoir fait.

Mais eux se souviendront que quelqu'un l'a fait.

Et peut-être que la prochaine fois, ils feront de la place pour quelqu'un d'autre.

Non pas parce qu'ils essaient de renvoyer l'ascenseur ou d'équilibrer une sorte de compte cosmique.

Juste parce qu'ils se souviennent de ce que l'on ressent quand quelqu'un anticipe nos besoins et y répond avec une attention discrète et réfléchie. L'amitié est tout ce qui importe quand on fait un long trajet.

C'est ça, l'*omoiyari*.

C'est l'art de voir les autres.

Et c'est ce qui fait que l'autoroute ressemble un peu moins à une compétition et un peu plus à un voyage partagé, même quand nous sommes tous coincés dans ce même embouteillage.

Chapitre 15

LES PANNEAUX « STOP » EXISTENT POUR UNE RAISON

D'accord, il n'y a pas d'examen. Pas de système de notation. Pas de compétition à gagner. Aucun juge ne compare ton itinéraire à celui des autres.

Mais il Y A des règles. Les règles sont une bonne chose. Bienvenue dans le monde réel — il a des règles, et les ignorer ne les fait pas disparaître.

Avant que tu ne pensais que je viens de contredire tout le postulat du livre, laisses-moi m'expliquer. Le code de la route existe. Les feux rouges. Les limitations de vitesse. Les panneaux « Stop ». Le marquage au sol. Ils ne sont pas là pour évaluer ton performance ou tu classer par rapport aux autres conducteurs. Ils sont là pour que nous ne nous rentrions pas dedans.

Tu peux prendre n'importe quel chemin. Tu peux aller à ton propre rythme. Tu peux changer de voie quand tu en avez besoin. Mais tu ne peux pas brûler les feux rouges et foncer dans les intersections sous prétexte qu'« il n'y a pas d'examen ». Ce n'est pas de la liberté — c'est le chaos.

Le sentiment de légitimité

Certains disent que ce sentiment que tout nous est dû, surtout sur les réseaux sociaux, est générationnel. Mais ce n'est pas un trait propre à un âge spécifique. Nous le faisons tous, inconsciemment ou non. Tout le monde est le personnage principal de sa propre histoire (ce que nous sommes d'ailleurs). Mais certaines personnes ne supportent pas que l'histoire de quelqu'un d'autre occupe le devant de la scène pendant cinq minutes. S'ils sont les protagonistes, tu es censé être le décor. Quand tu publies quelque chose sur TON vie, ils ont l'impression d'avoir été rétrogradés au rang de seconds rôles.

Alors ils détournent le moment. Ils redirigent l'attention. Ils ramènent ton publication à eux. Et voici le truc : ils ne savent pas que nous le savons. Ils ne réalisent pas que nous voyons clair dans leur manœuvre.

Tu as absolument le droit de vivre ta vie. De poster ton petit-déjeuner. De partager tes victoires. De célébrer tes grandes étapes. Mais tu n'as pas le droit d'imposer ta vie dans le moment de quelqu'un d'autre et d'exiger une attention égale.

Si quelqu'un célèbre, laisse-le célébrer. Si quelqu'un est en deuil, laisse-le vivre son deuil. Si quelqu'un partage une joie, ne réponds pas avec ton CV de joie supérieure. Ce sont des règles non écrites.

Non pas parce qu'il y a un examen sur la capacité à être solidaire, mais parce qu'il Y A des gens sur cette autoroute, et qu'ils ont droit à leurs moments tout comme tu as droit aux tiens.

Les règles non écrites

L'équipe de sport de quelqu'un gagne ? Laisse-le savourer. N'insulte pas les joueurs de l'équipe perdante. Ne pivote pas immédiatement vers un : « Eh bien, MON équipe a gagné plus de championnats. » Son moment ne tourne pas autour de toi.

Quelqu'un obtient une augmentation ? Félicite-le. Ne te demande pas : « Pourquoi lui et pas moi ? » Il ne prend pas cette augmentation sur ton salaire. Son succès n'a rien soustrait à ta fiche de paie. « Laisse »-lui son succès.

Quelqu'un partage une chose dont il est fier ? Laisse-le être fier. Tu n'as pas besoin de surenchérir. Tu n'as pas besoin de critiquer. Tu n'as pas besoin d'en faire une affaire personnelle. Il n'y a pas d'examen pour savoir qui est le plus fier.

> « La seule occasion qui justifie de regarder quelqu'un de haut, c'est pour l'aider à se relever. »
>
> — NEIL DEGRASSE TYSON, STARRY MESSENGER, 149.

Cela s'applique au fait de saper les moments des autres. L'importance de tes réussites n'est relative qu'à toi-même, pas à eux. Tes émotions ne sont relatives qu'à toi-même, pas à eux. Tu n'as pas à diminuer les actions de quelqu'un d'autre simplement parce que tu penses que les tiennes sont meilleures. Tu n'es pas supérieur aux autres par tes émotions ou tes possessions.

Non pas parce que tu es noté sur ta gentillesse (tu ne l'es pas), mais parce que tu partages l'autoroute avec d'autres êtres humains qui sont aussi le centre de leur propre vie. Et leur vie mérite le même respect que celui que tu attends pour la tienne. Leurs choix. Leurs moments. Et même leur liberté :

La leçon de Cecilia Giménez

Il y a quelques années, tu as peut-être entendu parler de cette histoire. Une restauratrice d'art amateur nommée Cecilia Giménez a tenté de restaurer la peinture *Ecce Homo* dans l'église de son village. Ça a mal tourné. Très mal tourné. Internet a explosé. Des mèmes partout.

Mais ensuite, quelque chose de plus sombre s'est produit : des gens ont exigé qu'elle soit poursuivie pénalement. Ils voulaient qu'elle soit jugée. Certains voulaient l'enfermer.

La prison.

Pour une mauvaise restauration de peinture.

Réfléchis-y. Des gens qui prétendaient aimer l'art, qui postaient sans cesse sur l'importance de préserver la culture et de respecter l'histoire, étaient prêts à détruire la liberté d'un être humain pour un tableau.

Je comprends que l'art ait de la valeur. Je comprends que la préservation culturelle compte. Mais le désir de briser la vie de quelqu'un, de placer un tableau au-dessus de sa liberté, m'a semblé insensé.

Cela m'a fait réfléchir à ce que nous apprécions réellement quand nous disons aimer l'art :

Si tu voyies au Louvre une copie parfaite de la *Joconde*, impossible à distinguer de l'original, tu ne ressentirais pas la même chose en sachant que c'est une réplique. Pourquoi ? Je veux dire, l'expérience visuelle est identique. La technique, la composition, les couleurs — tout est là.

Nous valorisons le fait qu'un humain l'ait créée. Que les mains mêmes de Leonardo da Vinci aient touché cette toile il y a des siècles.

Aujourd'hui, avec l'intelligence artificielle générative, on peut créer des œuvres magnifiques dans tous les styles. Techniquement parfaites. Esthétiquement époustouflantes. Mais nous ne les louons pas de la même manière, évidemment, parce que c'est un modèle d'IA qui les a générées.

Je commence à croire sincèrement que nous n'apprécions pas vraiment les œuvres d'art elles-mêmes. Nous apprécions certainement les humains capables de créer de l'art de leurs mains, mais pas l'objet final en soi.

Alors, quand les gens ont réclamé la prison pour Cecilia, ils ont révélé une chose : leur attachement à cette peinture, dont la plupart ignoraient l'existence une semaine auparavant, importait plus que son humanité. Elle est devenue un PNJ dans leur récit sur la protection de l'art. Une méchante à punir. Un symbole utilisé pour faire un exemple.

Elle avait 81 ans au moment des faits. Elle donnait de son temps pour aider son église. Elle n'en tirait aucun profit. Elle n'a rien vandalisé. Elle a juste... échoué dans une entreprise qu'elle avait tentée de bonne foi.

Le rituel des trois voitures

Voici une pratique concrète que tu vas mettre en place dès aujourd'hui.

Au cours de ta journée : laisse trois voitures s'insérer devant toi.

Pas deux. Pas cinq. Trois.

Pourquoi trois précisément ? Il y a une explication psychologique à cela. Quand les magasins vendent des œufs par douzaine, les gens apprennent à en acheter douze. Pas onze. Pas treize. Le nombre devient la norme. C'est ce qu'on appelle l'effet d'ancrage en marketing. Le premier chiffre que l'on rencontre devient notre point de référence.

La théorie du coup de pouce nous montre que des incitations petites et spécifiques changent le comportement plus efficacement que des suggestions vagues. « Sois gentil » ne s'imprime pas. « Laisse passer trois voitures » si.

Et il y a aussi le principe de rareté à l'œuvre. Trois semble gérable, pas infini. C'est suffisant pour être intentionnel, mais pas trop pour que cela devienne un fardeau que tu abandonneras au bout d'une semaine.

Trois voitures pendant tout ton trajet. Trois petits gestes durant ta journée. Trois moments où tu crées de l'espace pour quelqu'un d'autre.

Non pas parce qu'il y a un examen sur la gentillesse quotidienne. Mais parce que cette pratique change quelque chose en toi.

Quand tu laisses passer ces trois voitures, tu ne fais pas que les aider, tu te rappelles qu'il ne s'agit pas de PNJ. Ils ont un endroit où aller. Ils s'inquiètent d'être en retard. Ils avaient besoin de l'espace que tu viens de créer.

Ce n'est pas seulement pour eux. C'est pour toi. C'est l'exercice de conscience qui t'empêche de retomber dans une vision de PNJ, où tout le monde autour n'est que décor pour ton trajet professionnel.

Trois. Pas quatre. Pas sept.

Non pas parce que c'est un chiffre magique, mais parce qu'il est assez spécifique pour être retenu et assez petit pour être réellement accompli.

Certains jours, tu oublieras et tu n'en feras qu'une seule. Mais quand tu t'en souviendras, quand tu créeras consciemment de l'espace trois fois dans ta journée, c'est là que l'autoroute cessera d'être une compétition pour devenir une communauté de gens qui essaient d'arriver quelque part. Et je serai là pour toi, parce que tu es là pour moi aussi.

Trois voitures. Trois gestes. Trois moments pour reconnaître que l'itinéraire de quelqu'un d'autre compte autant que le tien.

Commence aujourd'hui.

Le rude oxymore

« Je tiens assez à toi pour ne pas me soucier de ta vie quotidienne. »

Ça sonne même méchant, n'est-ce pas ? C'est pourtant tout le contraire.

Le bonheur ne consiste pas à chercher à se sentir supérieur aux autres ou à les rabaisser. Ce n'est pas relatif. Le bonheur, c'est de vivre sa vie sans avoir besoin de la mesurer au tableau de bord de tous les autres.

Je tiens assez à toi pour vouloir que tu vivies bien. Je tiens assez à toi pour respecter ton itinéraire. Je tiens assez à toi pour toi laisser faire tes propres choix et célébrer tes propres victoires.

Mais je n'ai pas besoin et je n'ai pas envie de surveiller ta vie. Je n'ai pas besoin d'entrer en compétition avec tes réussites. Je n'ai pas besoin de ton validation pour mon itinéraire ni de ton permission pour l'emprunter.

Ce n'est pas de l'indifférence. C'est du respect.

La fourmilière

Les fourmis suivent des règles. Non pas parce qu'une police des fourmis note leur performance, mais parce que la colonie ne survit que si chacun respecte le système.

Aucune fourmi n'exige la meilleure nourriture. Aucune fourmi ne détourne le chemin d'une autre pour attirer l'attention sur elle. Aucune fourmi ne refuse de contribuer en se demandant : « Qu'est-ce que j'y gagne ? ». Elles ne se sacrifient pas pour la reconnaissance ou les éloges. Elles suivent simplement les règles collectives qui permettent à la colonie de fonctionner.

Nous sommes plus intelligents que les fourmis. Nous pouvons remettre en question. Nous pouvons demander : « Pourquoi devrais-je suivre ces règles ? » Nous pouvons calculer si le fait de respecter le moment d'autrui sert nos intérêts. Nous pouvons décider que notre besoin d'attention prime sur le droit de l'autre à sa réussite.

Mais ce n'est peut-être pas la marque de supériorité que nous croyons.

Si nous partageons cette autoroute, cet embouteillage, si nous vivons sur cette planète ensemble, nous ne devons pas seulement, mais nous voulons suivre nos règles. Non pas parce qu'il y a un examen, mais parce que sans elles, nous ne sommes que des millions d'individus qui se rentrent dedans constamment. Les règles aident à canaliser le plaisir.

Les fourmis l'ont compris. Nous devrions en faire autant.

Les règles ne tu notent pas

Le code de la route ne juge pas ton itinéraire. Il s'assure simplement que tu ne percutais personne en l'empruntant.

Il en va de même pour ces règles de respect d'autrui. Elles ne mesurent pas ton performance humaine. Elles ne tu classent pas sur un tableau d'honneur de la gentillesse. Je sais — cela semble injuste. Mais les feux rouges se moquent de ton emploi du temps. Ils disent simplement : ton itinéraire t'appartient, le leur leur appartient, et les deux peuvent coexister sans collision si tu respectes l'espace entre toi.

Tu n'as pas besoin d'être parfait. Tu as le droit d'avoir les nerfs au volant. Tu as le droit d'être frustré quand quelqu'un te fait une queue de poisson. Tu as le droit de ne pas être toujours d'humeur à laisser passer les gens.

Mais quand tu joues au plus malin et que tu essaies de doubler tout le monde dans la file, pour ensuite demander à la voiture de devant la permission de t'insérer et d'entrer sur l'autoroute, quand tu ramènes le moment de quelqu'un d'autre à toi, quand tu exiges de l'attention comme un droit au lieu de la gagner par une connexion authentique, quand tu traites les autres comme des PNJ dans ton histoire au lieu de protagonistes dans la leur, ce ne sont pas des infractions à un examen, ce sont des violations des règles non écrites dont nous discutons ici, celles qui nous permettent à tous de partager cette autoroute sans collision permanente.

La prière de la Gestalt

Fritz Perls, le fondateur de la Gestalt-thérapie, a écrit une déclaration qui devrait probablement être affichée sur les panneaux d'autoroute :

Je fais ce que j'ai à faire et tu fais ce que tu as à faire.

Je ne suis pas dans ce monde pour répondre à tes attentes,

Et tu n'es pas dans ce monde pour répondre aux miennes.

Tu es toi et je suis moi.

Si par chance nous nous rencontrons, c'est magnifique.

Sinon, on n'y peut rien.

Je manque d'amour pour moi-même

quand, en essayant de te plaire, je me trahis.

Je manque d'amour pour toi

quand j'essaie de te faire être ce que je veux que tu sois

au lieu de t'accepter tel que tu es vraiment.

Tu es toi et je suis moi.

— FRITZ PERLS

C'est tout. Toute la philosophie tient en ces douze lignes.

Tu prends ton itinéraire. Je prends le mien. Si nos chemins se croisent et que nous voyageons ensemble un moment, c'est formidable. Sinon, ce n'est pas grave non plus.

Mais pendant que nous partageons la route ? Nous suivons les règles. Nous respectons l'espace de chacun. Nous laissons les gens vivre leurs moments. Nous ne brûlons pas les feux rouges en supposant que tout le monde s'adaptera à nous.

Il n'y a pas de juge pour vérifier si tu es assez bon.

Mais il Y A des gens. Et ils ne sont pas des décors sur ton chemin. Ils sont sur leurs propres trajets, et ces trajets sont tout aussi réels que le tien.

Respecte les règles. Non pas parce que tu seras noté, mais parce que c'est comme ça que nous arrivons tous à destination sans nous détruire les uns les autres en chemin.

Partie Six

LA ROUTE DEVANT SOI

L'autoroute se déploie, tu files à ton propre allure.

Chapitre 16

AUJOURD'HUI REPRÉSENTE 100 % DE TON TRAJET

Lors de mon 45e anniversaire, je me souviens avoir ressenti une véritable fierté. Pas parce que j'avais coché des cases sur une liste ou atteint une étape particulière. Mais parce que je pensais, avec optimisme, que j'étais au sommet de ma vie. Au milieu. À mi-chemin.

Je me demandais : « Est-ce que je me sens vieux ? » Absolument pas. Je n'en suis qu'à la moitié de ma vie. En espérant atteindre 90 ans, n'est-ce pas ? C'était une sensation agréable. J'avais l'impression de garder le contrôle.

Puis j'ai commencé à remarquer quelque chose.

Des gens autour de moi mouraient à ce que tout le monde appelle un « jeune âge ». Des accidents tragiques. Des célébrités. Des athlètes. La pandémie. Des gens que j'admirais.

Paul Walker. J'apprécie énormément la franchise Fast and Furious. Et il est mort dans un tragique accident de voiture. Juste comme ça.

Kobe Bryant. Mort lors d'un trajet banal. Même pas lors d'une cascade extrême en hélicoptère. Juste en se rendant quelque part avec sa fille.

Matthew Perry. Personnage emblématique de Friends. Chandler, le roi du sarcasme à la télé. Overdose.

D'innombrables amis et membres de ma famille proche pendant le COVID.

Et cette prise de conscience : c'est fini. C'était toute leur vie.

Pas la moitié. Pas « il lui restait encore 30 ans ». C'était 100 % de ce qu'ils ont eu.

Puis j'ai lu un article sur une technique consistant à décompter ses étés, littéralement, pour profiter au maximum de ceux qu'il tu reste : « Combien d'étés tu reste-t-il ? » Prends ton âge, soustrayez-le de 80 ou 90, et voilà tes étés restants. Tu feries mieux de les faire compter !

Ma réaction immédiate ? J'ai détesté.

Non seulement je déteste vivre sous pression, mais ce n'est pas vivre du tout.

Voilà ce qui arrive si tu vis selon un compte à rebours : tu partes en voyage et si quelque chose tourne mal — si tu as un pneu crevé et que tu n'arrives pas à destination — ce moment devient misérable. Tu as « raté » ton opportunité. Maintenant, tu dois tout réorganiser, ou vivre avec la culpabilité que cette expérience « n'a pas compté ».

(Mais je vois clair à présent. Cela aussi a compté. Tu as eu un pneu crevé. Tu as rencontré des gens dans la ville la plus proche qui tu ont aidé. Tu as vu que leur vie est plus lente que la tienne. Que leurs esprits ne pensent qu'au dimanche suivant parce que c'est là qu'il y a « le Bal » au kiosque public, au milieu du village.)

C'est aussi ça, vivre. Découvrir de nouvelles expériences. Mais si tu faites la course contre un compte à rebours, tu passes totalement à côté. Tu es trop occupé à être en colère à cause du retard.

La pression d'avoir 15 étés restants ? 30 étés restants ? Non, je détestais cette approche.

Alors, j'ai commencé à me demander. À réfléchir. À essayer de la démonter : attends une minute, pourquoi es-tu si sûr que tu vivras jusqu'à 85 ans ?

« Parce que c'est la statistique. »

Tu as regardé les chiffres, mais tu n'avez pas vraiment regardé. Les statistiques ne sont qu'une explication de ce qui s'est passé. C'est pourquoi les statistiques et les probabilités sont proches mais ne sont pas identiques. Les statistiques tu disent ce qui a eu lieu dans le passé, la performance. Elles ne prédisent pas TON avenir spécifique.

Comme nous sommes naïfs de nous mettre dans le même panier qu'une statistique basée sur des inconnus — des gens qui ne sont morts que de causes naturelles, car les accidents sont des anomalies statistiques — des gens qui ont parcouru des itinéraires complètement différents des nôtres !

C'est là que j'ai commencé à essayer de voir les choses à l'envers.

Le sophisme du compte à rebours

Tu tu souvenes ? C'est tu la référence. Ton vie, ton rythme, ton itinéraire.

Mais cette moyenne de « 80 ans » ou « 90 ans » ? Elle provient de millions de personnes qui ont vécu des parcours totalement différents du vôtre. Une génétique différente. Des habitudes différentes. Des véhicules différents. Des autoroutes totalement différentes.

Certains d'entre nous sont constamment sur l'autoroute — grande vitesse, grand stress, brûlant tout leur carburant. D'autres sont sur une charrette montant de la ferme à leur maison dans les bois — lent et régulier, usure minimale.

Nous conduisons des voitures très différentes à des rythmes très différents.

Tu n'êtes pas une fourmi. Nous ne sommes pas une espèce qui se comporte de manière presque identique, où l'on pourrait raisonnablement prédire la durée de vie de chacun en fonction de la moyenne de la colonie — avec une minuscule marge d'erreur.

Ton itinéraire est le tien. Ton véhicule est le tien. Ton rythme est le tien.

Compter « 25 étés restants » en se basant sur la lecture de l'odomètre de quelqu'un d'autre n'a aucun sens. Tu ne sais pas combien d'étés il tu reste. Personne ne le sait. Tu en avez peut-être 50. Peut-être 5. Peut-être 1.

Mais ce que tu AVEZ, c'est cet été. Maintenant. Et quand l'été prochain arrivera, tu aures celui-là aussi.

En retard sur le planning

J'avais 32 ans quand j'ai demandé à Silvana d'être ma petite amie. Le 25 octobre 2009. Nous nous sommes fiancés exactement un an plus tard — à la même date. Mariés le 22 octobre 2011.

Avant Silvana, j'avais eu deux petites amies. La première a duré environ trois semaines quand j'avais 17 ans. La deuxième a duré un mois et demi quand j'avais 20 ans.

Cela signifie que j'ai passé 12 ans « sans petite amie ». Et dans ma ville natale, où tout le monde se marie vers 25 ans, j'étais très en retard dans la vie. J'étais en retard sur le planning.

Un ami m'a dit — pour justifier pourquoi il se mariait dans la vingtaine — : « Tu dois te marier dans la vingtaine pour pouvoir jouer avec tes enfants dans la trentaine. » Il était tellement convaincu que c'était la bonne façon de faire, parce qu'à 40 ans, on ne peut plus courir comme à 30.

Selon quelle chronologie ? Selon l'itinéraire de qui ? Pourquoi ne serais-je pas capable de jouer avec mon enfant à 40 ans ?

Je ne me suis pas marié dans la vingtaine. Je me suis marié à 34 ans. Et tu sais quoi ? Je joue toujours avec mon fils. La chronologie que mon ami imposait — celle qui me donnait l'impression d'être en retard — était totalement arbitraire. Elle fonctionnait sur son itinéraire. Elle n'avait rien à voir avec le mien.

C'est le piège de mesurer son compteur kilométrique par rapport au voyage de quelqu'un d'autre.

J'ai fait ça toute ma vie

Réfléchis au fonctionnement de cette phrase.

Quand tu as 15 ans et que tu dis : « J'ai fait du skateboard toute ma vie », tu veux dire 15 ans. C'est l'étendue complète de ton existence, et le skateboard en a fait partie tout ce temps. Les 100 % de toute ta vie.

Quand tu as 40 ans et que tu dis : « J'ai travaillé dans la tech toute ma vie », tu veux dire 40 ans (ou peu importe la durée de ton carrière, tes 25 années de travail effectif). C'est ton parcours professionnel à 100 %.

Ton odomètre affiche la distance complète que tu as parcourue. Tout. Ce n'est pas une fraction d'un total prédit — c'est la totalité. Toute ta vie, là sur le tableau de bord. Il n'affiche pas 15 000 sur 90 000 kilomètres.

À 15 ans, toute ta vie était de 15 ans. À 26 ans, toute ta vie est de 26 ans. À 48 ans, toute ta vie est de 48 ans. C'est 100 %. Pas 60 % en attendant les 40 % restants. Pas à mi-chemin d'une ligne d'arrivée imaginaire. 100 %.

La remise à zéro des 100 %

C'est là que ça devient intéressant.

La plupart des gens voient la vie comme une batterie qui se vide. Tu commences à 100 %, et chaque année qui passe, tu perds un pourcentage. À 50 ans, tu es à la « moitié » de ta vie. À 75 ans, tu es dans la « dernière ligne droite ».

Mais ce n'est pas ainsi que fonctionne ton odomètre.

Ton odomètre ne fait pas de compte à rebours. Il compte en marche avant.

Chaque kilomètre que tu parcours s'ajoute à ton total. Chaque année que tu vis devient une partie de ton voyage complet. Tu ne perds pas de vie — tu l'accumules.

À 26 ans, ta vie n'est pas « 26 ans sur 80 possibles ». Ton vie EST de 26 ans. C'est 100 % de ce que tu as vécu. C'est la mesure complète de ton existence jusqu'à présent.

Quand tu fêtes tes 27 ans, tu ne deviens pas « 27 sur 80 ». Tu devenes âgé de 27 ans — ton nouveau 100 %. Ton référence se réinitialise. Ton vie complète est maintenant d'un an plus longue.

Ce n'est pas de la sémantique. Cela change ton expérience du temps.

Quand tu comptes à rebours (« il me reste 25 étés »), chaque été qui passe ressemble à une perte. Tu consommes une ressource limitée. Le compte à rebours crée de l'anxiété, de l'urgence, de la pression. Tu faites la course contre une horloge qui ne s'applique peut-être même pas à toi.

Quand tu comptes en ajoutant (« c'est l'été numéro 48 pour moi »), chaque été qui arrive est un cadeau. Tu n'avez rien perdu — tu en avez gagné un nouveau. Et quand l'été suivant arrive, il devient une partie de ton nouveau 100 %.

Tu obtenes un été supplémentaire chaque année. Et une fois que tu l'avez vécu, il fait partie de tes 100 % accomplis — pas une déduction d'un total arbitraire, mais un ajout à ta vie réelle.

Perspective : Chaque matin, tu tu réveilles

Chaque fois que tu tu réveilles, tu as une chance inouïe. Tu êtes ici, et tu peux reprendre la route.

Il y a des gens dans les tranchées en ce moment même qui espèrent seulement atteindre le lendemain. Il y a des sans-abri qui espèrent passer la journée sans mourir de faim. Il y a des gens dans des pays oppressifs ou en guerre qui espèrent arriver à demain, ou qui essaient juste de profiter du moment présent car une attaque soudaine pourrait survenir à tout instant.

Ce n'est pas du catastrophisme. C'est la réalité pour des millions de personnes.

Demande-leur s'ils ont l'impression d'être à la moitié de leur chronologie.

Ton capacité même à penser à demain — à planifier, à viser quelque chose au-delà d'aujourd'hui — est déjà un privilège. Alors si tu veux penser à l'avenir, voici un meilleur cadre que de compter les étés que tu n'auras peut-être pas.

L'objectif des 5 %

Tu es à tes 100 % en ce moment même. Mais disons que tu veux penser à l'avenir. Disons que tu veux viser quelque jour après celui-ci.

Au lieu de compter à rebours à partir d'un chiffre arbitraire, vises 5 % supplémentaires au-delà de tes 100 % actuels.

Pas 20 %. Pas 30 %.

Jusqu'où irez-tu ? Juste 5 %.

Tu as 40 ans ? Tes 100 % sont de 40 ans. Visez 5 % de plus — c'est 2 ans de plus pour rester en bonne santé, prendre soin de toi, faire des choix qui soutiennent ton corps et ton esprit. Tu peux imaginer comment tu veux passer les 2 prochaines années de ta vie professionnelle. Ces 5 % supplémentaires sont très raisonnables. Tu peux gérer cela. Tu sais déjà comment vivre — tu le faites depuis 40 ans. Ajouter seulement 5 % de plus semble réalisable.

C'est là toute la beauté du cadre des 5 % : plus tu vieillisses, plus ces 5 % deviennent importants en termes absolus, mais mieux tu es équipé pour les gérer. Le pourcentage est relatif à ton âge.

5 % de 20 ans, c'est 1 an. 5 % de 60 ans, c'est 3 ans. 5 % de 90 ans, c'est 4,5 ans.

Le chiffre augmente, mais ton compétence aussi. Ton sagesse. Tu avez passé ta vie entière à apprendre à prendre soin de toi, à naviguer sur ton itinéraire, à gérer ton véhicule. Chaque année supplémentaire tu rend meilleur dans ce domaine.

Et quand tu atteignes ces 5 % supplémentaires, ils ne restent pas « 5 % en plus ». Ils deviennent une partie de ton nouveau 100 %.

Si tu as 40 ans et que tu visies 42 ans, quand tu atteignes 42 ans, ce n'est pas « 105 % de ta vie prévue ». C'est ton nouveau 100 %. Ton vie complète. Ton lecture totale d'odomètre.

Tu peux passer à 10 % au lieu de 5 %. Le principe reste le même. L'idée est celle-ci : tu ne poursuivez pas une chronologie externe. Tu construises sur ce que tu as déjà accompli. Et chaque jour que tu vis devient une partie de tes 100 % accomplis, pas un pourcentage déduit d'un total imaginaire.

Le « Tu-Futur » possède ses futurs 100 %

Voici la partie qui est délicate à expliquer, mais cruciale à comprendre :

Tes 100 % d'aujourd'hui ne contiennent pas de « choses non accomplies ».

Ton vie actuelle — tes 100 % — est complète. Il n'y manque rien. Tu n'avez pas échoué dans les choses que tu « aurais déjà dû avoir faites » parce que ces 100 % sont ce que tu as réellement fait, pas ce que tu penses que tu auries dû faire.

Tes 100 % sont ce qui te a défini en tant que personne.

C'est ce que tu es. Tu n'êtes pas les projets futurs qui n'ont pas encore eu lieu.

Le tu-futur possédera tes futurs 100 %. Pas le tu-actuel.

S'il y a quelque chose que tu veux faire, vivre ou accomplir — cela appartient à l'odomètre du tu-futur. Quand tu y arriveras, cela fera partie de ces 100 %. Mais ce n'est pas absent de tes 100 % actuels, car tes 100 % du moment sont complets tels qu'ils sont.

Tu n'avez pas d'idées pour le futur. Ces idées sont ici dans ton présent — tu les avez déjà. Tu aures des idées différentes dans le futur, mais tu n'y vis pas encore. Vis aujourd'hui. Décide quelles idées ont du sens et réalises-les aujourd'hui, car ce sont tes idées présentes. Les idées futures appartiennent au tu-futur.

Arrête de mesurer ce que tu n'avez pas encore fait par rapport à une chronologie imaginaire. Arrête de penser : « J'ai 35 ans et j'aurais déjà dû "acheter une maison / avoir des enfants / lancer une entreprise / voyager autour du monde". »

Aurais dû d'après qui ? Selon quelle chronologie ? Selon quel itinéraire ?

Ton itinéraire est le tien. Tes 100 % sont ce que tu as vécu, pas ce que tu penses être censé avoir vécu. Et quand tu feres ces choses — si tu les faites — elles feront partie de tes futurs 100 %, qui seront tout aussi complets que tes 100 % actuels.

Ce à quoi ressemble une vie à 100 %

L'un de mes amis vivait en mode compte à rebours. Stressé. Toujours en train de planifier. Toujours en train de mesurer. Toujours avec l'impression d'être en retard.

J'ai partagé cette perspective avec lui. Le concept des 100 %. L'idée qu'il est déjà complet en ce moment même.

Il m'a confié plus tard que le stress avait quitté son corps. Il vivait dans un futur qui n'est pas encore là. Il a commencé à vivre aujourd'hui.

Désormais, il s'autorise à ne rien faire une journée s'il n'en a pas envie. Il n'y a pas de quota à remplir. Il ne rend de comptes qu'à son moi présent.

Je suis aussi passé par là. Fut un temps où je me réveillais à 4 heures du matin pour enchérir sur des Air Jordan 1 sur eBay. J'essayais de les souffler aux autres enchérisseurs. Bon, je ne suis pas un voleur. Je suis un fan. Le but est de dire : contre quoi est-ce que je faisais la course ? Une échéance imaginaire ? Comme si j'allais manquer de temps pour « achever » une collection de baskets qui n'avait pas réellement de ligne d'arrivée. Ma compulsion en possédait déjà 34 paires, mais je ne voyais pas que j'étais déjà complet. Je comptais ce qu'il me manquait au lieu de ce que j'avais déjà accumulé. Cette urgence — cette pression du compte à rebours — créait le stress.

Et tandis que j'écris ce livre, je peux encore plus accepter que ceci constitue mes 100 %. Ce n'est pas juste un livre pour ma liste de choses à faire avant de mourir. Laisser aujourd'hui ce message déclarant qu'« il n'y a pas d'examen » est la manière la plus tangible de transcender les années après mon départ.

Je suis pleinement conscient d'être à mes 100 %. Que demain n'est pas garanti. Et mon âme serait déçue si je n'avais pas terminé ce livre avant de partir.

Et si quelqu'un s'en empare, le remanie ou le démonte pour l'améliorer pour la société, même alors, je transcende toujours — parce que j'ai aidé à définir ce qui n'a pas besoin d'être fait.

Oui, cela semble fataliste. Mais même mon ego désirant finir ce livre est conscient d'une chose : nous sommes à nos 100 % en ce moment même.

Regarde ton odomètre tout de suite. Combien d'années affiche-t-il ? Ce n'est pas une fraction d'un total prédit. Ce n'est pas « X sur Y ». C'est ton parcours complet jusqu'à présent. C'est 100 % de ta vie.

On ne vend pas de voitures avec des odomètres qui décomptent ou avec une limite de kilométrage. Ils comptent toujours les kilomètres parcourus.

Chaque kilomètre derrière tu fait partie de ton voyage. Pas une préparation au voyage. Pas une « phase d'installation » avant que ton « vraie vie » ne commence. Les kilomètres que tu as déjà parcourus SONT ta vie.

Les années passées à l'école ? Une partie de tes 100 %. Les relations qui n'ont pas fonctionné ? Une partie de tes 100 %. Les emplois que tu avez essayés puis quittés ? Une partie de tes 100 %. Les endroits où tu as vécu ? Une partie de tes 100 %. Les erreurs que tu as commises ? Une partie de tes 100 %. Les choses dont tu es fier ? Une partie de tes 100 %.

Tout cela. Chaque kilomètre. C'est ton voyage. Et il est complet.

Quand tu ajoutes des kilomètres, tu ne complètes pas ton voyage. Tu l'étendez. Ton voyage était déjà complet. Maintenant, il est complet sur une distance plus longue.

C'est là que se fait le basculement.

Tu ne manques pas de vie. Tu l'accumules. Tu n'êtes pas à mi-chemin de la ligne d'arrivée. Tu es à 100 % du voyage que tu avez vécu jusqu'ici. Et demain, tu seres à nouveau à 100 %, avec une journée de plus.

Il n'y a pas d'examen pour noter si tu as conduit assez loin. Il n'y a pas de tableau de score pour mesurer si ton lecture d'odomètre est « bonne » ou « en retard ».

Il n'y a que ton odomètre. Tes kilomètres. Tes 100 %.

Et chaque matin où tu tu réveilles, ce nombre augmente, il ne diminue pas.

Aujourd'hui représente 100 % de ta vie. Demain sera ton nouveau 100 %. Arrête de décompter les étés que tu n'auras peut-être pas. Commence à compter ceux que tu atteignes.

Chapitre 17

LES YEUX SUR LA ROUTE

Même quand tu es sur la bonne voie, que tu vas dans la bonne direction et que tu progresses, tes yeux peuvent toujours être ailleurs.

Un regard sur l'écran. Vérifier ses notifications. Faire défiler l'itinéraire de quelqu'un d'autre alors que tu es censé suivre le vôtre.

Littéralement, au volant. Mais c'est aussi une réalité dans chaque aspect de nos vies.

On peut être exactement là où l'on doit être et pourtant passer totalement à côté. Parce qu'être présent physiquement et être réellement présent, ce n'est pas la même chose.

Les garde-fous salvateurs

Quand je monte en voiture, j'ouvre Waze — une application de navigation qui montre l'itinéraire, l'état du trafic et les accidents. C'est comme Google Maps, avec des mises à jour en temps réel d'autres conducteurs. Je règle ma destination pour avoir un aperçu de l'heure d'arrivée prévue, puis je place mon téléphone sur le tableau de bord, dans un support magnétique fixé aux bouches d'aération. La particularité, c'est que je tourne mon téléphone à l'horizontale au lieu de le garder à la verticale.

La raison pour laquelle j'ai commencé à faire ça : quand le téléphone est à l'horizontale, on a une vue plus large de la carte. Une meilleure perspective panoramique. On voit mieux ce qui arrive, surtout en vue 3D — cela aide à comprendre la route à venir avec plus de profondeur.

Mais j'ai continué à le faire pour une tout autre raison.

Quand le téléphone est à l'horizontale et qu'un SMS arrive, la zone de réponse occupe tout l'écran si on tente de répondre. C'est l'anarchie. Le clavier bloque tout. Cela rend l'envoi de SMS au volant juste assez peu pratique pour que je ne prenne pas la peine de le faire.

Je me crée un garde-fou. Je ne compte pas sur ma volonté — je bâtis un système où le mauvais choix devient plus difficile à faire que le bon.

La volonté est limitée. Elle finit par s'épuiser. Surtout à la fin d'une longue journée quand on est fatigué, stressé, et que cette notification de message retentit. On peut avoir la discipline de l'ignorer une fois, deux fois, peut-être dix fois. Mais tôt ou tard, on finit par regarder. La volonté seule ne suffit pas face à l'attraction constante de la distraction.

C'est pour cela qu'il faut des garde-fous. Des systèmes qui fonctionnent même quand ton volonté flanche.

Et quand je ne suis pas distrait à essayer d'envoyer un SMS, ou à vérifier qui vient de m'écrire, ou à fixer le compte à rebours de l'heure d'arrivée pour essayer de battre l'estimation, je peux enfin prêter attention à ce qui se passe autour de moi.

Ton route ou celle d'un autre

Mais la plupart du temps, nous ne construisons pas de garde-fous. Nous nous contentons de faire défiler.

À travers les vacances des autres. Les accomplissements des autres. Les moments soigneusement mis en scène par les autres, qui font paraître leur itinéraire plus beau que le nôtre.

Tu es assis dans ton voiture, à parcourir ton route. Et pourtant, tu regardes le film des moments forts de quelqu'un d'autre.

Pense à l'enfant de ton ami. L'enfant le plus heureux que tu connaissies, n'est-ce pas ? Toujours souriant sur les photos. Chaque image sur les réseaux sociaux le montre en train de rire, de jouer, de vivre sa meilleure vie.

Tu vois peut-être cinq minutes de sa journée — la fraction que ses parents ont choisi de partager. Et tu supposes que cet enfant rit toute la journée. Que sa vie n'est que pure joie. Que ton ami a découvert un secret d'éducation que tu ignores.

Mais tu ne vois pas la crise de colère qui a eu lieu cinq minutes avant la photo. L'effondrement parce que le verre n'était pas de la bonne couleur. La bataille de l'heure du coucher. Les moments qui ne sont jamais publiés.

Tu regardes les routes des autres, mais tu ne vois que les tronçons qu'ils ont choisi de toi montrer. Ce ne sont même pas leurs vraies routes. Ce sont les versions éditées.

Et pendant que tu regardes leurs routes éditées, tu manques la vôtre.

Peut-être la manques-tu exprès. Peut-être qu'à la maison, tu as les crises, les disputes au coucher, le chaos qui ne rend pas bien en photo. Et revenir à l'enfant le plus heureux du monde tu réconforte. Cela tu rappelle que la vie des autres semble plus facile, plus belle, plus ordonnée que la tienne en ce moment.

L'ironie, c'est que nous avons tellement peur de rater ce que font les autres que nous ratons ce que nous sommes en train de faire.

Tu es au volant de ton propre vie, et tu fixes le tableau de bord de quelqu'un d'autre.

L'heure qui compte le plus

Tu as probablement entendu parler du service de réanimation à l'hôpital. Mais il existe aussi un service appelé NICU (unité de soins intensifs néonataux).

C'est un endroit spécial. Des rangées de couveuses. De minuscules bébés reliés à des moniteurs et des tubes. Des infirmières qui se déplacent avec une précision méticuleuse, comme si elles manipulaient la chose la plus fragile au monde. Parce que c'est le cas.

Chacun dans cette unité n'a qu'un seul objectif : aider ces bébés à grandir, à se battre, à s'en sortir.

En 2017, mes enfants sont nés prématurément. Nous avons passé 78 jours en néonatologie.

Soixante-dix-huit jours à découvrir une nouvelle communauté — les autres parents partageant cet espace, les médecins, le personnel, et surtout les infirmières. On apprend à connaître les gens d'une manière inattendue quand on traverse cette épreuve ensemble.

En tant que parent, tu es autorisé à passer du temps au service avec tes enfants, mais il y a une condition : la durée. Cela varie selon les hôpitaux, car les nouveau-nés — pour la plupart des prématurés — ne peuvent pas être trop exposés au monde extérieur. En moyenne, tu n'êtes autorisé à visiter qu'une heure par jour.

Une heure.

C'est tout ce que tu as. Une heure pour être là, les regarder à travers la couveuse, leur chanter quelque chose, leur raconter ton journée, comment tu prépares leur chambre à la maison. Toutes ces choses que tu as hâte de faire avec eux une fois qu'ils seront assez forts pour sortir.

Lorsqu'un prématuré atteint ses objectifs de poids et de taille, après que ses organes internes se sont suffisamment développés, il est transféré en soins intermédiaires. C'est là que l'on peut enfin le prendre dans ses bras. La méthode « peau-à-peau » — le contact cutané, la chaleur, les battements du cœur. La connexion la plus élémentaire, la plus primaire entre un parent et son enfant.

Je passais cette heure en immersion totale. Si seulement je pouvais garder ce sentiment. Guetter chaque petit mouvement. Planifier la vie que nous allions avoir une fois qu'ils rentreraient à la maison.

On pourrait penser que c'est évident, n'est-ce pas ? Une décision facile de garder les yeux sur la route. Mais ça ne l'était pas.

Une fois, j'ai observé un père sur le fauteuil d'à côté. Son bébé était sur ses genoux pendant leur heure de peau-à-peau. Et lui, il était sur son téléphone en train de regarder un match de foot.

Je me souviens avoir hurlé dans ma tête : « Ton bébé est juste là !

Sur tes genoux. Tu n'as qu'une heure par jour. Et tu regardes un match !? »

Je ne juge pas ses capacités de père en général. Je ne connais pas toute son histoire. Nos contextes étaient manifestement différents. J'étais un nouveau papa — c'était peut-être son troisième enfant. J'ai eu des problèmes de numération et de mobilité des spermatozoïdes, et à cause de cela, notre grossesse a duré 5 ans, pas les 9 mois habituels. Alors peut-être étais-je plus vivement conscient du caractère précieux de cette heure.

Peut-être gérait-il ce traumatisme de la seule manière qu'il connaissait. Peut-être que regarder ce match était ce qui l'empêchait de s'effondrer, de ressentir tout le poids d'avoir un enfant en néonatologie.

Mais je dis ceci : certains moments sont irremplaçables.

Certains temps valent plus que d'autres.

Cette heure avec ton enfant en soins intensifs vaut plus que mille heures de n'importe quel match jamais joué.

La distraction rend tout équivalent. Elle traite les moments irremplaçables comme du temps jetable.

Et une fois que cette heure est passée, on ne peut pas la récupérer. On peut regarder le match en replay. On peut regarder le résumé. On peut voir le score final.

Cette heure irremplaçable — elle est sur ton route. C'est peut-être la partie la plus cruciale de ton voyage jusqu'à présent. Et si tes yeux ne sont pas dessus, tu viens de passer devant le moment qui comptait le plus. Tu ne repasserez plus par là.

L'impératif de documentation

Le concert que tu filmes — il y a de très fortes chances qu'il soit déjà capturé par des professionnels avec un meilleur équipement que le vôtre.

Regarde autour de toi. Il y a une équipe vidéo. Plusieurs caméras. Un son professionnel. Les sages ne parlent que de ce qu'ils connaissent — ces gens savent exactement comment capturer ce moment. C'est littéralement leur métier.

Et tu voilà, à bout de bras avec ton téléphone, enregistrant une version tremblante et de basse qualité de quelque chose qui est déjà documenté professionnellement par des gens qui savent réellement ce qu'ils font.

Pendant ce temps, tu regardes le concert à travers un écran au lieu de le voir de tes propres yeux. Tu es tellement occupé à toi assurer que tu enregistres le moment que tu ne le vis pas vraiment.

Et si tu posies ton téléphone pour simplement regarder ?

Sois présent. L'équipe vidéo qui capte le concert cherche l'énergie de la foule. Ils veulent montrer l'expérience, l'excitation, la connexion entre le groupe et son public. Vers qui pense-tu qu'ils dirigent leurs caméras ? Vers la personne dont le téléphone masque le visage ? Ou vers celle qui est totalement immergée, qui chante à tue-tête, qui vit vraiment l'instant ?

Il se pourrait même que tu finissies par être cette personne sur les images officielles. Le plan central. Le « fan ultime » de la vidéo. Et ensuite — ça arrive vraiment — le groupe pourrait tu contacter parce que tu es devenu le célèbre « fan ultime » du groupe sur Internet.

Les gens tu reconnaissent grâce à cette vidéo. Le groupe tu invite en coulisses lors de leur prochain spectacle. Rencontre et discussion. Séance photo avec tout le groupe. Merchandising dédicacé avec un message personnel tu remerciant d'avoir été autant investi dans la musique ce soir-là. Tout ça parce que tu as posé ton téléphone et avez réellement vécu le moment au lieu de filmer une version médiocre de ce qui était déjà immortalisé.

Tu essayes de préserver le souvenir en le filmant. Mais tu empêches le souvenir de se former.

C'est un paradoxe. L'acte de documentation interfère avec l'expérience que tu essayes de documenter.

Tu filmes le concert pour toi souvenir d'y avoir été. Mais tu ne tu souvenes pas vraiment d'y avoir été — tu tu souvenes de l'avoir filmé.

Ton cerveau a besoin que tu sois là

Pense à la dernière fois que quelqu'un tu a raconté une histoire pendant que tu faisies défiler tes réseaux sociaux.

Tu rappeles-tu ce qu'il a dit ? Probablement pas.

Mais tu tu rappelles peut-être de la publication que tu lisies.

Ce n'est pas parce que tu es un mauvais auditeur ou un mauvais ami. Ton cerveau ne peut accorder sa pleine attention qu'à une seule chose à la fois.

Plusieurs hypothèses suggèrent que le cerveau humain ne peut pas réellement être multitâche lorsqu'il s'agit de tâches nécessitant une attention consciente et de la concentration. Ce que nous percevons comme du multitâche est en réalité une alternance de tâches — où le cerveau déplace rapidement son attention d'une activité à l'autre. Quand tu faites défiler ton écran, c'est ce que ton cerveau enregistre. C'est ce qui est sauvegardé comme souvenir.

Quand tu filmes un concert sur ton téléphone, ton cerveau encode l'acte de filmer — le cadrage, l'écran, le fait de savoir si tu réussisses le plan, si ton main reste stable. Pas la musique elle-même. Ni l'énergie dans la salle. Ni l'expérience d'être là.

Les moments auxquels tu es absent ne reviennent pas. Tu ne peux pas revivre la remise des diplômes de ton enfant. Tu ne peux pas retourner à ce concert. Tu ne peux pas obtenir une autre heure en néonatologie.

Une fois qu'ils sont passés, ils sont passés.

Alors quand tu divises ton attention entre le récital de ton fille et tes emails professionnels, tu n'obtiens pas 50 % de chaque expérience. Tu obtenes une version dégradée des deux. Tu n'êtes présent ni pour l'une, ni pour l'autre.

« Mais c'est important ! »

Qui l'est ? Ton travail ou ton fille ?

Ton distraction affecte ton entourage

Non seulement tu tu filmes ou tu tu distrayes de l'événement présent, mais tu distrayes aussi les autres.

Entrez dans une salle de cinéma une fois les lumières éteintes.

Comptez les écrans de téléphone qui brillent dans le noir. Des gens qui vérifient leurs messages. Qui font défiler leurs fils d'actualité. Qui répondent à des SMS. Qui ne regardent pas le film pour lequel ils ont payé.

Mais ce n'est pas seulement leur propre expérience qu'ils gâchent.

Cet écran de téléphone est une lampe de poche dans une pièce sombre. Il détourne les yeux de tout le monde vers l'écran. Il brise l'immersion. Il gâche le moment pour la personne à côté d'eux, derrière eux, devant eux.

Leur distraction n'est pas que leur problème. C'est le problème de tout le monde.

La personne à côté d'eux au cinéma n'a pas payé pour les regarder scroller sur Instagram. Elle a payé pour se perdre dans une histoire. Et la lueur de ce téléphone l'en extirpe brutalement.

C'est la même chose dans la vraie vie. Quand tu scrolles pendant une conversation, l'autre personne le sait. Elle le sent. Elle essaie de tu dire quelque chose qui lui tient à cœur, et tu lui signalez — sans le dire — que ce qui se trouve sur ton écran compte davantage.

Ton absence ne tu affecte pas seulement tu. Elle affecte tous ceux qui essaient d'être présents avec toi.

Ton enfant tu cherche du regard

Tu vas au spectacle de fin d'année de ton enfant. C'est le jour de la remise des diplômes, et ils ont préparé un événement pour les parents. L'auditorium se remplit. Les enfants défilent sur scène avec leurs toges et leurs mortiers, ou leurs costumes de spectacle, selon l'occasion.

Tu trouves un siège. Tu sortes ton téléphone pour vérifier un dernier email professionnel avant que ça ne commence. Puis la cérémonie débute, et tu gardes ton téléphone sur tes genoux. Au cas où quelque chose d'urgent arriverait. Ou peut-être que tu scrolles. Ou peut-être que tu as tes AirPods, en plein appel professionnel que tu n'avez pas pu décaler.

L'enfant est sur scène. Il balaie la foule du regard. Il cherche les yeux de ses parents.

Je le sais parce que j'ai vu le visage de mon fils quand il nous trouve dans la foule. Son expression change. Il cherche cette connexion. Cette reconnaissance que nous regardons, que nous le voyons, que ce moment compte aussi pour nous.

L'enfant ne sait pas que tu es dans un « appel professionnel important ». Il ne comprend pas que ton patron avait besoin d'une réponse immédiate, ou que tu vérifies quelque chose d'urgent.

Il sait seulement que tu ne le regarde pas.

Il se souviendra que tu éties là — techniquement. Physiquement présent. Dans la pièce.

Mais il se souviendra aussi que tu n'étais pas vraiment là. Que lorsqu'il tu a cherché, lorsqu'il a voulu voir si tu le voyais, ton attention était ailleurs.

C'est le souvenir qu'il se crée. Non pas parce que tu es un parent indigne. Parce que tu es humain, que la distraction est partout, et que nous avons normalisé le fait d'être absent tout en étant présent.

Tu es au volant de cette relation. Ton enfant observe comment tu conduises.

Le contenu existe déjà

Il n'y a pas d'examen sur la quantité de contenu que tu généres.

Personne n'évalue la qualité de tes vidéos de concert. Personne ne note tes photos de vacances. Personne ne compte le nombre de moments que tu avez capturés.

Le contenu que tu essayes désespérément de créer ? Il existe déjà. Des versions professionnelles. De meilleures versions que ce que tu pourries faire avec ton téléphone.

Ce qui n'existe pas — ce qui ne peut être reproduit par personne d'autre — c'est ton expérience d'avoir été là.

Ton perspective. Ton présence. Ton attention réelle portée sur ce qui se passe devant toi.

C'est cela qui est unique. C'est cela qui est irremplaçable.

Pas les images. L'expérience elle-même.

Et chaque moment que tu passes à créer du contenu sur ta vie est un moment où tu ne vis pas réellement ta vie.

Tu es au poste de conduite. Mais au lieu de regarder la route, tu étes en train de la filmer.

Ce que tu échanges

Je ne dis pas qu'il ne faut jamais prendre de photo. Ne jamais rien enregistrer. Ne jamais partager de moments avec les gens qu'on aime.

Mais comprends l'échange que tu fais.

Chaque fois que tu sortes ton téléphone pour capturer quelque chose, tu échanges de la présence contre de la documentation. Une expérience contre du contenu. Le fait d'être là contre la preuve que tu y étais.

Parfois, ce troc est logique. Parfois, tu veux la documentation plus que la pleine expérience de l'instant.

Mais la plupart du temps ? Nous ne faisons pas un choix conscient. Nous nous rabattons sur la documentation par défaut parce que tout le monde le fait. Parce qu'on a peur d'oublier. Parce qu'on pense avoir besoin de preuves.

Et on finit avec des milliers de photos qu'on ne regarde jamais et des souvenirs qu'on n'a jamais réellement formés.

Ce téléphone sur tes genoux pendant le récital de ton enfant ? Il ne tu apporte rien. Il ne fait que tu arracher au moment présent.

Le défilement infini pendant ton trajet ? Tu regardes les routes des autres au lieu de conduire la tienne.

Le filmage au concert ? Tu empêches le souvenir même que tu essayes de préserver.

Tu échanges des moments irremplaçables contre... quoi, exactement ? Un contenu qui existe déjà sous une meilleure forme ? Des preuves pour des gens qui n'étaient pas là et qui, au fond, s'en moquent un peu ?

Où tes yeux doivent être

La route réelle que tu parcours. Le moment réel dans lequel tu es. La vie réelle que tu mènes.

Pas la route d'un autre. Pas le film des succès d'un autre. Pas la version filmée professionnellement que tu regarderes plus tard au lieu de l'expérimenter maintenant.

Ton route. Ici et maintenant. Ce moment. Parfois, l'itinéraire panoramique EST l'objectif.

Aujourd'hui n'est pas un compte à rebours vers des jours meilleurs. Aujourd'hui est l'intégralité de ton voyage. Là, maintenant. Ce moment fait partie de tes 100 %.

Et si tu n'êtes pas présent — si tes yeux sont partout sauf sur la route que tu conduises réellement — tu passes à côté de ton propre vie.

Regarde autour de toi. Tout compte. Les petits gestes importent — y compris le barista qui te a souri ce matin.

Les garde-fous aident. Le Waze à l'horizontale. Le téléphone dans une autre pièce pendant le dîner. La décision de simplement regarder au lieu de filmer.

Mais c'est un choix que tu fais moment après moment.

Ton enfant est sur scène et tu cherche. Tes yeux sont-ils portés sur lui, ou sur ton écran ?

Ton ami tu confie quelque chose d'important. Écoute-tu, ou faites-tu défiler ton fil ?

Tu es au volant de ton véritable vie. Tes yeux sont-ils sur ton route, ou sur celle de quelqu'un d'autre ?

Il n'y a pas d'examen pour noter ton présence. Pas de tableau de score pour suivre ton attention. Pas d'évaluation finale pour savoir si tu éties vraiment là pour ton propre vie.

Mais tu le sauras. Dans les moments de calme. Dans les souvenirs que tu aimeries avoir et que tu n'avez pas. Dans les instants où tu éties physiquement présent mais que tu as totalement manqués.

Tu parcoures cet itinéraire. Personne d'autre ne peut le faire pour tu. Personne d'autre ne peut être présent pour tes moments. Personne d'autre ne peut garder tes yeux sur ton route.

C'est ton travail.

Pas parce que quelqu'un regarde. Parce que c'est ton route. Ton vie. Ton seule chance d'être réellement là pour l'emprunter.

Chapitre 18

TON ITINÉRAIRE UNIQUE

Personne dans l'histoire de la route n'a jamais parcouru, ni ne parcourra jamais, exactement le même trajet que tu.

Ce n'est pas une vérité de biscuit chinois. C'est une réalité mathématique. La combinaison spécifique de ton point de départ, des virages que tu as pris, des passagers que tu as transportés, des aires de repos dont tu as eu besoin, des détours que tu as empruntés — tout cela est irrépétible.

Même si quelqu'un essayait de reproduire ton voyage étape par étape, il n'y parviendrait pas. Trop de variables. Un timing différent. Une météo différente. Une version différente de lui-même prenant les décisions.

Ton itinéraire tu appartient, mathématiquement, en totalité.

Le concessionnaire automobile cinq ans plus tard

Imagine un concessionnaire automobile. Des rangées de véhicules identiques sortant tout juste de la chaîne de montage. Même marque, même modèle, même année. Certains sont indiscernables, à l'exception de la couleur de la carrosserie.

Dix personnes achètent la même voiture le même jour.

Revenez cinq ans plus tard. Alignez ces dix voitures sur le parking. Elles ne se ressemblent plus.

L'une affiche 80 000 km d'autoroute, une usure régulière, peu de dégâts, un entretien constant. Une autre a 40 000 km de ville, les séquelles des embouteillages, des freins usés et le stress des accélérations et décélérations incessantes. Une autre encore affiche 100 000 km de routes de gravier et de cols de montagne, de la rouille sur le châssis, des réparations de suspension, les marques de caractère du terrain.

Même voiture. Des trajets complètement différents. Et chaque trajet a laissé sa trace.

On peut deviner laquelle appartenait au parent faisant la navette pour l'école chaque matin. Laquelle appartenait au commercial sillonnant les nationales. Laquelle était celle de l'aventurier du week-end explorant les chemins de traverse des parcs nationaux.

Les voitures étaient identiques au départ. Les itinéraires les ont rendues différentes.

Tu as peut-être commencé au même endroit qu'un autre — même ville natale, même école, mêmes opportunités. Mais l'itinéraire spécifique que tu as suivi, les choix précis que tu as faits à chaque intersection, les passagers particuliers que tu as transportés, le terrain spécifique que tu as franchi — tout cela a créé la version irrépétible de toi-même qui existe en ce moment précis.

Même les jumeaux divergent

Reprenons l'exemple des vrais jumeaux. Génétiquement identiques. Élevés dans la même maison, par les mêmes parents, dans la même culture, mangeant la même nourriture, fréquentant les mêmes écoles.

Aussi proches que deux points de départ humains puissent l'être.

Et pourtant, ils finissent par devenir des personnes différentes.

L'un devient artiste. L'autre ingénieur. L'un déménage à l'autre bout du pays. L'autre reste dans sa ville natale. L'un se marie tôt. L'autre reste célibataire. L'un a des enfants. L'autre non.

Et il ne s'agit pas seulement de personnalités distinctes — ce qui est prévisible. Même si nous vivions dans un monde où seul le physique comptait pour les opportunités, où les gens séduisants obtiendraient toutes les offres d'emploi et les entretiens, des jumeaux identiques ne recevraient toujours pas les mêmes opportunités. Même visage, mais l'un entre dans le bureau le jour où l'on recrute. L'autre y entre une semaine plus tard, quand le poste est pourvu. L'un est remarqué par un chasseur de têtes dans un café. L'autre était chez lui ce jour-là. Même apparence, timing différent, résultats radicalement différents.

Pourquoi ? Parce que même s'ils sont partis du même endroit, ils n'ont pas suivi le même itinéraire.

Peut-être que l'un est tombé malade enfant et a passé des mois à l'hôpital — cela a tout changé dans sa perception de la santé, du risque, de la mortalité. Peut-être que l'un a eu un professeur qui a allumé une étincelle. Peut-être que l'un s'est fait un ami qui l'a entraîné dans une direction différente. Peut-être que l'un a tourné à gauche à une intersection où l'autre a choisi la droite, et ce simple virage a engendré des décennies totalement différentes.

Si des jumeaux identiques ne peuvent pas reproduire l'itinéraire de l'autre, quelle chance a quiconque de reproduire le tien ?

Ton parcours est irrépétible

Tu n'êtes pas seulement parti d'un lieu. Tu es parti d'un moment précis dans le temps, avec des circonstances précises, entouré de personnes précises, dans une version spécifique du monde qui n'existe plus aujourd'hui.

La réalité économique dans laquelle tu as baigné. La technologie disponible. Les valeurs culturelles que ton génération a absorbées. Les opportunités qui existaient ou n'existaient pas. La dynamique familiale spécifique que tu as gérée. La séquence exacte d'expériences qui a façonné ton manière d'analyser tout le reste.

Quelqu'un né dix ans avant tu ? Monde différent. Règles différentes. Hypothèses de base différentes sur ce qui est possible.

Quelqu'un né dix ans après tu ? Différent aussi. Les technologies que tu as dû apprendre, il est né avec. Tes peurs et tes luttes, il ne les comprend parfois même pas. Les avantages qu'il possède, tu n'y avez jamais eu accès.

Même quelqu'un né la même année que tu, dans la même ville, avec un milieu social similaire, n'a pas eu tes parents. Tes frères et sœurs. Tes professeurs. Tes rencontres fortuites. Ton séquence spécifique d'échecs et de succès qui te a enseigné ce que tu sais aujourd'hui.

Ton point de départ était unique. Ton itinéraire au fil des ans a été unique. Et la version de toi qui en résulte ? Également unique.

Pas meilleure. Pas pire. Juste irrépétible.

Le style de conduite en fait partie

Et il ne s'agit pas seulement des circonstances extérieures. C'est la façon dont TU les gères.

Certaines personnes conduisent de manière défensive, anticipant toujours les problèmes, prévoyant trois coups d'avance, se protégeant contre les pires scénarios. Certaines conduisent à l'instinct, décidant sur le moment, faisant confiance à leur intuition, s'adaptant au fur et à mesure. Certaines conduisent sans pitié, cherchant à dominer la route, parfois même avec colère. D'autres conduisent de manière analytique, étudiant chaque trajet, optimisant l'efficacité, calculant les compromis.

Aucun de ces styles n'est mauvais. Ce sont simplement des façons différentes de traverser la vie. Et ton style fait partie de ce qui rend ton itinéraire unique.

Même si quelqu'un d'autre se trouvait face à la même intersection que tu, il ne la franchirait pas de la même manière. Parce qu'il n'est pas tu. Il n'a pas ton mélange spécifique de prudence et de courage, de logique et d'émotion, de planification et de spontanéité.

Ton itinéraire n'est pas seulement l'endroit OÙ tu as conduit. C'est COMMENT tu l'avez conduit.

Regarde ces dix voitures du concessionnaire. Chacune a eu besoin d'un programme d'entretien différent. Des styles de conduite différents. Des itinéraires différents correspondant à leur usage. Ce qui fonctionnait pour la voiture d'autoroute détruirait celle des cols de montagne. Ce qui fonctionnait pour la citadine ne servirait à rien pour celle qui traverse le pays.

Ton itinéraire est spécifique. Tes circonstances sont spécifiques. Ton style de conduite est spécifique.

Ce qui a fonctionné pour un autre pourrait totalement échouer sur le vôtre.

Cela ne signifie pas que tu as fait une erreur. Cela signifie que son itinéraire n'était pas le tien.

Tu es la référence de ton propre voyage

Et parce que ton itinéraire est unique, TU es la seule référence valable pour TON voyage.

Non pas parce que ta voie est meilleure que celle des autres. Mais parce que personne d'autre n'a eu ton ensemble exact de choix à faire. Ils n'ont pas affronté ton terrain spécifique. Ils n'ont pas navigué dans ton météo particulière. Ils ne sont pas partis de ton emplacement précis et n'ont pas transporté tes passagers.

Lorsque tu compares ton progression à celle de quelqu'un d'autre, tu compares des mesures incompatibles. Ils mesurent des kilomètres parcourus sur un terrain totalement différent. Leur compteur kilométrique n'a rien à voir avec le tien. C'est comme comparer ton traversée du désert à leur route côtière — même distance parcourue, mais expériences et défis totalement uniques.

Tu peux apprendre d'eux. Tu peux être inspiré par eux. Tu peux adapter des principes de leur style de navigation.

Mais tu ne peux pas utiliser leur itinéraire comme preuve que le vôtre est mauvais.

Ils n'étaient pas au volant de TON voiture, sur TES routes, avec TES passagers, face à TON météo, en train de prendre TES décisions.

Tu es la seule personne à avoir suivi ton itinéraire. Ce qui signifie que tu es la seule mesure valable pour savoir si tu le menes bien.

On ne peut pas vivre pleinement en suivant l'itinéraire d'un autre

Lorsque tu essayes de suivre l'itinéraire de quelqu'un d'autre au lieu du vôtre, lorsque tu mesures ton voyage par rapport au sien, ou que tu forces ton trajet pour qu'il ressemble au sien, voici ce qui se passe :

Tu stresses de ne pas en être là où ils en étaient au même âge. Je sais — il est difficile d'arrêter de comparer. Tu as l'impression d'être en retard. Tu as l'impression d'échouer parce que ton compteur ne correspond pas au leur. Mais tu n'êtes pas en retard. Tu es sur un itinéraire totalement différent, évaluant tes progrès par rapport à quelqu'un qui est parti d'un autre endroit, a affronté un autre terrain et se dirigeait ailleurs. Leur chronologie n'a rien à voir avec la tienne.

Tu essayes de forcer tes circonstances pour qu'elles correspondent aux leurs. Tu fais des choix qui ne conviennent pas à ton situation réelle parce que — c'est ce qu'ils ont fait, et ça a marché pour eux —. Tu acceptes un travail que tu détestes parce que c'est la « bonne » carrière. Tu achetes des choses que tu ne peux pas tu offrir parce que c'est à cela que le succès est censé ressembler. Tu tu imposes des situations qui te semblent fausses parce que leur itinéraire dit que tu devrais en être là aujourd'hui.

Mais forcer leur carte sur ton terrain ne fonctionne pas. Tu finisses juste stressé, épuisé, souffrant, et toujours pas là où tu pensies être.

Tu ignores ce qui compte réellement pour TOI parce que tu es trop occupé à essayer d'atteindre ce qui comptait pour EUX. Tu passes des années à grimper une échelle qui est appuyée contre le mauvais mur. Tu optimises pour des résultats qui semblent impressionnants sur la carte d'un autre mais qui sonnent creux sur la tienne. Et tu finisses par mener une vie qui rend bien en photo mais qui n'a pas l'air d'être la vôtre.

On ne peut pas vivre pleinement en essayant de suivre l'itinéraire de quelqu'un d'autre. Son itinéraire n'a pas été conçu pour ton véhicule, ton terrain, ton destination, ton style. Il a été conçu pour le sien. Et aucun effort ne pourra adapter son trajet à ton propre voyage.

Suis TON itinéraire. Voici la voie — TON voie. Avec tous ses virages uniques, ses circonstances spécifiques et ses combinaisons irrépétibles.

Ce n'est pas se contenter de peu. Ce n'est pas abandonner.

Ton itinéraire est le tien. Et essayer de naviguer sur celui d'un autre ne tu mènera nulle part de constructif.

C'est l'ensemble qui compte

Ton perspective est unique. Tes souvenirs n'appartiennent qu'à toi. Ton contexte façonne tout ce que tu vis.

Mais la raison pour laquelle ton itinéraire est unique va au-delà d'un simple élément isolé.

C'est la GLOBALITÉ de ton voyage. La façon dont tout se cumule.

Pas un seul élément, mais toute la combinaison. La façon dont chaque chose interagit avec les autres pour créer la version spécifique de la vie que tu menes en ce moment.

Ton milieu a façonné ton perspective. Ton perspective a influencé tes choix. Tes choix ont créé tes circonstances. Tes circonstances ont façonné tes prochains choix. Tout cela s'est accumulé, superposé, créant quelque chose qui ne pouvait se produire que de cette manière précise.

C'est pourquoi essayer de reproduire le voyage de quelqu'un d'autre ne fonctionne pas. Tu n'êtes pas des clones. On ne peut pas copier l'itinéraire d'un autre et s'attendre aux mêmes résultats. On peut copier des choix individuels, mais pas tout le réseau de facteurs qui a fait que ces choix étaient logiques pour lui. Son passé, sa perspective, ses circonstances, son timing, tout interagit d'une manière qui n'est pas transférable à ton situation.

Tu es prêt

Tu es sur la route depuis dix-sept étapes maintenant. Tu as appris des choses. Tu en avez désappris d'autres. Tu as vu comment l'autoroute fonctionne, comment les autres conducteurs gèrent leur route, comment les règles nous empêchent de nous rentrer dedans.

Tu as regardé dans ton rétroviseur pour voir d'où tu venies. Tu as reconnu les programmations dont tu as hérité. Tu as compris que la comparaison est inutile et que la compétition ne tu apporte rien.

Tu as vu que les autres ne sont pas des figurants. Que l'instant présent représente 100 % de ta vie, et non un compte à rebours vers quelque chose de meilleur. Que tes yeux doivent être fixés sur TON route, pas sur celle des autres.

Et maintenant tu comprenes pourquoi tout cela est crucial : parce que ton itinéraire tu appartient mathématiquement, intégralement.

Personne d'autre ne peut conduire à ton place. Personne d'autre ne peut tu dire si tu fais bien ou mal. Personne d'autre n'a eu ton point de départ exact, tes circonstances exactes, ton séquence exacte de décisions.

Ce qui signifie que personne d'autre n'a le droit de noter ton voyage. Et surtout, tu peux arrêter de chercher cette note. Arrêter de toi demander si tu es à la hauteur. Arrêter de chercher la validation que tu fais les choses « correctement ». Il n'y a pas de tableau de bord externe. Il n'y a pas de juge qui examine ton itinéraire pour décider s'il est suffisant. L'itinéraire d'un autre ne prouve pas que le tien est insuffisant. Le compteur kilométrique d'un autre ne rend pas le tien moins valable.

Ton itinéraire est le tien.

Tirer les leçons du terrain. Comprendre quels passagers emmener. Reconnaître quand ton rythme doit changer.

Non pas parce que quelqu'un tu a appris la « bonne » façon de faire ces choses. Mais parce que tu l'avez appris en les faisant.

Tu n'attends pas que quelqu'un d'autre tu autorise à conduire ta vie. Faites-le.

Tu la conduis déjà. L'appel à être présent est puissant. Cédez-y. Laisse-le tu accompagner.

Et maintenant tu comprenes pourquoi ton itinéraire spécifique, avec tous ses virages uniques et ses combinaisons irrépétibles, est le seul qui pouvait tu amener ici.

Il n'y a pas d'examen pour noter si tu as choisi le « bon » itinéraire par rapport aux autres.

Il n'y a que ton itinéraire. Ton voyage ne peut être mesuré par rapport à celui de personne d'autre car les circonstances sont incomparables.

Et tu es prêt à continuer de le parcourir.

TROISIÈME ARRÊT AU STAND

Tu viens de parcourir le plus beau tronçon d'autoroute jusqu'à présent.

La partie six ne consistait plus à désapprendre, à examiner ou à comprendre. Cette partie consistait à vivre, concrètement.

Aujourd'hui n'est pas un compte à rebours — c'est 100 % de ta vie. Tes yeux doivent être fixés sur ton propre route, pas sur celle des autres. Et ton itinéraire tu appartient en propre. Ce n'est pas une parole inspirante. C'est un fait.

Alors, rangez-tu une dernière fois sur le côté. Dernier arrêt avant la dernière ligne droite.

Regarde à quel point ta conduite a changé par rapport au moment où tu as quitté ton quartier. Tu ne faites la course avec personne. Tu ne compares pas ton compteur kilométrique à celui des autres. Tu n'essaies pas de gagner une compétition qui n'a jamais existé.

Tu as désappris la programmation de ton ville natale. Tu as reconnu que les autres ne sont pas des obstacles ou des personnages non joueurs — ce sont des voyageurs sur leurs propres itinéraires. Tu avez compris que le voyage lui-même EST la vie que tu menes, et non une préparation pour autre chose.

Et maintenant, tu es prêt pour quelque chose de peut-être inattendu par rapport au moment où nous avons commencé ce trajet.

La partie sept diffère de tout ce qui a précédé. Les parties précédentes visaient à voir clair — comprendre comment les choses fonctionnent réellement, reconnaître ce que tu transporties, valider pourquoi ton itinéraire est le tien.

Cette dernière partie ? Elle porte sur ce que tu fais de cette clarté.

Pas d'instructions. Pas de liste de contrôle. Pas de « voici les 5 étapes pour vivre sans examen ».

Juste quelques observations sur ce à quoi ressemble réellement le fait de parcourir sa propre route quand on arrête d'attendre une permission. Quand on arrête de se mesurer aux autres. Quand on prend la pleine responsabilité du volant que l'on tient depuis le début.

Tu conduises depuis dix-huit chapitres. Tu sais comment cela fonctionne maintenant.

Ces derniers chapitres traitent de la conduite avec intention. Avec souveraineté. En comprenant que ce trajet — cet itinéraire, ce voyage, cette vie — tu appartient complètement et entièrement.

Prêt pour la dernière ligne droite ? Je le suis.

Finissons ce trajet ensemble.

Partie Sept

PRENDRE LES COMMANDES

Prendre progressivement le contrôle.

Chapitre 19

DÉFIER SON PROPRE PODOMÈTRE

Sur cette portion de route dégagée, quelque chose change.

Tu ne regarde plus ton rétroviseur pour voir qui te suit. Tu n'observes plus les voitures devant toi en essayant de les rattraper. Tu regardes ton propre tableau de bord. Ton propre compteur kilométrique. Ton propre jauge qui indique le chemin parcouru.

Même autoroute. Autre question. Fini les « Est-ce qu'on est bientôt arrivés ? ». Plus de « Est-ce que je suis devant eux ? », mais plutôt « Jusqu'où puis-je pousser la machine ? ».

La partie sept commence ici. Tout ce qui a précédé consistait à voir clair — comprendre l'autoroute, reconnaître ce que tu transporties, observer comment les autres conducteurs naviguent sur leurs propres itinéraires. Tu as fait ce travail. Tu tu es arrêté sur des aires de repos, tu as examiné ton coffre, tu as laissé quelques affaires derrière tu.

Vient maintenant le moment où tu conduises enfin à ton manière.

Pas parce que quelqu'un note ton performance. Pas parce que tu devez prouver que tu es meilleur que la voiture d'à côté. Mais parce que tu veux voir ce que ton voiture a dans le ventre. Jusqu'où tu peux tu dépasser. De quoi tu es réellement capable lorsque tu cesses de toi mesurer aux autres pour commencer à tu mesurer à ton propre référence.

Il ne s'agit pas de faire la course. Il s'agit de s'accomplir.

La montagne que tu gravisses

Les gens disent : « J'ai vaincu la montagne. »

Non, ce n'est pas vrai. La montagne est toujours là. Elle ne s'est pas rendue. Elle n'a pas perdu. Elle sera encore là bien après ton départ, exactement à la même altitude, totalement indifférente au fait que tu ayes atteint le sommet ou non.

Ce que tu as vaincu, c'est tu-même. Tes doutes. Ton peur. Les signaux de ton corps tu ordonnant de toi arrêter. La voix dans ton tête qui disait : « C'est déjà bien, et si on faisait demi-tour maintenant ? »

La montagne n'était que le terrain. L'adversaire, c'était tu.

C'est la même chose pour ton itinéraire. Tu n'essaies pas de battre les autres conducteurs. Tu essayes de battre la version de tu-même d'hier. La seule compétition est celle qui te oppose à ton « moi » de la veille. Celui qui a parcouru 1 000 kilomètres au total. Aujourd'hui, tu en êtes à 1 050. Cinquante kilomètres de plus que ton record personnel. C'est la seule compétition qui compte vraiment.

Chaque fois que tu vas au-delà de là où tu éties hier, tu rivalises avec ton propre standard précédent. Pas celui de quelqu'un d'autre. Le vôtre. Hier était une bonne journée. Aujourd'hui peut être encore meilleure.

Et cela diffère de la compétition que tu as désapprise à l'aire de repos : cette compétition tu rend meilleur au lieu de toi rendre amer.

Jusqu'où peux-tu aller

La question n'est pas : « Combien de temps cela prendra-t-il ? ». La question est : « Jusqu'où puis-je réellement aller ? ».

John C. Maxwell explique cela de façon remarquable dans son livre *Leadershift*, lorsqu'il parle de passer d'une logique d'objectifs à une logique de croissance :

En effectuant ce changement, au lieu de m'inquiéter du temps que quelque chose pourrait prendre, j'ai commencé à me demander :

Jusqu'où puis-je aller ? Au lieu de penser à ce que j'obtenais et à ce que je devais payer pour l'obtenir, j'ai commencé à réfléchir à qui j'étais en train de devenir et à l'impact que je pourrais avoir grâce à cela. J'ai reconnu que j'étais engagé dans un voyage de croissance.[1]

Ne pas faire la course contre la montre. Ne pas faire la course contre les autres conducteurs. Simplement voir de quoi ton voiture est capable. De quoi tu es capable. Ce qui se passe quand tu cesses de comparer ton itinéraire à celui de tous les autres et que tu commences à toi demander : « Qu'est-ce que je peux faire de mieux qu'hier ? »

Peut-être qu'hier, tu as conduit avec patience. Aujourd'hui, tu avez conduit avec patience ET tu as laissé trois voitures s'insérer sans ressentir de frustration. Progrès.

Peut-être qu'hier, tu étais présent lors du dîner en famille. Aujourd'hui, tu étais présent ET tu as laissé ton téléphone dans une autre pièce. Progrès.

Peut-être qu'hier, tu as travaillé sur ton projet pendant une heure. Aujourd'hui, tu as travaillé pendant une heure ET tu as persévéré là où tu abandonnes d'habitude. Progrès.

Rien de tout cela n'a nécessité de battre qui que ce soit. Rien de tout cela n'a nécessité de classement. Rien de tout cela n'a eu besoin d'une validation externe. Tu n'avez pas besoin de viser « la lune » pour progresser.

Il tu suffisait de savoir : comment puis-je aller plus loin qu'hier ?

C'est cela, rivaliser avec soi-même. Ton « moi » du passé tu lance un défi : « Attrape-moi si tu peux. »

Le titre n'est pas l'objectif

Imagine que tu joues au tennis depuis ton jeunesse. En amateur, pas en professionnel, mais tu aimes ça. Tu es doué. Mais maintenant, tu veux passer au niveau supérieur. Tu tu es inscrit à un tournoi semi-professionnel — quelque chose que tu as toujours voulu essayer.

Alors tu tu entraînes. Chaque jour après le travail, tu es sur le court. Certains jours, tu restes tard pour pratiquer ton volée. D'autres jours, tu travailles ton service jusqu'à ce que ton épaule tu fasse mal. Tu fais tout ce qui est en ton pouvoir parce que tu veux gagner ce trophée.

Sauf que la victoire finale ne dépend pas entièrement de toi.

Une mauvaise décision de l'arbitre de chaise peut gâcher ton match. Ton adversaire pourrait tout simplement être plus performant — ce n'est pas un figurant dans ton histoire : il s'est entraîné aussi dur que tu, a travaillé aussi longtemps, tout comme toi. Ou à l'inverse, peut-être gagnes-tu parce que ton adversaire a commis deux erreurs grossières et inconcevables. Non pas parce que tu as mieux joué que lui, mais parce que ton victoire est relative à sa performance ce jour-là.

Tu peux contrôler ton entraînement. Tu peux contrôler tes efforts. Tu peux contrôler le fait d'être présent et de donner tout ce que tu as.

Tu ne peux pas contrôler le résultat.

Le championnat n'est pas l'objectif. C'est une conséquence.

Même les équipes sportives professionnelles le comprennent. Mais les fans exigent des trophées. Ils veulent des garanties. Les entraîneurs savent qu'ils ne peuvent pas le promettre — ils savent que trop de variables échappent à leur contrôle — mais même en sachant cela, ils doivent se tenir devant les caméras et déclarer que leur seul objectif est manifestement le trophée. C'est ce qui permet de vendre des billets. C'est ce qui maintient l'engagement des supporters. C'est ce qui leur donne de l'espoir.

Mais derrière les portes closes ? L'accent est mis ailleurs. Ils ne peuvent contrôler que ce qui est en leur pouvoir. Si chaque membre de l'équipe fait ce qu'il a à faire, s'ils exécutent les fondamentaux, s'ils jouent assez bien — les victoires finiront par arriver. Non pas comme quelque chose qu'ils ont forcé à exister. Mais comme quelque chose qui s'est produit parce qu'ils ont bien fait leur part.

Tes « championnats » personnels pourraient se concrétiser grâce au travail accompli. Ou ils pourraient ne pas voir le jour, car cent variables hors de ton contrôle entrent également en jeu.

Mais dans les deux cas, tu es devenu quelqu'un de plus fort, de plus compétent, de plus sage, de plus expérimenté qu'au moment où tu avez commencé. La récompense externe est une conséquence. La croissance interne, elle, est enregistrée sur ton compteur kilométrique.

Le meilleur au monde

Disons que tu as trouvé ta voie. C'est peut-être l'ébénisterie. Peut-être le code. Peut-être la photographie. Tu adores ça, tu es doué, et tu veux continuer à progresser.

Alors, naturellement, tu tu dis : « Je vais être le meilleur dans ce domaine. Le plus grand au monde. »

Mais souviens-tu du Chapitre 6, quand nous avons parlé de ce qui se passerait si tout le monde disparaissait. Si tous ceux qui sont meilleurs que tu s'évaporaient soudainement, tu series « le meilleur »... et cela n'aurait aucun sens. Le titre serait vide de sens.

Parce que « être le meilleur au monde » est une cible mouvante que tu ne maîtrisez pas. Cela dépend de qui se présente, de ce qu'ils apportent et des avantages qu'ils ont et que tu n'avez pas. Tu tu mesures à des personnes dont les circonstances, les ressources et les points de départ sont totalement différents des vôtres.

Mais ton « moi » d'hier ? C'est un point fixe. Tu sais exactement où tu en étais. Tu sais exactement de quoi tu éties capable. Tu disposes de toutes les données sur ton performance passée.

Ton objectif devrait être d'être meilleur que ton version de la veille. C'est tout.

L'étiquette de l'âge dont tu n'avez pas besoin

Supposons que tu atteignes 40 ans. Bienvenue au quatrième étage. Désormais, tu es « à la moitié de ta vie », tu as « l'âge mûr », tu as « passé le cap », tu n'êtes « plus jeune ».

Mais maintenant, tu sais que tu es à 100 % de tes capacités actuelles. Tu sais que l'étiquette « vieux » est relative. Vas à Okinawa, au Japon, au milieu de gens qui ont 90 ans. Tu sentes-tu vieux à 40 ans ? Bien sûr que non. Tu tu sentires jeune à leurs côtés.

Alors, si ce sentiment est relatif — s'il change selon les personnes qui te entourent — pourquoi tu colles-tu une étiquette comme s'il s'agissait d'un état absolu ?

Le conditionnement qui consiste à se sentir vieux à certains âges n'est que cela : un programme. Quelque chose que tu as appris. Quelque chose que ton culture tu a enseigné. Ce n'est pas la réalité.

Tu n'êtes pas vieux. Tu n'êtes pas jeune. Tu en êtes simplement au kilométrage où tu en êtes. Et demain, tu aures plus de kilomètres. Et le jour suivant, encore davantage.

Et si tu as besoin d'une étiquette, la voici : tu es jeune.

Il y aura toujours sur cette planète un groupe plus âgé que le tien. Tu tu situes simplement au mauvais endroit pour la comparaison.

La vie est comme une chanson

Notre objectif devrait être de savourer la vie pendant qu'elle se joue, et non d'en atteindre la fin.

Pense à une chanson que tu adores. Tu ne restes pas là à toi dire : « J'ai hâte d'entendre le dernier accord. » Tu ne mesures pas sa valeur au fait qu'elle atteigne sa conclusion. Tu la vis. Tu la laisses se déployer. Tu apprécies chaque mesure au fur et à mesure.

Le but de la chanson n'est pas la dernière note. Le but est la mélodie, le rythme, la façon dont elle tu fait vibrer pendant qu'elle passe.

C'est la même chose pour ton itinéraire. Le but n'est pas d'accumuler le plus grand nombre de trophées possible avant d'arriver au bout. Le but n'est pas de traverser ta vie au pas de course en cochant des cases « coûte que coûte » pour pouvoir dire que tu avez tout fait avant que la musique ne s'arrête.

Le but est de conduire d'une manière qui rend le voyage digne d'être vécu.

Rivaliser avec soi-même signifie rendre chaque portion d'autoroute meilleure que la précédente. Plus intentionnelle. Plus présente. Plus en phase avec celui que tu veux réellement être au volant.

Il ne s'agit pas de foncer vers la fin. Il s'agit simplement de mieux conduire qu'hier, et de s'arrêter quand tu le souhaites, même si les autres ne l'ont pas fait.

Avez-tu besoin ou envie de cette voiture luxueuse ?

Nous voyons tout le temps des gens acheter des produits coûteux. Parfois pour acquérir un statut, pour obtenir une validation. Mais parfois, ce n'est pas du tout la raison — et tu sais quoi ? C'est parfaitement légitime !

Tu roules sur cette autoroute en ce moment même. Tu regardes ton tableau de bord, ton volant, et tu tu rappeles ton rêve d'enfant de conduire un jour cette voiture spéciale dont tu avies envie petit. Elle coûte cher.

Mais voilà, maintenant tu PEUX tu l'offrir. Cela prend tout son sens dans ta vie. Cet achat ne tu mettra pas en difficulté financière. Ton famille tu soutient — faites-le.

Vas-y. Faites-tu plaisir.

C'est ta vie.

Pas pour frimer. Pas pour susciter l'admiration. Pas pour prouver quoi que ce soit à qui que ce soit. Achète-la parce que tu en avez envie. Parce qu'elle tu rend heureux. Parce qu'elle fait partie de ton itinéraire.

La voiture ne tu définira pas. Tu tu es déjà défini dans ton branche actuelle de l'arbre. Tu n'avez pas besoin d'une voiture pour toi sentir valable, important ou accompli. Ces choses sont déjà vraies, ou ne le sont pas, quel que soit ton véhicule.

Mais si cette voiture tu apporte de la joie ? Si la conduire améliore tes trajets ? Si tu as travaillé dur et que c'est quelque chose que tu désiries pour toi-même ? C'est une raison suffisante.

C'est aussi cela, rivaliser avec soi-même. Non pas contre la version de tu qui achetait des choses pour obtenir l'approbation des autres, mais pour la version de toi qui sait ce qu'elle veut réellement et qui se donne les moyens de l'obtenir.

Tes destinations tu appartiennent. Tes objectifs tu appartiennent. Ton définition du mot « mieux » tu appartient.

La voiture n'est qu'un exemple. Cela s'applique à tout ce que tu avez toujours voulu faire de ta vie. Mais aussi à ce que tu ne veux pas.

Éliminer ce dont tu n'avez pas réellement envie

Mo Gawdat, dans son livre *La formule du bonheur*, le dit clairement :

> Le bonheur est l'absence de malheur. C'est notre état de repos quand rien ne vient assombrir le tableau ni causer d'interférence. Le bonheur est *ton* état par défaut.[2]

Tu n'essaies pas d'ajouter des choses pour devenir heureux. Tu l'êtes déjà. C'est ton configuration d'origine. Tu n'avez pas besoin d'accomplir des choses pour être heureux. Tu n'avez pas besoin d'ajouter des jalons, des réussites ou des validations. Tu avez besoin de supprimer les choses qui te rendent malheureux en ce moment pour pouvoir retourner à ton état par défaut.

Je tu ai parlé de ma collection d'Air Jordan — les enchères à 4 heures du matin, les 34 paires, l'échéance imaginaire. Mais je ne tu ai pas dit pourquoi je faisais cela. Je ne collectionnais pas parce que j'aimais chaque paire. Je collectionnais pour le montrer à tout le monde. Pour prouver quelque chose.

Je pensais qu'être le premier dans la file pour acheter le prochain modèle me rendrait heureux. Le meilleur collectionneur.

Je ne collectionnais pas — je braquais mon propre bonheur.

Même chose avec les objets de collection Star Wars. Des sabres laser, des casques, des tonnes d'objets. Pas parce que je les aimais tous, mais parce que j'avais ce besoin irrépressible de tous les posséder.

Aujourd'hui ? J'en ai vendu la plupart. Je ne garde que ceux que j'aime — pas ceux que tout le monde aime et que j'avais achetés pour CETTE raison. Ceux que j'aime vraiment.

Je n'ai rien ajouté pour devenir heureux. J'ai supprimé l'impulsion d'acquérir, le besoin d'avoir « plus », la pression de suivre ce que tous les autres collectionnaient.

Et voici la pensée plus profonde que j'ai éliminée : je pensais qu'il y avait un examen. Alors je voulais tout montrer à tout le monde et plaire à tout le monde, tout le temps. Cela me rendait stressé et malheureux. J'étais en mode validation permanente. Maintenant, j'essaie de mon mieux de ne plus avoir peur.

J'ai appris à dire non. J'ai appris que ce que j'accomplis est pour moi, pas pour que les autres comparent ou me valident.

C'est ce que signifie réellement rivaliser avec soi-même. Pas « combien puis-je accumuler pour impressionner les autres ? » mais « qu'est-ce que je veux vraiment pour moi ? ».

Tes réussites n'ont pas besoin de validation externe. Tes progrès n'ont pas besoin de l'approbation d'autrui. Tu n'avez rien à craindre. Tu ne faites pas la course pour prouver quoi que ce soit à ceux qui te regardent.

Tu défies ton propre podomètre. Et parfois, cela signifie supprimer des choses, pas en ajouter. Parfois, devenir meilleur que ton « moi » d'hier signifie abandonner ce que ton « moi » d'hier pensait être important.

La voiture de luxe ? Achète-la si TU en as envie. La collection ? Garde ce que TU aimes. L'objectif ? Poursuis-le parce que TOI l'avez choisi.

Pas parce qu'il existe un tableau des scores qui suit tes performances. Pas parce que quelqu'un note tes choix. Pas parce que tu dois prouver que tu es meilleur que la version de toi que les autres attendaient.

Simplement parce que tu as décidé que c'est ce qui compte sur ton itinéraire.

Ne faire la course avec personne. Ne rien prouver. Juste voir jusqu'où tu peux réellement aller quand tu cesses de comparer et commences à rivaliser avec la seule personne dont tu peux réellement mesurer la performance : tu-même, hier.

Il n'y a pas d'examen pour noter si tu as battu tous les autres.

Il n'y a que ton compteur, le chiffre d'hier et la question d'aujourd'-hui : jusqu'où puis-je aller ?

Chapitre 20

TES MAINS SUR TON VOLANT

Peut-être l'avez-tu déjà remarqué : sur l'autoroute, il y a énormément de choses sur lesquelles tu n'avez aucune prise.

Tu ne peux pas contrôler la météo. Tu ne peux pas contrôler les zones de travaux. Tu ne peux pas contrôler si le conducteur devant tu pile soudainement sans raison. Tu ne peux pas contrôler le trafic, les accidents, les fermetures de routes, ni le fait que tout le monde ait décidé de s'engager sur l'autoroute exactement au même moment que tu.

Mais tu peux contrôler ton volant.

Ce n'est pas un détail. C'est tout ce qui compte.

Le volant : la seule réalité

C'est tu qui décides de la direction de ton voiture. De la façon dont tu réagisses quand quelqu'un tu fait une queue de poisson. De savoir si tu accélères, ralentissez ou changes de file. Tes mains, tes pieds, ton attention, tes décisions.

L'autoroute se moque de ce que tu veux. Les autres conducteurs ne se coordonnent pas avec toi. Les conditions n'attendent pas ton approbation.

Mais ton volant ? Il est à toi.

Et c'est là que ton énergie doit se concentrer — sur ce que tu peux réellement influencer, pas sur ce que tu aimeries contrôler mais ne contrôlerez jamais.

Imagine que tu conduisies dans une zone de travaux. Deux voies se rejoignent en une seule. La circulation avance au pas. Tu vas être en retard.

Que peux-tu contrôler ?

Tu ne peux pas contrôler l'existence de ces travaux. Tu ne peux pas contrôler le fait que tout le monde soit également coincé dans ce goulot d'étranglement. Tu ne peux pas contrôler la vitesse du véhicule devant toi.

Mais tu peux contrôler ton réaction : frustration ou acceptation. Tu peux choisir de klaxonner agressivement ou de laisser quelqu'un s'insérer devant toi. Tu peux décider d'aggraver la situation en talonnant les autres et en conduisant sous stress, ou simplement traverser la zone calmement.

Même zone de travaux. Même trafic. Mais des expériences radicalement différentes selon ce que tu choisisses de contrôler.

Permettre le changement, ne pas le forcer

Le changement survient, que tu sois prêt ou non.

Ton corps vieillit. Ton secteur d'activité évolue. Ton ville change. Tes relations mutent. La technologie progresse. Tes priorités se réalignent.

Tu ne peux rien y changer. Tu ne peux pas figer le temps au moment où tout semblait parfait. Tu ne peux pas forcer les choses à rester telles qu'elles étaient simplement parce que cela tu convenait.

Le changement ne demande pas ton permission. Il n'attend pas ton accord. Il arrive, c'est tout.

C'est cela, la maturité. Reconnaître que tu ne contrôles pas l'occurrence du changement. Tu contrôles seulement si tu l'autorisez ou si tu y résistez.

Résister au changement ne l'arrête pas. Cela tu rend simplement misérable pendant qu'il se produit malgré tout. Tu gaspilles ton énergie à lutter contre l'inévitable, en essayant de toi accrocher à une version de la réalité qui s'est déjà envolée.

Autoriser le changement ne signifie pas abandonner. Cela signifie reconnaître ce qui dépend réellement de toi.

Si tu as des enfants, tu ne peux pas contrôler le fait qu'ils deviendront des adolescents avec leurs propres opinions et priorités. Mais tu peux contrôler ton choix : lutter contre ce qu'ils deviennent ou leur laisser l'espace nécessaire pour grandir.

Tu ne peux pas contrôler la restructuration de ton entreprise. Mais tu peux contrôler si tu dépenses ton énergie à y résister ou à toi adapter à la nouvelle donne.

Tu ne peux pas contrôler le fait que ton quartier ne ressemble plus à ce qu'il était il y a dix ans. Mais tu peux contrôler si tu restes amer face à ce qui a disparu ou si tu trouves de la valeur dans ce qui est présent aujourd'hui.

On ne crée pas le changement. On ne le force pas. On l'autorise.

C'est là que se trouve ton volant face au changement. Tu contrôles ton réponse, ton adaptation, ton acceptation de l'inévitable ou le gaspillage de ton énergie à essayer de l'empêcher.

Le changement aura lieu. L'autoroute comportera des zones de travaux, des déviances, de nouveaux itinéraires. Tu n'avez aucun contrôle là-dessus.

Mais tu contrôles ton façon de naviguer à travers tout cela.

Le journal de l'hôpital

Un jour, ma femme a été hospitalisée dans un état très délicat.

Il est difficile de voir l'amour de sa vie cloué à un lit, souffrant d'une douleur qu'on ne peut apaiser. Tout en toi veut faire quelque chose. Réparer. Arrêter ça.

J'aurais pu perdre les pédales. Très facilement. Rester assis sur cette chaise à imaginer les pires scénarios. Me mettre à pleurer intérieurement en pensant à ce qui pourrait arriver.

Mais je ne l'ai pas fait. Parce que rien de tout cela ne l'aurait aidée.

Je ne suis pas médecin. Je ne peux pas diagnostiquer. Je ne peux pas prescrire. Je ne peux pas contrôler si le bon spécialiste est de garde, si les infirmières captent chaque signal, si le médecin coincé dans les bouchons arrivera à temps.

Mais je peux noter.

J'ai commencé à tout documenter. Chaque mesure de tension artérielle. Chaque fois qu'un moniteur bipait. Chaque signal, chaque chiffre, horodaté sur mon téléphone. Pas parce que je comprenais ce que tout cela signifiait — mais parce que, quand le médecin arrivait, je pouvais lui donner une vision d'ensemble. — Voici tout ce qui s'est passé ces quatre dernières heures.

Je ne pouvais pas contrôler sa santé. Je ne pouvais pas contrôler l'hôpital. Mais je pouvais être un complément utile pour les personnes qui le pouvaient.

C'est là que le basculement s'opère. On arrête d'essayer de contrôler ce qui dépasse ses compétences et on commence à se demander : « De quoi suis-je réellement capable en ce moment ? Quel est le volant que je peux tenir ? »

Ma femme avait besoin de ma présence, pas de ma panique. Les médecins avaient besoin de données, pas d'interférences. Et j'avais besoin de faire quelque chose de toute cette peur, plutôt que de la laisser me consumer.

Alors j'ai noté. Heure après heure. C'était mon volant. Et cela a aidé les médecins.

Voyons maintenant comment cela s'applique dans ta vie réelle. Là où le volant est vraiment entre tes mains. Là où c'est tu qui décides de la cible de ton énergie.

Au travail

Beaucoup de gens travaillent dans la peur.

Peur d'être licencié. Peur de ne pas être à la hauteur. Peur de perdre son emploi à la moindre erreur ou faute de performance parfaite.

Mais voici comment je vois les choses : l'entreprise investit en moi.

Elle me donne un emploi, un salaire, une opportunité de grandir et de faire partie de quelque chose de plus grand. Et je vais tirer profit de cet investissement. Pas de manière égoïste, mais de manière intelligente. Je vais apprendre. Je vais progresser professionnellement à un rythme que je ne pourrais jamais atteindre seul, sans le soutien d'une entreprise.

Si demain devait être mon dernier jour, je veux profiter au maximum d'aujourd'hui. Je veux inspirer mes collègues. Je veux repousser les limites de la créativité. Je veux me concentrer sur ma croissance, ce qui, par conséquent, bénéficie à l'entreprise.

Cet ordre n'est pas anodin. Je ne me concentre pas sur la croissance de l'entreprise (c'est relatif). Je me concentre sur ma croissance (mon objectif), ce qui aide l'entreprise (en conséquence). Ces parenthèses tu rappellent quelque chose ?

C'est ce que je peux contrôler. Mon effort. Mon apprentissage. Ma contribution. Mon attitude. Je suis un homme de parole — et ma parole est de me concentrer sur ce que je peux contrôler.

Je ne peux pas contrôler si l'entreprise décide de se séparer de moi ou non. Je ne peux pas contrôler l'état du marché, les licenciements, les restructurations ou les coupes budgétaires. Je ne peux pas contrôler si mon manager m'apprécie ou si mon projet reçoit des fonds.

Mais je peux contrôler si je me présente et si je fournis un travail dont je suis fier. Si je profite des ressources qu'ils me donnent. Si je deviens quelqu'un de plus compétent qu'hier. Aujourd'hui, je suis investi à 100 % dans mon rôle.

C'est mon volant au travail. Tout le reste n'est que conditions de circulation.

Les personnes que tu choisisses

Tu ne peux pas contrôler la réaction de tes amis à ton égard.

S'ils tu apprécient. S'ils seront là quand tu en auras besoin. Mais tu peux contrôler avec qui tu partages les choses.

À qui tu confies tes secrets. À qui tu demandes conseil. Qui tu invites dans tes expériences. À qui tu confies les parts de toi-même qui comptent vraiment.

Tu choisisses tes passagers. Et c'est capital.

Pourquoi ? Parce que tu as peut-être un ami génial pour plaisanter, mais totalement incapable d'avoir une conversation sérieuse. Tu ne peux pas contrôler son comportement — c'est sa nature (et ce n'est pas un NPC). Mais tu peux contrôler si tu tentes d'entretenir avec lui des discussions profondes et vulnérables et de toi sentir blessé ensuite lorsqu'il n'est pas à la hauteur de tes attentes.

Peut-être avez-tu un ami excellent pour donner des conseils pratiques mais nul pour le soutien émotionnel. Tu ne peux pas changer cela. Mais tu peux contrôler si tu vas le voir quand tu as besoin d'un câlin ou quand tu as besoin d'aide pour résoudre un problème.

Tu ne contrôles pas leurs réactions. Tu contrôles qui a accès à quelles étapes de ton voyage. C'est tu qui décides qui s'assied à la place du mort et qui est invité lors de trajets spécifiques.

La même règle s'applique aux relations amoureuses.

On ne peut pas forcer quelqu'un à tomber amoureux de soi. On ne peut pas forcer un coup de foudre réciproque. On ne peut pas manipuler quelqu'un pour qu'il veuille être avec nous. On ne peut pas forcer ce genre de connexion. Tu ne peux pas mettre la pression sur quelqu'un pour qu'il s'engage juste parce que tu as organisé une grande demande en mariage publique qui le met au pied du mur, lui donnant l'impression de devoir dire oui parce que tout le monde regarde.

Ce n'est pas de l'amour. Tu ne tiens même pas compte de ses sentiments.

Et tu ne peux ni conduire ni contrôler ses sentiments. Jamais.

Mais tu peux contrôler la façon dont tu tu présentes. Si tu êtes transparent. Si tu communiques honnêtement. Si tu montres le meilleur de toi-même — pas une version factice, pas une performance, juste ton moi authentique sans prétendre être quelqu'un d'autre.

Si tu es en couple, tu peux contrôler la façon dont tu prends soin de ton partenaire. Comment tu fais en sorte qu'il ou elle se sente vu(e), entendu(e), compris(e). Comment tu l'encouragez. Comment tu le ou la soutenez.

Tu ne peux pas contrôler sa réaction. Sa réciprocité. Sa décision de rester ou de partir.

Mais tu peux contrôler le genre de partenaire que tu es. Le type d'énergie que tu apportes. Le type d'attention que tu donnes.

C'est ton volant avec les gens que tu choisisses. Dirigez le tien avec soin, mais n'attrapez pas le leur.

La famille

Tes parents — ceux qui te ont élevé — vieillissent. Tu ne contrôles pas leur santé, leur temps, ni le fait qu'ils vont avoir besoin de plus d'aide, de plus de soins, de plus de soutien avec l'âge.

Mais tu peux contrôler ton présence à leurs côtés. Tu peux contrôler le fait de veiller à ce qu'ils ne soient pas démunis et seuls. Tu peux contrôler le fait de leur apporter dignité et soins quand ils en ont le plus besoin.

Si tu partages ta vie avec un partenaire, sa famille fait désormais partie de ton univers. Ses parents, sa fratrie, son réseau étendu — ils sont tous liés à toi à travers la personne qui te est chère.

Tu ne peux pas contrôler s'ils tu apprécient. S'ils tu acceptent immédiatement ou s'ils mettent des années à s'habituer à toi. Leurs opinions, leurs jugements, leurs commentaires lors des repas de famille.

Mais tu peux contrôler la façon dont tu les traites. Tu peux faire en sorte qu'ils se sentent comme ton propre famille. Tu peux honorer la confiance qu'ils tu ont témoignée en toi accueillant dans leur vie — ils partagent avec toi quelqu'un qu'ils aiment.

Tu ne peux pas les forcer à toi percevoir d'une certaine manière. Mais tu peux être quelqu'un qui mérite d'être bien vu.

Si tu as des enfants, tu peux contrôler la qualité de ton rôle de parent : être un modèle, être présent, patient, intentionnel.

Tu ne peux pas contrôler ce qu'ils deviendront, les choix qu'ils feront en grandissant, ou s'ils se souviendront de toi comme toi l'espérez.

Mais tu peux contrôler ton présence. Ton écoute. Conduire d'une manière qui leur laisse des souvenirs impérissables.

C'est ton volant avec la famille. Tu ne contrôles pas leurs réactions ni leur avenir. Tu contrôles tes actes et ton présence.

Dans la vie quotidienne

Tu ne peux pas contrôler les embouteillages. Mais tu peux laisser trois voitures s'insérer devant toi sans frustration, rendant leur trajet un peu moins stressant.

Tu ne peux pas obliger les gens à toi apprécier. Mais tu peux dire bonjour à trois personnes différentes et égayer leur journée sans rien attendre en retour.

Tu ne peux pas contrôler la personne derrière tu. Mais tu peux lui tenir la porte, un geste infime qui ne tu coûte rien et rend le monde légèrement meilleur.

Tu ne peux pas contrôler si l'on tu respecte. Mais tu peux être respectueux, même si ce n'est pas réciproque.

Tu ne peux pas contrôler si ton journée se passe bien. Mais tu peux faire en sorte que la journée de quelqu'un d'autre se passe mieux.

Tu ne peux pas contrôler la longévité de tes animaux de compagnie. Mais tu peux contrôler la qualité de vie que tu leur offrez.

Il ne s'agit pas de devenir un saint. Il ne s'agit pas de faire preuve de bonté pour obtenir des points. Il s'agit simplement de reconnaître que le volant est entre tes mains. C'est tu qui décides de ton conduite.

Chaque interaction est un choix. Chaque réaction est une décision. Chaque moment où tu pourries aggraver ou améliorer les choses — c'est ton volant. Affichez un sourire.

C'est tu qui contrôles cela.

Ton volant. Ton file. Tes actions.

C'est là que se joue la véritable compétition avec celui que tu éties hier. Pas en contrôlant l'autoroute. Mais en contrôlant ton façon d'y conduire.

Chapitre 21

TON FAÇON DE CONDUIRE EST CE QUI IMPORTE

Après tous ces kilomètres, ce que tu as bâti sans toi en rendre compte n'est pas un trophée. Pas un monument. Pas une collection de prouesses à exhiber quand quelqu'un tu demande ce que tu as accompli.

Ce que tu as bâti, c'est de l'influence.

Pas celle qui figure dans ton testament. Ni celle qui se divise entre les héritiers. Pas non plus celle qui s'use, s'amortit ou se vend lors d'un vide-maison.

C'est celle qui habite les gens bien après que tu ayes arrêté de conduire.

Prendre le volant, c'est prendre en main ton héritage spirituel — ce que tu déposes dans le cœur des gens dès maintenant, et non ce que tu leur laisserez plus tard.

La voiture ou la conduite

Tu pourries laisser ton voiture à ton enfant. Titre transféré, clés remises, véhicule à son nom. C'est une succession. C'est quelque chose POUR lui.

Ou tu pourries lui transmettre ton façon de la conduire. Comment tu as abordé les routes difficiles. Comment tu as su rester patient dans les embouteillages. Comment tu tu es orienté quand tu ne connaissais pas l'itinéraire. Comment tu prenies tes décisions quand le temps se gâtait. Transmettez cela.

C'est cela, le véritable héritage. C'est quelque chose EN lui.

N'importe qui peut s'acheter une voiture. Tout le monde n'a pas la chance d'apprendre du conducteur qui lui a montré comment la maîtriser.

La voiture finira par tomber en panne. Elle aura besoin de réparations, puis d'autres encore, jusqu'au jour où elle ne vaudra plus la peine d'être remise en état. Voilà comment fonctionnent les voitures.

Mais la façon dont tu lui avez appris à conduire ? Cela reste. Cela devient une partie de sa propre manière de tracer sa route. Cela influence sa conduite pour le reste de sa vie.

Ce n'est pas quelque chose que l'on peut léguer devant notaire. C'est quelque chose qu'il porte parce qu'il a voyagé à tes côtés.

Ce qui se transmet réellement

L'argent se transmet. Les biens immobiliers se transmettent. Les possessions se transmettent.

Mais ces choses ne peuvent pas montrer à quelqu'un comment rester calme quand tout semble virer au chaos. Elles ne peuvent pas apprendre à ton ami comment analyser un problème sous un autre angle. Elles ne peuvent pas donner à ton partenaire le sentiment d'être réellement vu et compris.

Ces choses-là ? Elles ne se transmettent que par la présence. Par le temps passé à rouler ensemble. Par ces moments où ils tu ont regardé gérer une situation en se disant : « C'est comme ça que je veux réagir moi aussi. »

Tes parents tu ont probablement laissé des choses. Peut-être une maison, quelques économies, des souvenirs de famille. Et ces choses ont pu être utiles, ont pu avoir du sens.

Mais que portes-tu réellement d'eux ?

Tu portes le calme dont ton mère faisait preuve dans l'urgence. Tu portes la méthode avec laquelle ton père abordait les problèmes. Tu portes les valeurs qu'ils incarnaient, pas celles dont ils parlaient. Tu portes les leçons qu'ils tu ont montrées par leur conduite, et non les leçons de morale qu'ils tu ont faites sur la façon dont tu devrais conduire.

Les biens matériels ? C'est appréciable. Mais ce n'est pas l'essence du legs.

Leur héritage est EN tu. Dans ton façon de réfléchir. Dans tes réactions. Dans ton manière de parcourir ton propre itinéraire.

L'héritage que tout le monde peut s'offrir

Les possessions s'usent. L'argent s'épuise. Les objets se cassent, se dévaluent, se perdent, se font voler ou deviennent obsolètes.

L'héritage que tu as reçu ? Il a servi à quelque chose. Il a aidé. Mais s'il ne s'agissait que d'argent ou de biens, n'importe qui d'autre aurait pu tu donner la même chose.

Ce que personne d'autre ne pouvait tu donner ? La façon spécifique dont tes parents réfléchissaient. Leur approche particulière de la vie. La perspective unique qu'ils apportaient aux problèmes. La manière dont ils tu faisaient tu sentir capable, même quand tu douties de toi.

C'est irremplaçable. C'est ce qui compte vraiment.

L'héritage matériel ? Il est égalitaire. Donne 100 000 € à dix personnes et elles auront toutes la même somme. La transaction est identique.

Mais l'influence ? L'influence est unique. La façon dont tu as marqué la pensée de quelqu'un, la façon dont tu as changé le regard qu'il porte sur lui-même, la façon dont tu as influencé sa route — c'est quelque chose que tu seul pouvais lui donner. Personne d'autre ne possède ton mélange exact d'expériences, de perspectives et de présence.

C'est un héritage qui dure.

Que préférerais-tu ?

Si j'avais le choix, je préférerais que mes parents vendent cette voiture de luxe dès maintenant — qu'ils puisent dans tout ce qu'ils ont économisé — et qu'ils utilisent cet argent pour eux-mêmes. C'est leur argent. Ils l'ont gagné. Ils méritent d'en profiter.

Peut-être que cela signifie voyager. Peut-être faire enfin cette chose dont ils ont toujours parlé. Peut-être un road-trip qu'ils ont repoussé pendant des décennies. Nous serions ravis de les accompagner s'ils le souhaitent — mais c'est leur voyage. Leur itinéraire. Leurs kilomètres à parcourir comme ils l'entendent.

Tout ce qui leur apporte de la joie tant qu'ils sont encore là pour le vivre.

Quand ils seront partis, je ne vais pas chérir « la voiture de luxe ». Je ne vais pas la conduire en pensant : « Je suis si content qu'ils aient économisé ça pour moi. » Je serai en train de la vendre et d'essayer de comprendre quoi faire de tout le bazar qu'ils ont laissé derrière eux.

Mais les regarder vivre vraiment ? Les voir profiter de ce qu'ils ont bâti au lieu de simplement le préserver pour nous ? Ça, ça reste en moi.

Voir mon enfant regarder ses grands-parents non pas comme des gens qui ont tout gardé pour plus tard, mais comme des gens qui ont su vivre tant qu'ils le pouvaient encore.

C'est cela l'héritage que je chéris.

Pas la maison remplie de trucs que je finirai par jeter. Pas la voiture de luxe que je vendrai parce qu'elle ne correspond pas à ma vie. Mais le souvenir de les avoir vus heureux. La preuve qu'ils ne se sont pas contentés de travailler toute leur vie pour laisser des biens derrière eux — ils ont réellement apprécié le voyage.

C'est ce que je choisirais pour eux. À chaque fois.

Parce que les possessions sont divisées, vendues, perdues, oubliées. Mais ces expériences ? Elles font partie de la façon dont je me souviens d'eux. Elles font partie de ce que je porte en moi. Elles font partie de ce que je raconte à mon enfant sur qui étaient ses grands-parents.

C'est leur héritage. Pas ce qu'ils ont laissé POUR moi, mais ce qu'ils ont laissé EN moi.

Tu es passager de leur voyage

Voici un autre angle. Tu as pensé aux passagers de ton voiture. Aux gens qui roulent avec toi. Aux différentes versions de toi-même qu'ils ont connues.

Mais tu es aussi le passager de la voiture d'un autre.

Si tu as des enfants, leur voyage ne tu appartient pas. Tu roules avec eux, mais tu ne conduis pas. Ce qui compte, c'est qui est au volant. Et ce n'est pas tu.

Tu es sur le siège passager, offrant peut-être des directions, signalant peut-être des choses qu'ils n'ont pas remarquées, mais au final, ce sont eux qui contrôlent la destination.

C'est la même chose avec ton partenaire. Tes amis. Tes collègues. N'importe qui dans ta vie.

Tu ne conduis pas sur leur route. Tu les accompagnez sur un bout de chemin. Parfois pendant des années. Parfois juste pour quelques kilomètres. Mais tu n'êtes jamais à leur place de conducteur — elle n'appartient qu'à eux.

Ce que tu peux faire, c'est influencer leur façon de conduire.

La confiance qu'ils ressentent en parcourant leur itinéraire ? Tu y avez contribué.

La façon dont ils gèrent les obstacles ? Tu leur avez montré des approches qu'ils n'auraient peut-être pas envisagées.

La patience dont ils font preuve dans les moments difficiles ? Ils en ont appris une partie en toi regardant faire.

Tu n'avez pas conduit pour eux. Tu as conduit AVEC eux. Et cela a rendu leur conduite différente de ce qu'elle aurait été sans toi.

C'est TON empreinte dans leur voyage.

L'odomètre qui demeure

Quand le voyage de quelqu'un s'achève, son odomètre ne disparaît pas.

Réfléchis-y un instant. Quand une personne que tu aimes cesse de conduire — quand elle se gare pour la dernière fois — tous ces kilomètres parcourus, tous ces itinéraires empruntés, toute cette distance couverte... tout cela ne s'évanouit pas simplement.

Cela demeure. À travers tous ceux qui ont roulé à ses côtés.

Tu portes encore les kilomètres parcourus par tes proches. Les routes qu'ils tu ont montrées. Les virages qu'ils tu ont appris à prendre. Les façons de penser qu'ils tu ont transmises lors de longs périples ensemble. Chaque génération meilleure que la précédente.

Ils ne conduisent plus. Mais leur kilométrage continue de s'accumuler — en toi. Dans ton façon de conduire. Dans les choix que tu fais. Dans les routes que tu empruntes parce qu'ils tu ont montré que ces chemins existaient.

Leur odomètre est resté. Leur influence perdure.

Ce n'est pas métaphorique. Ce n'est pas une philosophie réconfortante pour rendre la mort moins définitive. C'est simplement ce qui arrive réellement quand tu as véritablement influencé quelqu'un.

Tu devenes partie intégrante de leur manière de naviguer pour la suite de leur route.

Ce que tu leur avez fait ressentir

Ton ami ne se souviendra pas de chaque conversation. Ton enfant ne se souviendra pas de chaque conseil. Ton partenaire ne se souviendra pas de chaque rends-tu planifié.

Mais ils se souviendront de ce que tu leur avez fait ressentir.

Les avez-tu fait se sentir capables ? Les avez-tu fait se sentir reconnus ? Leur avez-tu donné l'impression qu'ils pouvaient affronter n'importe quelle route ?

Ou les avez-tu fait se sentir incompétents ? Constamment comparés ? Comme s'ils n'étaient jamais à la hauteur ?

Ce sentiment — c'est ce qui reste. Cela devient une partie de l'image qu'ils ont d'eux-mêmes. C'est ce qui influence leur conduite pendant des années après que tu ayes quitté le véhicule.

Tu leur avez peut-être donné une voiture. Tu as peut-être payé leurs études. Tu leur avez peut-être laissé de l'argent.

Mais si tu les avez fait se sentir incapables tout en le faisant ? Si tu leur avez donné l'impression que rien de ce qu'ils faisaient n'était jamais assez bien ? S'ils ont eu le sentiment d'être constamment jaugés et trouvés insuffisants ?

Ce que tu as laissé derrière tu, ce n'est ni la voiture, ni le diplôme, ni l'héritage. Ton héritage, c'est ce sentiment.

Et c'est celui-là qui dure.

Les passagers que tu as déjà influencés

Tu conduises depuis des années. Des décennies, sans doute. Et pendant tout ce temps, tu as eu des passagers.

Des gens ont été dans ton voiture, observant comment tu géres le stress. Observant tes réactions quand les choses tournent mal. Observant comment tu traites les autres conducteurs. Observant comment tu tu orientes quand tu es perdu.

Si tu as des enfants, ils tu ont vu serrer le volant trop fort quand l'argent manquait. Ils ont absorbé cette anxiété, que tu en ayez parlé ou non.

Si tu as un partenaire, il tu a vu gérer les conflits — que tu sois resté calme ou que tu ayes fait monter la tension, que tu ayes écouté ou que tu tu sois défendu. Cela lui a appris quelque chose sur la façon dont les désaccords fonctionnent dans ta vie commune.

Tes amis ont observé la façon dont tu parlies de ceux qui n'étaient pas là. Si tu éties bienveillant ou critique. Si l'on pouvait tu confier des informations sensibles ou si tout devenait sujet à commérages.

Tu leur avez enseigné pendant tout ce temps. Pas par des discours. Par ton présence. Par l'exemple. Par la version de toi-même qui apparaissait quand tu pensies que personne n'y prêtait vraiment attention.

Ils faisaient attention.

Et maintenant, ils conduisent avec une partie de ce que tu leur avez montré.

C'est déjà ton héritage. C'est déjà en cours. Tu déposes déjà quelque chose EN ceux qui te entourent.

La seule question est : que laisses-tu ?

Tu ne peux pas contrôler leur mémoire

Tu souvenes-tu du début de ce trajet, quand nous disions que les souvenirs appartiennent aux autres ? Que tu ne peux pas contrôler ce dont ils se souviennent, ni comment ils s'en souviennent.

C'est la même chose ici.

Tu ne peux pas forcer les gens à se souvenir de toi d'une certaine manière. Tu ne peux pas écrire le scénario de la façon dont tu survivres dans leur esprit. Tu ne peux pas contrôler s'ils se concentreront sur tes meilleurs moments ou sur les pires.

Le souvenir qu'ils ont de toi leur appartient. Leur expérience du voyage avec toi leur appartient. La version de toi qu'ils emportent avec eux est leur version, pas la tienne, même corrigée.

Mais voici ce que tu peux contrôler : qui tu es pendant que tu conduises.

Tu peux contrôler ton présence. Tu peux contrôler si tu es patient ou réactif. Tu peux contrôler si tu donnes aux gens le sentiment d'être capables ou incompétents. Tu peux contrôler si tes passagers sortent de ton voiture meilleurs pour avoir roulé avec toi.

Tu ne peux pas contrôler ce qu'ils retiennent. Mais tu peux contrôler ce que tu leur proposez de retenir.

Et cela compte plus que tu ne le pense.

Ceux qui sont partis et avec qui tu conduises encore

Tu n'êtes pas seul dans ton voiture en ce moment. Tu le sais, n'est-ce pas ?

Tous ceux qui te ont influencé — tous ceux qui te ont montré comment aborder certaines routes, qui te ont appris des approches que tu utilises toujours, qui te ont donné des perspectives que tu portes encore — roulent toujours avec toi.

Ton grand-père, qui te a appris à rester calme dans l'urgence ? Il est là quand tu géres une crise sans paniquer.

Ton enseignante qui te a montré comment décomposer les problèmes complexes ? Elle est là quand tu abordes quelque chose d'écrasant et que tu sais comment le traiter étape par étape.

Ton cousin qui te a appris qu'il est parfois bon de prendre la route panoramique ? Il est là quand tu ralentisses pour apprécier quelque chose au lieu de toi précipiter.

On ne se rend compte à quel point on apprécie quelque chose que lorsqu'on nous l'enlève.

Ils ne conduisent pas. Mais leur influence est toujours active. Leurs kilomètres continuent de s'accumuler parce que tu appliques toujours ce qu'ils tu ont enseigné.

C'est cela, le véritable héritage. Pas des monuments, ni des comptes bancaires, ni des biens divisés entre héritiers.

C'est la façon dont la présence de quelqu'un continue d'affecter ton conduite longtemps après qu'il s'est arrêté.

Ce que tu bâtisses en ce moment même

Chaque fois que tu es là pour quelqu'un — que tu es vraiment présent, pas seulement de corps, mais d'esprit — tu bâtisses ton héritage.

Chaque fois que tu fais en sorte qu'une personne se sente capable plutôt qu'incompétente, tu déposes quelque chose EN elle.

Chaque fois que tu fais preuve de patience plutôt que d'impatience, tu apprenes à quelqu'un comment gérer la frustration.

Chaque fois que tu restes présent plutôt que distrait, tu montres à quelqu'un ce que signifie valoriser l'instant présent.

Tu ne bâtissez pas un monument. Tu n'accumules pas des réussites pour ton éloge funèbre. Tu ne collectionnez pas des preuves que tu avez compté.

Tu influences la façon dont les gens conduisent. Dès maintenant. Aujourd'hui. À cet instant.

C'est précisément cela, TON héritage.

Pas ce que tu laisseras derrière tu quand tu seres parti. Ce que tu laisses EN les gens pendant que tu es ici.

La seule compétition qui compte pour cela

Concourir contre soi-même, comme nous l'avons dit plus tôt, cela signifie être meilleur aujourd'hui qu'hier.

Cela signifie se demander : « Est-ce que je fais en sorte que les gens se sentent plus capables ou moins capables qu'hier ? Est-ce que ma présence est plus attentive ou plus distraite ? Est-ce que j'influence les gens vers la patience ou vers l'anxiété ? »

Tu es en compétition avec la version de toi-même d'hier en tant que présence dans la vie des autres.

Pas sur des questions telles que : « Ai-je eu plus de succès ? » ou « Ai-je accompli davantage ? »

Mais sur celle-ci : « Ai-je rendu les gens autour de moi plus aptes à tracer leur propre route ? »

C'est cette compétition qui détermine ce que tu laisses réellement derrière tu.

Le volant que tu contrôles

Tu contrôles ton présence. Tu contrôles l'exemple que tu donnes. Tu contrôles si tu rendes le voyage de quelqu'un plus facile ou plus difficile par la façon dont tu tu comportes sur son siège passager.

Tu ne contrôles pas son itinéraire. Tu ne contrôles pas sa destination. Tu ne contrôles pas s'il se souviendra de toi avec affection ou si sa mémoire se focalisera sur des moments que tu aimeries pouvoir refaire.

Mais tu contrôles qui tu es là, maintenant, en ce moment, avec les gens qui roulent avec toi.

Et cela a de l'importance.

Dans des années, quand tu ne seras plus là, ils conduiront toujours avec quelque chose que tu leur auras donné.

Que veux-tu que ce soit ?

Pas ce que tu veux qu'ils pensent de toi. Pas la manière dont tu veux qu'on se souvienne de toi. Mais que veux-tu laisser EN eux qui rende leur route meilleure ?

Ton patience ? Ton façon d'analyser les problèmes ? Ton capacité à rester calme quand les choses deviennent chaotiques ? Ton refus de comparer leur route à celle de quiconque ?

C'est cela qui reste vraiment. Cela s'intègre à leur façon de mener leur propre vie.

L'héritage n'est pas à propos de toi. Il est à propos d'eux.

Ce que tu déposes EN les gens — c'est cela qui importe. Vivre une vie qui vaut la peine d'être gardée en mémoire.

C'est ce qui dure. C'est ce qui continue d'influencer des routes que tu ne parcourrez jamais.

La voiture est vendue. L'argent est dépensé. La maison est transmise ou cédée.

Mais ce que tu as fait ressentir à quelqu'un ? L'approche de la vie que tu as montrée ? La confiance que tu as bâtie chez l'autre ? La perspective que tu as partagée ?

Cela reste. Cela devient une partie de leur propre compteur. Cela continue d'accumuler des kilomètres bien après que tu ayes arrêté de conduire.

Il n'y a pas d'examen pour noter si tu as laissé la bonne somme d'argent ou l'héritage matériel parfait.

Il y a juste les gens avec qui tu as voyagé, l'influence que tu avez eue, et ce qu'ils emportent avec eux parce que tu éties là.

C'est cela, l'héritage qui compte.

Et tu es en train de le bâtir en ce moment même.

Partie Huit

S'ARRÊTER SUR LE BAS-CÔTÉ

Je touche au but, le tien est encore devant toi.

Chapitre 22

AU-DELÀ DE TON RÉTROVISEUR

K ilomètre après kilomètre, ton rétroviseur tu montre quelque chose que tu ne peux pas contrôler.

Tu as passé tout ce voyage à apprendre à connaître ton itinéraire. Ton odomètre. Ton volant. Ton allure. Tout ce qui se passe sur la route autour de toi, tout ce que tu peux voir pendant que tu conduises.

Mais qu'en est-il de l'après ?

Que se passe-t-il quand quelqu'un prend une sortie que tu ne prends pas ? Quand il s'insère dans le trafic et disparaît de ton vue ? Quand les voitures derrière tu deviennent des points au loin, puis s'évanouissent complètement ?

La partie huit traite de ce qui continue au-delà de ton rétroviseur.

Ces voitures qui étaient juste derrière tu il y a vingt minutes ? Ce ne sont plus que des points désormais. Certaines ont pris des sorties. D'autres ont changé de voie. Certaines sont toujours là, quelque part en arrière, mais tu ne peux plus distinguer lesquelles.

Elles poursuivent toutes des itinéraires que tu ne verras jamais. Des itinéraires que tu as influencés sans savoir où ils menaient.

C'est ce que cette dernière étape explore.

L'influence que tu libéres

Il y avait un film dans les années 90 intitulé *Twenty Bucks*. L'intrigue entière suit un billet de vingt dollars spécifique tandis qu'il passe de main en main. Un cadeau de mariage devient le pourboire d'une stripteaseuse, qui devient le repas d'un sans-abri, puis le ticket de bus de quelqu'un d'autre. Chaque personne a son moment avec le billet, puis celui-ci passe à la main suivante, voyageant à travers des vies et des histoires que le détenteur précédent ne verra jamais.

Ton influence fonctionne exactement comme ce billet de vingt dollars.

Tu affectes quelqu'un. Peut-être que tu l'avez laissé s'insérer. Peut-être que tu as dit bonjour alors qu'il avait besoin d'entendre une voix humaine. Peut-être que tu as tenu la porte parce qu'il était trop chargé. Cette influence s'installe dans sa vie, devient une partie de sa vision du monde, et affecte potentiellement la façon dont il traitera la personne suivante. Et puis, elle continue de voyager — de main en main, de vie en vie, d'itinéraire en itinéraire.

Tu n'avez jamais l'occasion de suivre son cheminement.

Imagine que tu le puisses. Imagine que tu ayes cette caméra omnisciente du film, traquant ton influence comme elle traquait ce billet de vingt dollars. Tu verries exactement où tes petits gestes ont voyagé. À travers ton quartier. À travers ton ville. À travers des gens que tu ne rencontreras jamais, qui ont été influencés par quelqu'un que tu as influencé, qui lui-même a été influencé par quelque chose que tu as fait un mardi matin, sans même y réfléchir.

Pour le meilleur ou pour le pire, tu verries l'onde de choc complète. Chaque ride à la surface de l'eau. Chaque direction prise par ton influence. Chaque itinéraire qu'elle a modifié.

Mais tu ne le peux pas. Tu n'avez pas cette caméra. Tu tu contentes de libérer ton influence dans le monde, en espérant qu'elle voyage vers des endroits hors de ton vue.

Et parfois — plus souvent qu'on ne le pense — cette influence crée des ricochets que tu ne verras jamais. Modifie des trajectoires d'une manière que tu n'imagineras jamais. Affecte des gens que tu ne croiseras jamais.

Les histoires de bouchons

Chaque fois qu'il y a un embouteillage dans un film, la caméra fait la même chose. Un large plan aérien balaie des centaines de voitures, puis zoome pour trouver le véhicule du personnage principal. Tous les autres ne sont que du trafic. Un arrière-plan. Des figurants. Des obstacles dans l'histoire du protagoniste.

Et si, à l'instant même, la caméra faisait un zoom ARRIÈRE à la place ? Et si nous pouvions choisir n'importe quelle voiture dans ce bouchon et remonter le fil de son histoire ?

La femme dans la berline bleue. Elle s'est réveillée à 5 h 30 ce matin, même si elle ne commence le travail qu'à 9 heures. Elle a préparé le petit-déjeuner de sa fille. Préparé un panier-repas. Elle n'est pas de cette ville — elle a emménagé ici il y a trois ans pour un poste qui promettait une promotion mais qui n'a pas tenu ses promesses. Elle pense à sa mère, restée au pays, qui vieillit et pourrait bientôt avoir besoin d'elle. Cet embouteillage la met en retard pour la réunion qui pourrait enfin tout changer, ou confirmer qu'elle doit commencer à chercher ailleurs.

Remontez plus loin. Dix ans. Elle était à l'université, dans une ville totalement différente, sortait avec quelqu'un qu'elle pensait épouser, jusqu'à ce que ce ne soit plus le cas. Ses parents voulaient qu'elle revienne s'installer près d'eux après l'obtention de son diplôme, mais elle a refusé. Cette décision — ce refus — l'a menée vers cette ville, ce travail, ce moment d'immobilisme dans le trafic à se demander si elle a fait les bons choix.

Et nous ne faisons que fantasmer sur le passé d'une seule personne. Une seule voiture. Dans un bouchon qui en compte des centaines.

C'est cette prise de conscience qui te ouvre les yeux. Chaque personne que tu as rencontrée aujourd'hui — l'agent de sécurité à la banque, le caissier au marché, la personne qui te a fait une queue de poisson sans mettre son clignotant — ils ont tous un passé aussi profond que cela. Ils ont tous été des enfants un jour, avec leurs jouets préférés, leurs dessins animés favoris et des rêves sur ce à quoi leur vie ressemblerait quand ils seraient grands.

Et si tout le monde a un passé aussi complexe qui l'a mené à ce moment précis, alors tout le monde a aussi une suite à son histoire. Vers où ils se dirigent après tu avoir croisé. Ce qui se passe ensuite sur leur itinéraire après que tes chemins se soient croisés pendant ces quelques secondes.

Ton influence — ton petit geste ou ton moment d'impatience — devient une partie de cette suite. Nous ne voyons des gens que les parties que nous voulons voir — mais ton influence atteint des facettes d'eux dont tu ne seras jamais témoin. Une partie de leur destination future, sur des routes que tu ne verras jamais.

Les routes qu'ils ont prises après tu

Tu as laissé quelqu'un s'insérer. Il a fait un signe de la main pour tu remercier. Tu as tous les deux continué à rouler.

Où allait-il ? Peut-être qu'il se dépêchait pour attraper un vol pour les funérailles de sa grand-mère. Peut-être que ton geste — ces trois secondes que tu lui avez accordées — a fait la différence entre attraper ce vol et le rater. Entre dire au revoir et vivre avec des regrets.

Ou peut-être qu'il allait juste à l'épicerie, et que tu lui avez fait gagner trente secondes.

Tu ne sauras jamais laquelle de ces options est la bonne.

En ce moment même, quelque part sur les réseaux sociaux, il y a peut-être une publication : « Merci à l'inconnu qui m'a laissé passer ce matin alors que j'étais en retard pour l'entretien le plus important de ma vie. » Tu ne verras jamais ce message. Tu ne connais même pas son nom. Tu as juste créé de l'espace, il s'est inséré, tu avez continué ton route.

Ce collègue qui a du mal ces temps-ci — peut-être qu'il fait face à la maladie d'un proche, peut-être qu'il tient à peine le coup. Ou cet étudiant étranger loin de chez lui qui essaie de naviguer dans un environnement totalement nouveau. Tu n'avez pas besoin de fouiller dans leur vie. Tu n'avez pas besoin de connaître leur passé pour savoir qu'arriver à ce moment précis face à toi a probablement demandé plus d'efforts que tu ne l'imagine.

Si tu les aidez de manière significative — si tu fais preuve de patience lorsqu'ils font une erreur, si tu les incluez lorsqu'ils ont l'air perdus, si tu leur montres de la considération alors que tout le monde les traite comme s'ils faisaient partie du décor — tu devenes une partie de leur odomètre à partir d'aujourd'hui. Une partie de l'itinéraire dont ils se souviendront quand ils repenseront à cette période de leur vie.

Le caissier qui passe une matinée terrible jusqu'à ce que quelqu'un le regarde dans les yeux et lui dise bonjour. L'agent de sécurité qui est traité comme un automate jusqu'à ce que quelqu'un se rappelle qu'il est un être humain. L'inconnu trop chargé qui avait juste besoin que quelqu'un tienne la porte sans lui donner l'impression d'être un fardeau.

Tes petits gestes changent leur destination suivante. Et puis ils s'en vont. Prennent des sorties. S'insèrent dans des voies que tu n'emprunteras jamais. Continuent sur des itinéraires que tu ne verras jamais.

Et quoi qu'il soit arrivé ensuite dans leur voyage — où que ton influence ait voyagé dans leurs pensées, leurs choix, leur façon de traiter la personne suivante — c'est désormais hors de ton vue.

Le nom du voisin

Parfois, nous sommes complètement aveugles aux personnes les plus proches de nous. Il y a deux ans, j'ai eu un conflit muet avec mon voisin à propos d'un emplacement de poubelles. Un truc tout simple. Un truc stupide. L'endroit se trouvait exactement à mi-chemin entre nos deux propriétés sur le trottoir, et nous vivions tous les deux là depuis moins d'un an. Presque chaque soir, celui qui sortait ses poubelles en second repoussait les sacs de l'autre de son propre côté.

Mesquin. Mais cela se répétait sans cesse.

Puis un jour, j'ai craqué. Je l'ai vu faire par la fenêtre. Je suis sorti en hurlant. On s'est disputés. On a fini par se mettre d'accord pour laisser les poubelles au même endroit mais face à nos maisons respectives. La dispute a pris fin. Je suis rentré chez moi.

Dix minutes plus tard, j'ai dit à ma femme : « Je vais frapper à sa porte. »

Elle a cru que j'y retournais pour chercher la bagarre.

J'ai sonné. « Salut, c'est moi, ton voisin. »

« Je suis là pour m'excuser. »

J'ai expliqué que j'avais eu une mauvaise journée au boulot. Que j'avais craqué. Qu'il n'y avait aucune excuse pour lui avoir crié dessus pour une bêtise comme un emplacement de poubelles.

Il a souri. Nous avons échangé nos numéros de téléphone.

Il s'appelle Charly.

Ce détail est important parce que jusqu'à cet instant, il n'était que « le voisin ». Un obstacle. Quelqu'un qui me compliquait la vie. Dès la seconde où je me suis excusé, dès la seconde où j'ai admis mes torts, il est devenu une personne avec un nom. Quelqu'un que j'allais apprendre à connaître. Quelqu'un qui allait devenir un voisin plus agréable — se faisant signe quand nous nous voyons, veillant sur la propriété de l'autre.

Cela a changé visiblement les choses entre nous.

Comment ce moment a-t-il affecté sa vie au-delà de nos interactions de voisinage ? Je ne le saurai jamais. D'ailleurs, ce n'était pas mon but en le faisant.

Cela a-t-il changé sa vision des conflits ? Quand quelqu'un perd patience avec lui maintenant — au travail, en famille, avec des amis — se souvient-il que son voisin est revenu dix minutes plus tard pour s'excuser ? Cela le rend-il plus enclin à calmer le jeu au lieu de rester rancunier ?

Comment ces excuses ont-elles ricoché sur son éducation ? Ses amitiés ? Sa vision du monde concernant les gens qui s'emportent ?

Je n'en sais rien, et je n'ai pas besoin de le savoir. Ce n'était pas la raison pour laquelle j'y suis retourné. Je n'essayais pas de créer un effet de ricochet ou de donner une leçon sur la résolution de conflits. Peut-être que cela n'a rien changé — peut-être que c'était déjà un gars sympa et que je ne le savais pas encore. Peut-être que ces excuses ont compté pour lui, peut-être pas.

Son itinéraire a continué au-delà de mon rétroviseur. Je peux voir que nous sommes de bons voisins maintenant. Tout le reste ? C'est au-delà de ce que je peux voir.

L'influence qui blesse

Il n'y a pas que les ricochets positifs. Parfois, ton influence crée des dégâts que tu ne vois jamais.

Tu tu es inséré sans mettre ton clignotant. Tu n'avez pas remarqué que la voiture derrière tu a dû piler pour éviter l'accident. L'enfant sur le siège arrière a eu peur, s'est mis à pleurer. La mère a stressé et n'a pas pu se garer sur l'autoroute surélevée pour réconforter son enfant. Tu as continué à rouler, totalement inconscient de ce qui se passait.

Ton impatience a affecté l'itinéraire de quelqu'un, et tu n'en avais aucune idée.

Ou bien tu es à la caisse. Le caissier fait une erreur en scannant un article. Tu montres ton frustration — sans crier, juste un regard, peut-être un soupir. Il passe déjà une sale journée. Il se sent déjà incompétent. Ton réaction confirme sa peur qu'il est mauvais dans son travail.

Il rentre chez lui en se sentant encore plus mal à cause d'une interaction de deux secondes que tu as oubliée instantanément.

Tu as dit quelque chose de méprisant à quelqu'un qui tenait à peine le coup. Ton commentaire — qui se voulait une plaisanterie ou qui était simplement irréfléchi — a été l'élément déclencheur qui l'a poussé à démissionner.

Tu as été impatient avec quelqu'un qui faisait de son mieux. Sans réaliser qu'il était nouveau, ou qu'il gérait quelque chose de difficile, ou qu'il avait déjà l'impression de ne rien faire de bien.

Le but n'est pas de toi rendre paranoïaque à chaque interaction. Le but est celui-ci : ton influence se répand dans des directions que tu ne peux pas voir. Parfois de façon positive. Parfois négative. La plupart du temps, tu ne sauras jamais laquelle.

Tout comme ce billet de vingt dollars ne sait pas s'il a servi à acheter les médicaments de quelqu'un ou à alimenter l'addiction d'un autre. Il voyage simplement de main en main, créant des impacts au-delà de sa conscience.

Il en va de même pour ton influence.

Le calcul que personne ne suit

Trois petits gestes aujourd'hui. Laisser quelqu'un s'insérer. Dire bonjour. Tenir une porte.

Imagine maintenant que ces trois personnes fassent de

même — laissent passer trois personnes, saluent trois inconnus, tiennent trois portes. Tu es passé de trois à douze personnes touchées (3 + 9).

Ces neuf personnes, sur chaque branche, en touchent trois autres. Tu voilà à trente-neuf personnes (3 + 9 + 27).

Regarde ce qui se passe quand tu continues. Trente-neuf devient 120 (3 + 9 + 27 + 81). 120 devient 363 (3 + 9 + 27 + 81 + 243). Les chiffres commencent à se multiplier très vite. À la cinquième itération, tu avez dépassé le millier de personnes (1 093). À la septième, tu es presque à dix mille (9 841).

Dix itérations plus tard ? 265 719 personnes.

Trois gestes. 265 719 personnes.

Alors oui, « changeons le monde, une insertion à la fois » n'est pas qu'une jolie phrase pour ce livre. Les mathématiques le prouvent.

Et c'est totalement invisible.

Tu ne suis rien de tout cela en laissant quelqu'un passer. Tu agisses simplement à cet instant précis. À un moment ou un autre, nous devons tous faire ce choix. Et ce choix unique se multiplie à travers des vies que tu ne croiseras jamais, créant des moments dont tu ne seras jamais témoin, affectant des itinéraires qui bifurquent en d'autres itinéraires qui bifurquent à leur tour.

L'influence se multiplie à une échelle que tu ne peux pas mesurer. Ce n'est pas une limite — c'est sa force.

Ce que cela pourrait changer pour toi

Peut-être que ce livre changera la façon dont tu apprécies ta vie et les gens qui te entourent. Nous aimerions tous être la meilleure version de nous-mêmes. Peut-être que tu arrêteres de vivre en mode compte à rebours, que tu arrêteres de toi sentir noté chaque jour, que tu commenceres à conduire sans cette pression constante d'être comparé aux itinéraires des autres.

Peut-être que non. Peut-être que tu tu attendies à ce que ce soit présenté différemment. Peut-être qu'un ami tu a dit que c'était autre chose. Peut-être que tu n'êtes tout simplement pas dans une phase où tout cela résonne en toi.

Peut-être que tu étais d'accord avec tout, mais que rien ne change parce que lire n'est pas la même chose qu'appliquer.

Ou peut-être qu'une seule phrase, quelque part, a tout fait basculer pour toi, et que le reste n'était que le contexte menant à ce moment.

Je ne saurai jamais laquelle de ces options est la bonne.

Ce livre est l'influence que je libère sur ton itinéraire. Il voyage avec toi maintenant vers des endroits que je ne verrai jamais. Peut-être qu'il changera les choses. Peut-être que non. Peut-être qu'il aura plus d'importance que je ne pourrais l'imaginer, ou peut-être que tu l'oublieras complètement.

C'est ce qui arrive quand l'influence voyage au-delà de ton rétroviseur. Tu la libères. Tu fais confiance au fait qu'elle ira là où elle doit aller. Et tu continues à avancer sans en connaître l'issue.

La même chose se produit avec chaque petit geste que tu fais. Chaque signe. Chaque moment où ton itinéraire a croisé celui de quelqu'un d'autre et où ton influence est devenue une partie de sa destination suivante.

Tu la libères simplement et tu continues à rouler.

Au-delà de ton visibilité

Aucun tableau de bord ne surveille où tes petits gestes ont voyagé. Aucun bulletin de notes ne suit combien de personnes ont été touchées par cette chose que tu as faite un matin, alors que tu essayies simplement d'être correct.

Tu tu contentes de conduire. Tu crées des moments. Tu influences des itinéraires. Et puis ces gens continuent sur des chemins que tu ne verras jamais, vers des destinations que tu ne connaîtrez jamais, emportant avec eux une influence que tu as libérée sans savoir où elle irait.

Une partie de cette influence perdure pendant des années. Des décennies. Peut-être des générations. Voyageant à travers des itinéraires si éloignés du vôtre que le lien avec ton geste initial serait impossible à retracer, même si tu pouvies le voir.

Ce n'est pas un échec de suivi. Ce n'est pas quelque chose que tu auries dû mieux surveiller. C'est simplement ainsi que l'influence fonctionne quand chacun conduit son propre itinéraire.

Ton rétroviseur montre les gens un court instant après que tes routes se sont croisées. Puis ils s'éloignent vers une autre voie. Prennent des sorties. Restent en retrait. Et leur itinéraire continue au-delà de ton vue.

Tu as toujours voulu être un influenceur ? Eh bien, tu l'es déjà. Tu tu vois peut-être comme quelqu'un d'ordinaire. Mais les actes ordinaires créent des ricochets que tu ne verras jamais.

Tu as influencé quelqu'un. Tu as changé quelque chose. Tu as créé un moment qui est devenu une partie de sa suite.

Mais que s'est-il passé après ? Où sont-ils allés ? Qu'est-ce que ton influence a changé d'une manière que tu ne peux pas percevoir ?

Tout cela se trouve au-delà de ton rétroviseur.

Et tu continues à avancer sur ton propre itinéraire, en créant d'autres moments, en influençant d'autres personnes, en libérant davantage d'influence dans des directions que tu ne verras jamais.

Il n'y a pas d'examen pour noter si tu as tout suivi correctement.

Il y a juste la route devant toi, les petits gestes que tu fais, et la confiance que ton influence voyage vers des lieux hors de ton vue — changeant des itinéraires que tu n'emprunteras jamais, affectant des gens que tu ne rencontreras jamais, créant des ricochets que tu ne verras jamais.

C'est le territoire qui s'étend au-delà de ton rétroviseur.

Et il est bien plus vaste que tu ne l'imagineras jamais.

Chapitre 23

FIN DU RÉGULATEUR DE VITESSE

Même après des milliers de kilomètres au compteur en conduisant de la même manière, tu peux changer.

Il y a quelques kilomètres, tu tu mesuries encore à tout le monde.

Chaque voiture qui te dépassait ressemblait à un échec. Chaque voiture que tu dépassies ressemblait à une victoire. Tu rivalisies avec des concurrents imaginaires sur une autoroute qui n'a jamais eu de ligne d'arrivée.

Tu vivies comme s'il y avait un examen. Comme si quelqu'un notait ton vitesse, ton itinéraire, tes choix. Comme s'il existait quelque part une fiche d'évaluation vérifiant si tu conduisies correctement.

Regarde-tu maintenant.

Tu sais que tu es ton propre point de référence. Tu comprenes que ton itinéraire est le tien — ni meilleur ni pire que celui d'un autre, juste le tien. Tu vois aujourd'hui comme 100 % de ta vie, et non comme la préparation à autre chose. Tu tu concentres sur ton volant, pas sur la vitesse des autres. Tu bâtisses un héritage par ton présence, et non par ce que tu laisseras derrière tu une fois garé.

Tu n'êtes plus le même conducteur qu'au début de ce voyage.

Le véritable déclic

Peut-être que tout a changé. Peut-être juste une chose. Peut-être un entre-deux.

Mais quelque chose a basculé.

Tu as arrêté de faire la course avec des voitures qui n'étaient jamais en compétition avec toi. Tu as cessé de comparer ton odomètre au kilométrage des autres. Tu as cessé de croire que la voie tu appartenait. Tu as arrêté de klaxonner à la moindre contrariété.

Tu as commencé à voir les autres conducteurs comme des gens suivant leur propre route plutôt que comme des obstacles sur la tienne. Tu as commencé à mesurer tes progrès par rapport à ton version d'hier, plutôt que par rapport à ceux qui te entourent. Tu as commencé à comprendre que tes souvenirs tu appartiennent et que les leurs leur appartiennent.

Tu as désappris la compétition. Tu as désappris la division. Tu as désappris le piège des conseils. Tu as désappris le regret.

Pas parce que tu as fini d'apprendre. Pas parce que tu as tout compris. Pas parce que tu as obtenu un diplôme ou terminé un cours sur Udemy.

Mais parce que tu as passé ces kilomètres à examiner ton façon de conduire et que, quelque part en chemin, ton perspective a changé.

L'autoroute semble différente maintenant. Pas parce qu'elle a changé, mais parce que tu la vois autrement.

C'est ta vie désormais

Tu n'avez pas appris une philosophie. Tu n'avez pas adopté une méthode. Tu n'avez pas mémorisé un système.

Tu as changé ton regard.

Et ce n'est pas quelque chose qu'on active ou qu'on désactive. Ce n'est pas quelque chose qu'on applique quand ça nous arrange. Ce n'est pas une technique qu'on utilise dans certaines situations.

C'est simplement ton façon de conduire, désormais.

Chaque matin à ton réveil, il n'y a pas d'examen prévu pour la journée. Personne ne note si tu vis correctement. Personne ne mesure tes progrès par rapport à un standard universel. Personne ne tu classe par rapport à tous les autres qui essaient aussi de comprendre comment naviguer sur leur route.

Dans chacune de tes interactions, aucune note n'est enregistrée. Pas de fiche d'évaluation pour marquer si tu as géré la situation parfaitement. Aucun juge pour déterminer si ton réponse était optimale.

À chaque choix que tu fais, il n'y a pas de réponse universelle correcte. Juste le choix qui fait sens pour ton itinéraire, à ton rythme, avec tes circonstances spécifiques que personne d'autre ne comprend pleinement, car ils ne conduisent pas ton voiture.

Ce n'est plus de la philosophie. C'est ta vie réelle.

Tu ne te « exercez » pas à toi voir comme ton propre point de référence. Tu es simplement ton propre point de référence. C'est ainsi que fonctionne la perspective.

Tu ne te « rappelles » pas de toi concentrer sur ton volant. Tu tu y concentres naturellement maintenant parce que tu comprenes que c'est ce que tu peux contrôler.

Tu ne « tentez » pas de voir aujourd'hui comme 100 % de ta vie. Tu le vois ainsi désormais car tu comprenes que ce moment est le seul que tu vis réellement.

Le basculement a déjà eu lieu. Ce n'est pas un objectif vers lequel tu tendes. C'est ce que tu es.

L'autoroute n'a pas changé

Ce livre se termine.

Pas le trafic.

Demain matin, tu monteres dans ton voiture, et l'autoroute aura exactement la même allure. Les mêmes voies. Les mêmes règles. Les mêmes autres conducteurs naviguant sur leurs propres itinéraires à leurs propres vitesses.

La culture essaiera toujours de toi programmer. Les réseaux sociaux essaieront toujours de toi mesurer. La société essaiera toujours de tu comparer. Ton famille essaiera toujours d'exister à travers tu par la compétition.

Ton ville d'origine tu jugera toujours à ton voiture. Tes voisins se soucieront toujours de ton maison. Tes proches tu demanderont toujours quand tu vas tu marier, avoir des enfants ou obtenir une promotion.

Le cycle des commérages continuera de tourner. Les jeux de statut social se poursuivront. Les compétitions imaginaires existeront toujours dans l'esprit de tous les autres.

Rien de tout cela n'a changé parce que tu as lu un livre.

L'autoroute fonctionne comme elle l'a toujours fait. Les autres voitures roulent toujours comme s'il y avait un examen. La culture diffuse toujours le même message. La programmation tourne toujours sur chaque écran, dans chaque conversation, à travers chaque interaction.

Mais tu, tu es différent.

Tu vois les choses autrement maintenant. Tu y réponds différemment. Tu la traverses différemment. Sans le stress constant. Sans le poids des notes imaginaires. Sans l'anxiété de savoir si tu es à la hauteur.

Le stress que tu porties autrefois — être constamment mesuré, comparer sans cesse, se sentir perpétuellement noté — ce poids s'est envolé quelque part durant ce voyage. Non pas parce que le monde a cessé d'être stressant, mais parce que tu as cessé de croire que ce stress était nécessaire.

Tu n'êtes pas en compétition, donc tu ne peux pas perdre. Tu n'êtes pas noté, donc tu ne peux pas échouer. Tu ne faites pas la course, donc tu ne peux pas être à la traine.

La pression est toujours là. Mais elle ne tu atteint plus de la même façon. Peut-être que nous posons les mauvaises questions — non pas « Suis-je en train de gagner ? », mais « Suis-je en train de conduire ? ».

Quand la culture tu pousse à la compétition, tu identifies la boucle infinie avant d'y entrer. Quand les réseaux sociaux tentent de toi évaluer, tu tu rappeles que personne ne tient vraiment les comptes. Quand la société tu mesure à des standards arbitraires, tu sais que tu tu mesures plutôt à toi-même tel que tu éties hier.

La pression n'a pas disparu. Tu as simplement cessé d'y croire.

Les comparaisons n'ont pas cessé. Tu as simplement cessé d'y participer.

L'examen imaginaire ne s'est pas évanoui. Tu as simplement réalisé qu'il n'avait jamais été réel.

Et cela suffit.

Tu n'avez pas besoin que le monde change. Tu n'avez pas besoin que tous les autres arrêtent de rivaliser. Tu n'avez pas besoin que la culture cesse de programmer, que les réseaux sociaux cessent de mesurer ou que la société cesse de comparer.

Tu as juste besoin de continuer à conduire ton route, à ton rythme, en restant concentré sur ton propre volant.

L'autoroute est la même. C'est tu qui êtes différent.

C'est cela qui compte.

Conduite consciente

Pendant combien de kilomètres avez-tu été sous régulateur de vitesse ?

Suivant la vitesse de tout le monde autour de toi. Restant dans la voie que la culture tu imposait. Prenant la sortie que la société attendait. En rivalisant parce que c'est ce que tu avies appris à faire. En mesurant parce qu'on tu avait appris que c'était important. Tu connais cette sensation — ce doute entre l'éveil et le sommeil ?

Pilote automatique. Réponses programmées. Réactions automatiques. Scripts culturels s'exécutant sans ton implication consciente.

Tu ne conduisais pas vraiment. Tu éties conduit — par les attentes, par la programmation, par des croyances héritées sur ce que signifie le succès, sur l'allure que devrait avoir la vie et sur ce que tu es censé désirer.

Mais tu conduises manuellement depuis des kilomètres maintenant — peut-être viens-tu juste de le remarquer.

Tu as pris les commandes manuelles. Libère ton esprit des réglages du régulateur que quelqu'un d'autre a programmés. Tu as commencé à faire des choix conscients plutôt qu'automatiques. Tu as commencé à toi demander si l'itinéraire que tout le monde emprunte est celui qui fait sens pour toi.

C'est tu qui conduis, maintenant. Pour de vrai.

Pas parfaitement. Pas sans erreurs. Pas sans oublier parfois et retomber dans de vieux schémas.

Mais consciemment. Intentionnellement. Avec la conscience que c'est tu qui tiens le volant, qui appuies sur les pédales, qui choisis les voies, qui décides de la vitesse.

Le régulateur est éteint. Et tu n'vas pas le rallumer.

Ce que tu emportes avec toi

Cette conscience ne tu quitte plus.

Ce n'est pas quelque chose que tu oublieres en fermant ce livre. Ce n'est pas quelque chose qui s'estompe quand tu reprenes ta vie ordinaire. Ce n'est pas une clarté temporaire qui se dissipe quand le monde réel revient au galop.

On ne peut pas « dé-voir » ce qu'on a vu. On ne peut pas « dé-savoir » ce qu'on comprend désormais. Le comprendre n'est pas la même chose que le vivre.

Le rappel sera quotidien. Chaque fois que tu monteres dans ton véritable voiture, que tu démarreres le moteur, que tu tu engageres sur ton véritable trajet — tu tu souviendres. L'autoroute n'est pas seulement un lieu dont tu lises la description. C'est l'endroit où tu vis.

Tu feres encore face à la pression. Tu rencontreres encore la compétition. Tu entendres encore des voix tu dire de toi mesurer aux autres.

Mais tu le reconnaîtrez désormais. Tu verres cela pour ce que c'est. Et tu choisires de toi y engager ou de garder les yeux fixés sur ton propre route.

Certains jours, tu conduires avec une clarté parfaite, tu souvenant de tout ce que tu as appris, naviguant avec confiance.

D'autres jours, tu reglisseres dans de vieilles habitudes, tu commenceres à toi comparer, tu ressentires l'attrait des compétitions imaginaires.

Les deux sont acceptables. Les deux font partie de la conduite de ton itinéraire. Tu ne cherches pas à atteindre une constance parfaite. Tu cherches simplement à conduire plus consciemment, plus souvent qu'avant.

Et tu le feras. Une fois que tu vois qu'il n'y a pas d'examen, tu ne peux plus prétendre qu'il existe. Une fois que tu comprenes que tu es ton propre point de référence, tu ne peux plus tu mesurer à partir des coordonnées de quelqu'un d'autre. Une fois que tu reconnaisses que ton route est la tienne, tu ne peux plus conduire comme si tu éties sur le chemin d'un autre.

Le changement est permanent. Pas parce que tu n'oublieras jamais, mais parce que même quand tu oublieres, tu te en souviendrez à nouveau. La conscience est là, maintenant. Elle ne disparaît pas simplement parce que tu n'y pense pas à chaque instant.

Tu es prêt

Pendant tout ce trajet, nous avons voyagé ensemble.

J'ai attiré ton attention sur certaines choses. Je tu ai montré ce que j'avais remarqué. J'ai partagé une perspective qui m'a aidé à cesser de vivre comme si un examen notait chacun de mes mouvements.

Tu l'avez assimilé. Tu l'avez testé par rapport à ton propre expérience. Tu as décidé de ce qui résonnait en toi et de ce qui ne résonnait pas. Tu l'avez fait vôtre au lieu de simplement l'accepter. C'était pour toi, et pour toi seul.

Et maintenant, tu es prêt.

Non pas parce que tu maîtrises tout. Non pas parce que tu as tout résolu. Non pas parce que tu ne lutterez plus jamais avec ces concepts.

Mais parce que tu les comprends maintenant. La perspective a changé. La conscience existe. Le régulateur est éteint. Tu sais déjà ce que tu as à faire.

Tu es prêt à continuer de conduire — consciemment, intentionnellement, les yeux rivés sur ton propre route au lieu de celle des autres.

L'autoroute n'a pas changé. Le trafic est toujours là. La pression existe toujours.

Mais tu es différent. Et c'est cela qui compte.

Tu n'êtes plus le conducteur que tu éties au début de ce trajet. Tu ne tu mesures plus à des standards imaginaires. Tu ne participes plus à des courses qui n'existent pas. Tu ne vis plus comme s'il y avait un examen.

Tu conduises, tout simplement. Ton itinéraire. Ton rythme. Tes choix. Nous sommes toujours là. Tu es toujours sur la route. C'est ce qui importe.

Et c'est exactement ce que tu es censé faire.

Parce qu'il n'y a pas d'examen. Il n'y en a jamais eu.

Il n'y a que tu sur ton route, conduisant vers tout ce qui te attend.

Le régulateur est éteint.

Tu es prêt.

Chapitre 24

C'EST ICI QUE JE M'ARRÊTE

Le moment est donc venu. Nous sommes arrivés ensemble jusqu'ici, et c'est là que je descends.

Non pas parce que le voyage s'arrête. Ton route continue. Mais ce trajet particulier que nous avons fait ensemble — cette conversation que nous avons eue au cours des dernières centaines de kilomètres — arrive naturellement à son terme.

Ce qu'a vraiment été ce voyage

Je ne tu apprenais pas à vivre. Je n'ai pas tes réponses. C'est impossible. Tu parcoures un itinéraire que je n'ai jamais emprunté, tu navigues dans des conditions auxquelles je n'ai jamais été confronté, et tu fais des choix basés sur des circonstances que je ne saisis pas totalement, car ce sont les tiennes, pas les miennes.

Ce que j'ai fait, c'est partager une perspective. J'ai souligné des schémas que j'ai remarqués sur ma propre route. Je tu ai montré ce qui m'a aidé à cesser de vivre comme s'il y avait un examen pour évaluer chacun de mes choix. Ce qui m'a aidé à vivre avec moins de stress, moins d'anxiété, avec un poids moins lourd sur les épaules. Une vie plus heureuse.

Et tu as cheminé avec cela. Tu as pris ce que j'ai partagé pour le passer au crible de tes propres expériences, de ton propre prisme, de ton propre compréhension du fonctionnement réel de ta vie. Tu avez décidé de ce qui résonnait en toi et de ce qui ne résonnait pas. Tu te l'êtes approprié — non pas en copiant ma route, mais en utilisant mes observations pour comprendre la tienne.

Tu souvenes-tu du piège des conseils ? Cela ne concernait pas seulement les conseils des autres. Cela concernait aussi l'intégralité de ce livre. Si tu essays de suivre l'itinéraire exactement comme je l'ai décrit, tu finiras dans le décor. Parce que ma route n'est pas la vôtre. Mes obstacles ne sont pas les tiennes. Ma destination n'est pas la vôtre.

C'était une conversation entre deux personnes sur des routes différentes qui se sont trouvées à voyager dans la même direction pendant un certain temps. J'ai partagé ce que j'ai vu. Tu as décidé de ce que cela signifiait pour toi.

C'est tout ce que c'était. Et c'est exactement ce que cela devait être.

Tu vois les choses différemment désormais

Tu peux repérer le conditionnement partout maintenant. C'est impossible de ne plus le voir.

Prends la beauté des célébrités. Nous louons les personnes célèbres pour leur splendeur, mais si cette même personne n'était pas célèbre, si elle n'était pas riche, si elle travaillait simplement à l'épicerie du coin, nous ne la remarquerions peut-être même pas. Son *doppelgänger* existe quelque part, avec exactement le même visage, le même corps, les mêmes traits. Mais nous ne fantasmons pas sur la réplique. Nous ne mettons pas le jumeau inconnu en couverture des magazines.

Nous ne louons pas réellement la beauté. Nous louons une position. Nous vénérons un statut en appelant cela de l'esthétique. Mais est-ce la vérité ? Ou juste une illusion ?

C'est la même chose pour les blagues de ton patron. Les gens rient plus fort à cause du rôle, pas parce que l'humour s'est amélioré.

Ce sont les mêmes groupes qui bénéficient de budgets marketing massifs et deviennent des sensations mondiales, tandis que des musiciens plus talentueux, dotés d'une meilleure chorégraphie et de compétences supérieures, restent dans l'ombre.

Nous louons les célébrités non pas parce qu'elles sont meilleures, mais parce que nous sommes programmés pour vénérer ce qui a déjà été élevé au rang d'idole.

Tu vois cela maintenant. C'est évident. Tu es plus conscient du schéma.

Ou regarde comment nous concevons la technologie. Chaque nouveau robot humanoïde est annoncé en grande pompe « Regarde, il peut faire les tâches ménagères ! »

Mais pourquoi sommes-nous obsédés par l'idée de copier le corps humain ? Si l'objectif est l'utilité, pourquoi s'en tenir à deux bras plutôt que quatre ? Je veux dire, « bonjour là-bas... » (oui, c'est une référence à *Star Wars*).

Nous ne construisons pas de robots pour nous aider. Nous les construisons pour qu'ils nous ressemblent. Nous faisons la course contre nous-mêmes en tant qu'espèce. Nous essayons de surpasser la forme humaine au lieu de résoudre des problèmes concrets.

La voiture est devenue autonome sans avoir besoin d'un robot assis sur le siège conducteur. Le système de blanchisserie pourrait ÊTRE le robot, au lieu de construire une machine de forme humaine pour faire fonctionner le lave-linge.

Mais nous continuons à rivaliser avec la conception de notre propre corps comme s'il y avait un examen quelque part pour noter si nous avons réussi à nous répliquer.

Même l'expression « penser hors du cadre » est un conditionnement. Le cadre, c'est le programme.

Ne pense pas hors du cadre. Pense comme s'il n'y avait pas de cadre.

Ne laisses pas le programme être ton point de référence. Questionnez toujours l'existence même de ce cadre.

Mais le changement le plus important ? Celui qui transforme ta vie quotidienne réelle ?

Tu ne vois plus de PNJ (personnages non-joueurs).

Auparavant, tu voyies le barista comme quelqu'un qui devrait faire ton café plus vite. Le conducteur lent comme un obstacle sur ton chemin. Le caissier qui fait une erreur comme quelqu'un qui devrait être plus compétent. Des fonctions censées être efficaces.

Maintenant, tu vois des opportunités.

Chaque interaction est une chance de reconnaître un autre humain. De voir la personne derrière la fonction. De tu entraîner à toi présenter en tant qu'humain au lieu de traiter les gens comme le décor de ton propre histoire.

Tu es passé d'un sentiment d'avoir droit à un service à celui d'être reconnaissant pour l'opportunité. De la frustration face aux obstacles à l'appréciation de chaque moment où tu peux voir quelqu'un pleinement au lieu de le réduire à son rôle.

Le barista n'est pas là pour toi servir. Ce sont des gens qui font du café aujourd'hui, tout comme tu es une personne qui en commande. C'est une occasion de se connecter, même brièvement, en tant que deux humains partageant un espace, au lieu d'une personne extrayant un service d'une autre.

C'est l'*omoiyari* qui vit en toi maintenant. Pas comme quelque chose que tu pratiques. Mais comme quelque chose que tu vois.

Il y a une autre dimension à cela.

Tu ne vois plus de divisions.

Ton ville natale tu a appris qu'il y a « nous » et « eux ». Ton groupe et les autres groupes. Ton peuple et ces gens-là. Des équipes. Des tribus. Des catégories. Des hiérarchies.

Tu vois clair dans ce jeu-là désormais.

Tout le monde n'est qu'un conducteur sur sa propre route. Pas d'équipes. Pas de hiérarchie. Plus de « nous » contre « eux ». Juste des individus naviguant sur leurs propres autoroutes, à leur propre rythme, avec leurs propres destinations qui n'ont rien à voir avec la tienne.

Le programme a essayé de toi faire penser en termes de divisions. Tu ne le faites plus.

Tu ne peux plus ignorer tout cela maintenant. Voir, c'est croire. Le changement de vision est permanent. Non pas parce que tu essayes de le maintenir, mais parce qu'une fois qu'on voit clair, on ne peut plus prétendre que le flou était la réalité.

Le défi réel

Nous venons de reconnaître que tu es prêt. Que tu as changé. Que le régulateur de vitesse est désactivé.

Tout cela est vrai.

Mais voici la partie la plus difficile : rester ainsi.

Le monde n'a pas changé. La culture continue de programmer. Les réseaux sociaux continuent de mesurer. La société continue de comparer. Tout le monde autour de toi conduit encore comme s'il y avait un examen.

Et la force de rappel est constante.

Tu seres dans la file d'attente au supermarché et tu sentires cette vieille frustration monter — pourquoi cette personne est-elle si lente ? Ne sait-elle pas que j'ai des choses à faire ? — avant de toi reprendre et de toi souvenir : ce n'est pas un PNJ. C'est une personne qui vit une journée tout aussi réelle que la tienne.

Tu verres la réussite de quelqu'un sur les réseaux sociaux et sentirez cette comparaison s'insinuer — il est en avance, je suis en retard, je n'en fais pas assez — avant de toi souvenir : ton odomètre mesure tes kilomètres, pas les siens.

Tu entendres la voix de ton ville natale dans ton tête — tu devrais vouloir ceci, tu devrais valoriser cela, tu devrais être en compétition ici — avant de toi souvenir : ce sont des croyances héritées, pas tes désirs authentiques.

Le programme ne s'arrête pas de tourner juste parce que tu peux le voir maintenant.

Il ne s'agit pas d'affirmations quotidiennes ou de mantras. Il ne s'agit pas de toi rappeler chaque matin qu'il n'y a pas d'examen. Il s'agit de conduire intentionnellement dans un monde conçu pour toi remettre en mode pilote automatique.

Peux-tu continuer à voir les humains quand tout le monde les traite comme des fonctions ? Peux-tu garder les yeux sur ton route quand tout le monde surveille la vitesse des autres ? Peux-tu continuer à tracer ton route quand la culture ne cesse de toi dire quel chemin tu devrais plutôt emprunter ?

Tu le peux. Pas parfaitement. Pas à chaque instant. Pas sans retomber occasionnellement dans de vieux schémas.

Mais plus souvent qu'avant. Et quand tu glisseres, tu le remarquerez plus vite. Tu tu reprendres plus tôt. Tu reviendres à une conduite consciente plus rapidement.

Parce que la conscience est là désormais. Elle ne s'en va pas. Ce n'est pas quelque chose que tu travailles à maintenir. C'est simplement devenu ton façon de voir.

Ce avec quoi tu conduises

Complétez les autres plutôt que de rivaliser avec eux. Le C de « compléter » tu apporte la victoire.

Dans ton équipe. Dans ton famille. Dans ton couple. Dans ton travail. Compléter les autres signifie que tout le monde gagne. Rivaliser signifie que quelqu'un doit perdre. Tu n'avez pas besoin de faire la course avec tout le monde. Tout n'est pas une compétition. Il n'y a pas d'examen.

Contrôlez ce que tu peux contrôler. Ton volant. Ton vitesse. Ton voie. Tes choix. C'est tout. Tu ne peux pas contrôler le trafic. Tu ne peux pas contrôler la météo. Tu ne peux pas contrôler ce que font les autres conducteurs. Concentre-toi sur ce qui est réellement entre tes mains. Tout le reste n'est que du bruit.

Tes souvenirs tu appartiennent. Personne d'autre n'était dans ton tête quand tu as vécu ces moments. Ils ne peuvent pas changer ce que tu as ressenti. Ils ne peuvent pas tu dire ce que cela signifiait. Tes souvenirs sont à toi seuls — non sujets à débat, non soumis à l'interprétation de quelqu'un d'autre. Ce que tu as vécu est ce que tu as vécu.

Tu vois les autres comme des humains. Pas comme des PNJ. Pas comme des obstacles. Pas comme des fonctions. Des gens avec des vies pleines qui sont tout aussi réelles et complexes que la tienne. Chaque interaction est une occasion de reconnaître cela. De tu montrer humain plutôt que de simplement extraire ce dont tu as besoin avant de passer à autre chose.

Aujourd'hui représente 100 % de ta vie. Pas une fraction en attente d'être complétée. Pas une préparation pour demain. C'est ici que ça se passe. La vie que tu menes en ce moment est la seule dont tu fais réellement l'expérience.

Vas dire à quelqu'un ce qu'il représente pour toi.

Aujourd'hui.

Dis cette chose importante que tu attendies le « bon moment » pour dire. Tu n'êtes pas en mode compte à rebours — il n'y a pas de chronomètre qui s'épuise. Mais aujourd'hui est 100 % de ce que tu avez, alors vis-le comme si c'était important. Parce que ça l'est.

Tout le monde n'atteindra pas la même distance que tu. Certaines routes s'arrêtent avant d'autres. Ce n'est pas un échec. Ce n'est pas être à la traîne. C'est juste la réalité. Le voyage de certaines personnes s'achève plus tôt que prévu. Pour d'autres, plus tard. Tu ne sais pas lequel est le tien.

Ce n'est pas censé tu effrayer. C'est censé donner encore plus d'importance à aujourd'hui. Non pas de manière angoissée, mais de manière présente et intentionnelle. Tu es ici maintenant. Les personnes que tu peux joindre aujourd'hui sont ici maintenant. Appelle-les.

Ma sortie

Tu continues ton route. Nos chemins divergent maintenant.

Ce n'est pas un abandon. C'est simplement ainsi que fonctionnent les itinéraires. Nous avons voyagé ensemble pendant ces kilomètres. Nous avons eu cette conversation. Nous avons partagé ce tronçon d'autoroute.

Mais ton route continue au-delà de l'endroit où la mienne s'arrête. Et c'est exactement ainsi que cela doit être.

Tu as le volant. Tu l'avez toujours eu, en fait. Regarde bien. Le conducteur, c'était toujours tu. Tes mains. Tes choix. Ton direction. Je n'ai jamais conduit pour toi. Je ne le pouvais pas. C'est ton voiture. Ton route. Ton vie.

Tout ce que j'ai fait, c'est tu accompagner et souligner ce que je remarquais. Partager des observations. Offrir une perspective. Mais chaque kilomètre que tu as parcouru ? C'est tu qui conduisais. Chaque changement dans ton façon de voir les choses ? C'est tu qui changeais. Chaque choix sur ce qui résonnait en toi ? C'est tu qui décidais.

Tu n'avez plus besoin de moi pour toi montrer les choses. Tu peux les voir par tu-même désormais.

Le conditionnement tu est visible. Les PNJ sont devenus humains. Les divisions se sont dissoutes. L'examen imaginaire s'est révélé pour ce qu'il a toujours été : du vent. Il n'y a pas de magie ici — juste la prise de conscience qui était là depuis le début.

Tu vois ton route pour ce qu'elle est : la tienne.

Tu as tenu la carte tout ce temps. Ton atlas. Ton itinéraire.

Ni mieux ni pire que celui de n'importe qui d'autre. Ni en avance, ni en retard. Sans gagner ni perdre. Simplement le tien.

Et cela suffit.

Il n'y a pas d'examen. Il n'y en a jamais eu. Personne ne note ton trajet. Personne ne classe tes choix. Personne ne compte les points pour savoir si tu vis correctement.

Il n'y a que tu sur ton route, conduisant vers ce qui vient ensuite.

Tu connais ton point de référence et tu as peut-être franchi plusieurs « obstacles » pour en arriver là. Mais maintenant, tu vois d'autres conducteurs sur la route. Et tu vas les rejoindre, afin d'atteindre le succès dont tu as besoin. Tu as déjà réalisé contre qui tu es en compétition. Tu sais déjà ce que signifie ton 100 %. Tu sais quels choix tu ont mené à cet instant précis. Tu es ici. Tu sais que tout le monde n'atteindra pas la même distance que tu. Les générations précédentes tu ont appris à conduire, mais désormais, tu sais que tes yeux doivent simplement être fixés sur la route devant toi. Sans distractions. Tu sais tout cela. Tu l'avez toujours su.

Prêt ? Prends le volant.

ANNEXE A : VOYANT MOTEUR

Le 25 novembre 2022, on m'a diagnostiqué le syndrome d'Asperger. J'avais 45 ans.

Depuis la dernière version du DSM, le syndrome d'Asperger est désormais intégré au spectre de l'autisme. Je suis autiste (et très fier de l'être !). Ce diagnostic a changé ma vie — non pas parce qu'il a changé qui je suis, mais parce qu'il a enfin expliqué pourquoi je traite les informations du monde qui m'entoure de cette manière.

Je suis passé par le parcours d'inclusion en trois étapes que je décris dans ce livre : Prise de conscience > Acceptation > Indifférence. Cette dernière étape est positive. C'est comme être gaucher. Un câblage différent. Pas une déficience. Juste une différence.

Le diagnostic m'a apporté deux choses. Premièrement, des explications sur des schémas avec lesquels je vivais depuis toujours. Je suis hypersensible au bruit ; désormais, j'évite donc les endroits bruyants au lieu de m'obliger à les supporter sans savoir que j'étais en plein « masking ». J'ai toujours eu besoin que les choses aient un sens littéral. Je ne pouvais pas accepter les règles sociales vagues sans les remettre en question. Maintenant, je sais pourquoi.

Deuxièmement, cela m'a aidé à assumer un point de vue que j'ai toujours eu — ce besoin de voir les choses sous différents angles, de questionner ce que tout le monde considère comme normal.

C'est de là qu'est né le contenu de ce livre. Mon cerveau d'Asperger a besoin de réponses littérales. Quand je vois de la compétition partout, mon cerveau se demande immédiatement : d'accord, alors c'est quoi le prix ? Quand est-ce que ça s'arrête ? Quelles sont les règles ?

Et quand je n'ai pas pu trouver de réponses à ces questions — quand j'ai réalisé qu'il n'y A PAS de prix, qu'il n'y A PAS de fin, qu'il n'y A PAS de règles — mon cerveau en a conclu : alors, il n'y a pas de compétition.

Cette réalisation est devenue « Il n'y a pas d'examen ». Une fois que j'ai décelé ce schéma dans la compétition, j'ai commencé à le voir partout. Tous ces systèmes de notation invisibles pour lesquels les gens stressent — aucun d'entre eux n'existe réellement. Ce sont des constructions sociales abstraites que nous avons tous accepté de traiter comme si elles étaient réelles.

Et à cause de mon autisme, je ne peux pas accepter des constructions sociales abstraites sans preuves. Si quelqu'un me dit : « Tu dois rester au niveau des autres », mon cerveau demande immédiatement : « Rester au niveau de quels autres ? Selon quel critère ? Qui mesure ? Qui a décidé ça ? »

On pourrait croire que je défie l'autorité, mais je cherche sincèrement des réponses. Ou quand quelqu'un me dit au revoir en lançant un : « Prends soin de toi ! » je me dis : « Eh bien, il est évident que je vais prendre soin de moi. »

Au départ, j'envisageais d'écrire un livre sur le point de vue d'une personne autiste dans la vie, mais j'ai ensuite décidé d'éviter cette voie. D'abord, parce que si je mentionnais mon autisme d'emblée, je savais que cela pourrait prédisposer les gens à penser que le livre traitait de l'autisme — je sais lire l'ambiance (sans mauvais jeu de mots) — et c'est pourquoi je n'ai pas choisi comme sous-titre « Une approche autiste de la vie » ou quoi que ce soit du genre. Ensuite, c'est ma façon d'embrasser la phase d'Indifférence : je n'ai pas besoin de clamer mon diagnostic. Ce livre s'adresse à tout le monde. Et le message fonctionne, que tu sachies que je suis autiste ou non.

Mon parcours

Je ne suis pas psychologue. Je ne suis pas thérapeute. Je n'ai aucune formation officielle en comportement humain ou en santé mentale.

J'ai étudié le génie mécanique. J'ai travaillé plus de 13 ans dans le sport. L'édition. Puis j'ai évolué vers la technologie. Cela fait cinq ans que je côtoie des entreprises de type « Silicon Valley ». J'ai passé ma carrière en tant que Product Manager en IA au sein de départements R&D, à concevoir des produits numériques et à résoudre des problèmes. C'est mon bagage. Analytique. Technique. Empirique.

J'ai même créé une page web à mon sujet traitée comme des versions de logiciel : https://ericsalinas.dev J'y partage des réflexions liées à la tech, mais l'expérience de base était de présenter mon propre développement sous forme de versioning avec des patchs, des mises à jour mineures et majeures. C'est tout moi. Je suis bizarre et j'adore ça.

Ce livre ne provient pas de diplômes universitaires. Il provient de mon parcours — des expériences et des circonstances spécifiques qui m'ont donné cette perspective.

(Oui, cela vient du cœur, mais mon obsession pour la métaphore a remporté cette bataille interne.)

ANNEXE B : QUAND ILS TOMBENT EN PANNE D'ESSENCE

En 2022, lors de nos « Neurodiversity Talks » chez Wizeline (où je travaille actuellement), le sujet a dévié un jour sur la peur de perdre nos proches — plus précisément nos parents. J'ai partagé ma vision de la mort, et les gens m'ont dit que cela les avait aidés à appréhender la perte différemment. Je la partage ici, au cas où elle pourrait aider quelqu'un :

En raison de mon autisme et de mon syndrome d'Asperger, je suis très pragmatique face à la mort.

Je ne la crains pas. Non pas parce que je suis courageux, éclairé ou détaché. Mais parce que la mort est un fait. On ne peut pas revenir en arrière. C'est inévitable.

Même aujourd'hui, avec tous les progrès de l'IA générative, on ne peut pas recréer un être cher. Tu pourrais entraîner un LLM sur sa voix, ses schémas de comportement, son style d'écriture. Tu pourrais créer un avatar réaliste qui lui ressemble. Tu pourries générer des réponses qui ressemblent à ce qu'il dirait.

Mais la personne ne serait plus là. L'individu qui a réellement existé, qui a réellement vécu, qui a réellement influencé ta vie — cette personne est partie. La technologie ne change rien à cela.

C'est pour cela que je ne crains pas la mort.

Ce qui m'inquiète réellement

Je m'inquiète quand quelqu'un meurt. Mais pas pour la personne décédée.

Je m'inquiète pour ceux qui restent. Ceux qui souffrent de cette perte. Ceux qui essaient de comprendre comment continuer à vivre sans quelqu'un qui faisait partie de leur quotidien.

Les autres. Pas moi.

Chacun porte le deuil et gère la perte différemment, et c'est normal — et attendu. Je ne dis pas qu'il ne faut pas être en deuil. Je ne dis pas que le chagrin est une erreur ou que les gens devraient « passer à autre chose » rapidement.

Mais voici où mon autisme se manifeste : quand quelqu'un meurt, il ne peut plus souffrir. Il n'est plus là. La souffrance reste chez les gens qui sont encore ici, toujours vivants, devant encore naviguer dans la vie sans lui.

Célébrer la vie, pas seulement pleurer la mort

Quand Bob Barker (l'animateur de *The Price is Right*) est décédé, j'ai vu un tweet qui disait : « Nous avons perdu Bob à 99 ans. Quelle tristesse ! »

Et je me suis dit : triste ? Il a vécu 99 ans !

Je ne dis pas que les gens ne peuvent pas être tristes. Le deuil est réel. La perte fait mal.

Mais 99 ans. C'est presque un siècle entier de vie. Ce sont des décennies d'influence, d'accomplissements, de relations, d'expériences. C'est avoir établi des standards pour les jeux télévisés qui ont duré des générations.

C'est une vie pleinement vécue.

Nous devrions célébrer cette étape. Célébrer sa vie et ses réussites. Pas seulement pleurer son départ.

D'un autre côté, les morts tragiques — les jeunes, les disparitions subites, les vies fauchées — celles-là sont toujours tristes. Personne ne mérite de mourir jeune.

Mais même dans ces cas-là, nous avons toujours la chance de célébrer leur vie. L'impact qu'ils ont eu tant qu'ils étaient là. Les leçons qu'ils ont laissées derrière eux. L'influence qu'ils ont exercée sur leur entourage, sur la société, sur leurs proches.

Nous allons tous mourir. Et pour reprendre la phrase de Paul Heyman : « Ce n'est pas une prédiction, c'est un spoiler. »

Le plus souvent, tes parents mourront avant tu. Et aucun parent ne souhaiterait vivre l'inverse si on le lui demandait. Crois-moi, j'ai vécu l'inverse.

Tu seres peut-être préparé ou non le moment venu. Mais tu peux toujours être prêt à célébrer leur vie.

Souviens-tu de tout ce qu'ils tu ont enseigné. Chaque moment partagé. Tous les souvenirs créés avec eux. Ils seront toujours tes parents, et ils seront toujours irremplaçables.

Honore-les en étant la personne pour laquelle ils ont travaillé dur la majeure partie de leur vie, afin que tu devenies celle que tu es aujourd'hui.

Aussi « simple » que cela.

Garder leur esprit vivant

Si tu es croyant, tu peux leur parler par la prière.

Si tu ne l'êtes pas, tu peux reproduire leur comportement dans ta vie quotidienne pour garder leur esprit vivant.

Tu peux adopter les habitudes qu'ils tu ont apprises. Utiliser la sagesse qu'ils ont partagée. Prendre des décisions comme ils tu ont montré comment faire. Relever les défis avec l'approche dont ils faisaient preuve quand tu les regardais gérer des situations similaires.

C'est ainsi qu'on les honore. Pas par des monuments ou des hommages parfaits. En vivant d'une manière qui reflète ce qu'ils tu ont transmis. En prolongeant l'influence qu'ils ont eue sur ce que tu es devenu.

Ils sont partis. Mais ce qu'ils tu ont enseigné est toujours là. Et c'est à toi de décider si tu veux l'utiliser ou l'ignorer.

Nous avons peur de mourir demain, mais nous n'avons pas peur de ne rien faire aujourd'hui. Nous savons que les gens ne seront pas là éternellement, mais nous agissons comme si le temps était infini.

N'ATTENDS PAS qu'ils meurent pour leur dire que tu les AIMES.

Dis-le-leur maintenant. Tant qu'ils sont encore vivants. Tant qu'ils peuvent encore tu entendre le dire.

Ne gardes pas la reconnaissance pour les funérailles. Ne retiens pas ton amour jusqu'à ce qu'il soit trop tard. N'attends pas le « bon moment » pour exprimer ce que quelqu'un représente pour toi.

C'est toujours le bon moment. Dis-le maintenant.

Trop de gens réservent leurs paroles les plus sincères pour les éloges funèbres. Ils passent l'enterrement à parler de ce que cette personne comptait pour eux, regrettant de ne pas l'avoir dit quand elle était encore là pour l'entendre.

Ne sois pas cette personne.

Tes parents sont toujours vivants ? Dis-leur que tu apprécies ce qu'ils tu ont appris. Ton ami est toujours là ? Faites-lui savoir que sa présence dans ta vie est importante. Ton partenaire est à tes côtés ? Assure-tu qu'il comprenne ce qu'il représente pour toi.

C'est difficile de partager tes sentiments ? Désolé, mais tu ne peux pas me sortir cette excuse. C'est moi l'autiste ici.

Dis-le maintenant. Pas plus tard. Pas un de ces jours. Pas quand tu tu sentires prêt.

Maintenant.

La mort est inévitable. Aujourd'hui est le 100 % de tout le monde. Et une fois que quelqu'un est parti, tu ne peux plus rien lui dire. Tu ne peux que regretter de ne pas l'avoir fait.

ANNEXE C : NETTOYER MON PROPRE COFFRE

Je n'écris pas ceci pour toi dire comment penser. J'écris ceci pour tu montrer que j'ai dû, moi aussi, déconstruire mon propre conditionnement.

Le virus du préjugé dont j'ai parlé dans le livre ? Je l'ai attrapé. Plusieurs variants. Et je travaille encore à en éliminer une partie.

Quand la douleur est devenue jugement

J'ai lutté contre des problèmes de numération et de mobilité des spermatozoïdes.

Cette lutte a créé en moi quelque chose que je n'ai pas reconnu au début : un fort parti pris anti-avortement.

Je suis devenu prétentieusement critique. Comment pouvait-on choisir de ne pas avoir d'enfant alors que nous essayions désespérément d'en avoir un, sans succès ? Comment pouvait-on mettre fin à une grossesse alors que nous aurions tout donné pour être parents ?

Ma douleur a engendré mon jugement. Je mesurais la situation de tous les autres à l'aune de la mienne.

Cela m'a conduit vers la thérapie Gestalt. Et un déclic s'est produit.

J'ai commencé à voir que ma réalité n'était pas universelle. Une grossesse désirée et une grossesse non désirée sont deux réalités totalement distinctes. Un couple qui essaie de concevoir depuis des années est dans une situation différente de celle d'une adolescente enceinte à la suite d'un viol. Un enfant désiré au sein d'une relation stable diffère d'une situation de maltraitance où une femme n'a aucun contrôle sur son propre corps.

Personnellement, je reste pro-vie. Cela n'a pas changé. Mais j'ai appris à respecter les choix des autres concernant leur propre corps.

Je veux dire, mon autonomie corporelle masculine n'a jamais été remise en question. Aucun politicien n'a jamais suggéré de réglementer la masturbation masculine. Personne ne m'a jamais dit ce que je pouvais ou ne pouvais pas faire de mon sperme. (Eux aussi, ce sont des cellules vivantes.)

La législation ne semble s'appliquer qu'au corps des femmes.

Ce deux poids, deux mesures m'a poussé à examiner ma position. Pas à l'abandonner. Juste à l'examiner.

C'est là que j'en suis arrivé. Non pas à approuver chaque décision d'avorter. Non pas à dire que ma position pro-vie était erronée. Juste à respecter le fait que les réalités des autres diffèrent de la mienne, et qu'ils ont le droit de faire leurs propres choix.

Refuser le scénario de Monterrey

Je sais que cela se retournera terriblement contre moi si jamais je me présente à la mairie, mais il existe une profonde culture du machisme dans ma ville natale. Je ne dis pas que c'est propre à cet endroit — c'est simplement celui dont je peux parler de première main parce que je l'ai vécu.

Lors des fêtes, le scénario était toujours le même : les femmes à la cuisine, les hommes au barbecue ou devant « le match ». Des espaces séparés par genre. Des groupes WhatsApp divisés par sexe où les hommes partageaient de la pornographie. Des attitudes homophobes traitées comme « normales ».

Tout le monde participait. Tout le monde l'imposait. Tout le monde agissait comme si c'était ainsi que les choses fonctionnaient.

J'ai refusé d'y prendre part.

Je m'asseyais avec ma femme au lieu de rester « avec les gars ». Je quittais les groupes WhatsApp masculins dès qu'on m'y ajoutait. Je ne riais pas aux blagues homophobes.

Et j'ai perdu des amitiés à cause de cela.

Les gens ne comprenaient pas pourquoi je ne suivais pas le scénario. Pourquoi je ne participais pas à cette culture que tout le monde acceptait comme normale. Pourquoi je choisissais de m'asseoir avec les femmes plutôt que là où j'étais « censé » être.

Pour moi, c'était simple. Je voulais être avec ma femme. Je refusais la ségrégation par genre. Je ne participais pas à une culture avec laquelle j'étais en désaccord.

Mais ce choix « simple » a eu des conséquences sociales. Certaines amitiés se sont étiolées. Je suis devenu l'intrus parce que je ne voulais pas perpétuer les codes de genre que tous les autres respectaient.

Je ne le regrette pas (qu'est-ce que le regret ?). Mais je ne prétendrai pas que c'était facile ou que cela ne m'a rien coûté.

Cependant, refuser de participer n'était que la partie émergée de l'iceberg. Il y avait un désapprentissage plus profond sur lequel je devais travailler.

(Ce qui suit s'adresse aux hommes.)

J'ai remarqué une chose dans la façon dont les gens justifiaient leur soutien aux causes féministes. La phrase qui revenait sans cesse était : « Je soutiens cela parce que j'ai une sœur, une mère, une femme, une fille. »

Mec, cette justification est encore égocentrée. Tu ne soutiens la cause que parce qu'elle affecte quelqu'un qui t'est lié. Tu défends les droits des femmes parce que le préjudice causé aux femmes ricoche et t'affecte en tant qu'homme. Es-tu en train de suggérer que si tu n'avais pas cette parente, cela ne t'importerait pas ?

Ce n'est pas du soutien. C'est protéger ton propre territoire.

Un soutien authentique consiste à reconnaître les gens en tant qu'individus, et non comme des extensions de ta propre vie. Pas comme des PNJ (personnages non-joueurs) qui n'ont d'importance que parce qu'ils sont dans ton scénario. Cela signifie soutenir des causes parce que d'autres êtres humains subissent un préjudice — et pas seulement parce que ces humains se trouvent avoir un lien de parenté avec toi.

J'ai dû désapprendre ce cadrage égoïste. Arrêter de justifier mon soutien par des connexions personnelles. Commencer à reconnaître que les luttes des gens comptent, qu'elles m'affectent, moi ou mes proches, ou non.

Ce sur quoi je travaille encore

Je ne me présente pas comme quelqu'un qui s'est débarrassé de tout conditionnement ou préjugé. Ce n'est pas le cas.

Je me surprends encore à faire des suppositions. Je remarque encore des réflexes programmés qui refont surface alors que je pensais les avoir éliminés. J'ai encore des moments où je réalise que je mesure la situation de quelqu'un d'autre par rapport à mon propre point de référence au lieu de voir sa réalité.

Ceci n'est pas l'histoire d'un homme qui a tout compris. C'est l'histoire d'une prise de conscience : j'ai absorbé un conditionnement que je n'ai pas choisi, et je m'efforce activement de l'analyser.

J'en ai effacé une partie. J'en traite encore une autre. Et il y en a probablement une partie que je n'ai même pas encore identifiée.

Mais voici la différence entre aujourd'hui et avant : je suis conscient que cela existe. J'analyse mes réactions automatiques. Je remets en question le programme au lieu de simplement le suivre.

Ce n'est pas de la maîtrise. C'est juste de l'entraînement.

Et je partage cela non pas parce que j'ai toutes les réponses, mais parce que, peut-être, voir quelqu'un d'autre examiner son propre conditionnement tu facilitera l'examen du vôtre.

Nous avons tous attrapé le virus du préjugé. Plusieurs variants. De sources multiples. Absorbé au fil d'années d'exposition.

Tu n'êtes pas obligés de continuer à faire tourner ce logiciel simplement parce qu'il a été installé en toi. Tu peux l'examiner. Le remettre en question. Décider si tu veux le garder ou le supprimer.

Ce n'est pas facile. Cela a un prix. Cela signifie reconnaître que des idées que tu tenies pour vraies n'étaient peut-être qu'un conditionnement. Cela signifie perdre des relations avec des gens qui s'attendent à ce que tu perpétuies les mêmes préjugés qu'eux.

Même avec des membres de la famille. Comme le dit si bien ma femme : « Même l'arbre généalogique peut être élagué. »

Mais l'alternative est de passer ta vie entière à exécuter un logiciel que quelqu'un d'autre a installé en toi sans ton permission.

Personnellement, je préfère examiner le code.

NOTES

3. LES ITINÉRAIRES QUE L'ON TU A ENSEIGNÉS

1. Neil deGrasse Tyson, *Starry Messenger: Cosmic Perspectives on Civilization* (Henry Holt and Company, 2022), 149.
2. Neil deGrasse Tyson, *Starry Messenger*, 150.

19. DÉFIER SON PROPRE PODOMÈTRE

1. John C. Maxwell, *Leadershift: The 11 Essential Changes Every Leader Must Embrace* (HarperCollins Leadership, 2019), 46.
2. Mo Gawdat, *La formule du bonheur* (Larousse, 2018), 18.

À PROPOS DE L'AUTEUR

Eric Salinas n'est ni psychologue, ni thérapeute, ni gourou du développement personnel. Ingénieur de formation reconverti dans les nouvelles technologies, il a passé des années à concourir dans une course qui n'existait pas — jusqu'au jour où il a compris que le système d'évaluation à l'origine de son stress était un mécanisme dont il pouvait se libérer. Ce livre est une main tendue à tous ceux qui se sentent encore jugés selon des normes invisibles. Il vit au Mexique avec son épouse Silvana, leur fils et leurs deux Shih Tzus, Wookie & Padme.

#ilnyapasdexamen #thereisnoexam

goodreads.com/ericsalinas

amazon.com/author/ericsalinas

bookbub.com/authors/eric-salinas

linkedin.com/in/esalinas

instagram.com/ericsalinas21

threads.com/@ericsalinas21

facebook.com/ericsalinas21

x.com/ericsalinas

tiktok.com/ericsalinaspie

youtube.com/@ericsalinas_dev

NOTE DE L'AUTEUR

Cet ouvrage n'a pas été écrit dans une optique de revenus ou de profit. Il a été sincèrement rédigé pour diffuser ce message.

C'est l'état d'esprit « Il n'y a pas d'examen » qui tente de transcender — même après mon départ — en laissant son influence pour changer le monde. Car soyons honnêtes, lorsque tu penses avoir une pensée extraordinaire ou même un esprit brillant, cela n'a aucune importance si tu gardes cela pour toi. Si ce n'est pas partagé, cela signifie que cela n'apporte aucune valeur. Par conséquent, il n'y a aucun intérêt à garder la sagesse pour soi.

Alors, je tu en prie, si tu as acheté ce livre en format papier, partages-le avec une autre personne. Il ne changera rien s'il reste là, sur ton étagère, en guise de décoration. Aidons à propager cette influence et, pour la rendre plus facile à suivre, avant de le partager, prends un stylo ou un crayon et inscrivez ton nom complet ci-dessous. Ainsi, chaque fois qu'une nouvelle main s'en saisira, son lecteur pourra remonter le fil de l'« influence » en remarquant ses anciens propriétaires. Ce sera la représentation de la « branche d'arbre » pour cet exemplaire spécifique, dont tu es l'extrémité actuelle. Tu es le point : « Tu es ici » !

— Eric Salinas

Anciens propriétaires :

REMERCIEMENTS

Ce livre existe grâce à Silvana.

Ce livre existe grâce à Silvana. Autrice à succès, elle m'a inspiré à écrire, m'a coaché tout au long du processus et a assuré la révision éditoriale de cet ouvrage. Elle a cru que j'avais quelque chose de valable à partager avec le monde et m'a soutenu pour que je l'écrive en restant fidèle à moi-même.

À Norma Sánchez, ma thérapeute depuis plus de dix ans : ce livre est essentiellement la quintessence de dix années de nos séances. Il y a de la Gestalt dans chaque chapitre, que les lecteurs le reconnaissent ou non. Merci d'avoir exigé que je le finisse — oui, *exigé* — quand j'avais besoin de ce coup de pouce.

À Jorge Matus, le cobaye. Pendant près de deux ans, tu m'as fait confiance en tant que mentor, et cette responsabilité m'a forcé à mettre des mots sur des choses que je n'avais que ressenties. La plupart de ces changements de perspective ont été forgés lors de nos conversations, pour toi, parce que tu avais besoin de les entendre. Il s'avère que moi aussi.

À Daniel Niquet : une discussion sur cette terrasse concernant le fait que nous ne créons pas les souvenirs des autres est devenue l'une des pierres angulaires de ce livre. Certaines révélations surviennent dans des salles de conseil ; d'autres arrivent quand quelqu'un a le courage d'être vulnérable avec un collègue.

À Clay Griffith, qui m'a dit « tu n'es pas un parmi tant d'autres, tu es l'unique parmi les tiens » quand j'en avais le plus besoin. Cette phrase a sa place dans ce livre. Elle est probablement l'essence même de ce livre.

À Willie González, qui, il y a vingt ans, a eu la curiosité de me demander ce que je ressentais à l'idée de faire des dessins animés après avoir été diplômé de l'université la plus chère de la ville. Cette question, posée comme seul un ami sait le faire — avec intérêt, sans jugement — a déclenché quelque chose : l'idée de savoir « jusqu'où je peux aller » a commencé là.

À Victoria Cornejo, qui m'a offert une tribune. Tu as programmé la première conférence « Il n'y a pas d'examen » chez Wizeline, tu as cru au message avant même qu'il ne devienne un manuscrit, et tu m'avez encouragé à continuer. La défense de la santé mentale a besoin de plus de personnes comme toi.

À Gema del Río, ma chère *comadrita*, merci de m'avoir mis sous les projecteurs, non pas comme simple invité, mais comme quelqu'un dont le point de vue comptait. Tu m'as donné la chance d'inspirer ton public — ma communauté — à embrasser l'autisme comme une chose à porter avec fierté.

À Santiago Sillis, pour m'avoir toujours soutenu et m'avoir fait croire que ce message est important. C'est parfois exactement ce qu'une personne a besoin d'entendre.

À mes parents, Humberto et Margarita, et à ma sœur Myriam, merci d'avoir été là tout au long de ce voyage, en me soutenant de manière visible comme plus discrète.

À mon fils David, qui m'apprend chaque jour que s'amuser et profiter de la vie ne signifie pas forcément le faire de la manière dont la société dit que les enfants devraient le faire. Tu n'as jamais eu besoin de permission pour être toi-même, et je serai toujours là pour voir et soutenir jusqu'où tu peux aller.

Et à toi, lire ce dernier paragraphe est la preuve que tu as utilisé jusqu'à la dernière goutte de ton carburant pour arriver ici, et cela représente énormément pour moi. Je fais désormais partie de ton moteur. Merci de m'avoir laissé tu accompagner.